让法律被信仰

Here Comes the Judge

法官来了

解答身边的法律事儿 1

北京市高级人民法院・编
蔡慧永・主编

法律出版社
LAW PRESS・CHINA

序 让案例成为法官释法的生动教材

党的十八届四中全会《中共中央关于全面推进依法治国若干重大问题的决定》要求坚持把全民普法和守法作为依法治国的长期基础性工作，实行国家机关"谁执法谁普法"的普法责任制，明确建立法官、检察官、行政执法人员、律师等以案释法制度。习近平同志在党的十九大报告中指出："加大全民普法力度，建设社会主义法治文化，树立宪法法律至上、法律面前人人平等的法治理念。"北京市高级人民法院编写的《法官来了：解答身边的法律事儿》普法系列图书应运而生。

回顾我国全民普法工作的发展历程，从1986年开始，我国连续实施了七个五年全民普法规划，从"一五"普法到"七五"普法，2020年已是第35个年头。我们在社会生活的各方面都能真切地感受到，全体公民的法律素养和全社会的法治意识已明显提高。全民普法的最初目标是"普及法律常识"，后逐步发展到"培养法律意识"，再到"树立法治信仰"，直至当前全面依法治国进入新时代。全民自觉守法、遇事找法、解决问题靠法的法治习惯正在逐步养成。学什么法？找什么法？用什么法？法院与法官在回应群众普法需求上责无旁贷。

司法审判实践告诉我们，法官以案释法是法治宣传教育的重要内容，也是最受群众欢迎的普法形式之一。北京市高级人民法院组织全国审判业务专家、北京市审判业务专家、"十百千工程"人才等一批专家型法官，组成"以案释法"讲师团，在不同场合、以不同形式开展以案释法活动。本书是由讲师团成员结合审判工作实际，用大量鲜活真实的司法审判一线案例，解答大众最关心的法律问题。在这些法官中，有全国"人民满意的公务员"赵鑫、全国"道德模范"厉莉、“青年楷模”陈昶屹等一批北京法院系统的优秀法官，这些以案释法的话题涵盖民间借贷、医患纠纷、投资理财、个人信息保护等与每一个人生活息息相关的法律热点问题。法官们脱下法袍，走上讲台，用不同于庭审语言的话语体系，娓娓道来，讲法释理，用一个个案例故事告诉大众法律原本是什么，法律应该怎么用，如何守法，哪里找法，这些一个个细微具体的法律问题，就是全面依法治国必不可少的基本构成。

开展法治宣传教育的效果取决于内容和质量，法官以案释法的效果同样取决于案例的形成和选择。北京法院历来大案要案、热案难案集中，本书向读者展现了“全国首例被遗忘权案”“微信商标案”“套路贷案”等一批广受关注的热点案件。法官解读这些案件的过程，就是向大众普及基本法律知识、向大众传递法律的精神和法治的权威的过程。

本书在编辑过程中，紧密结合北京法院推出的全国法院首档法治在线直播节目“法官来了”，在每篇文章结尾处印制了内容相对应的“法官来了”节目二维码，扫二维码即可亲临法官说法现场，方便读者将纸面阅读和视听阅读结合使用。同时，每篇文章在以案释法的同时，都搭配有风险提示、预防提示、知识提示、法官专业提示等版块，方便读者重点学习、灵活使用法律知识，让读者感到有料、有趣，有用。本书作为系列普法丛书的第一本，我们将以此为起点，未来不断推出更多贴近群众、贴近生活、贴近司法实践的普法图书。希望通过我们的努力，让更多的人成为社会主义法治的忠实崇尚者、自觉遵守者、坚定捍卫者，努力让法治宣传在推动全面依法治国战略实施、法治中国首善之区建设过程中发挥更多、更大的作用。

最后，感谢 32 位法官在繁忙的审判工作之余参与组稿。感谢“北京时间”和“花椒”直播制作了一系列“法官来了”在线直播节目，丰富了本书的呈现形式。特别感谢法律出版社法治与经济分社沈小英社长及其团队，从封面到内容精心设计和细节品控。正是大家的共同努力，本书才得以“高颜值”面世。

编辑委员会

2020 年 1 月

Contents

目　录

“高利贷”是荒漠圣水还是索命毒液

厉　莉

2014 年 7 月 28 日山东源大工贸有限公司(以下简称源大公司)负责人苏某某为解决公司资金困难,2014 年 7 月和 2015 年 11 月,苏某某分别两次向冠县泰和房地产公司负责人吴某某、会计赵某某借款 100 万元和 35 万元,双方口头约定月息 10%。2016 年 4 月 14 日 14 时,由于无力偿还借款,10 多人组成的催债队伍多次骚扰苏某某的工厂,殴打并“极致侮辱”苏某某母子,苏某某之子于某不堪母亲受辱,摸到一把水果刀乱捅,致使 4 名催债人员被捅伤。其中,杜某某因失血性休克死亡,另两人重伤,一人轻伤。2017 年 2 月 17 日山东省聊城市中级人民法院一审以故意伤害罪判处于某无期徒刑,此结果却在社会及网络上引起强烈反弹。2017 年 6 月 23 日山东省高级人民法院认定于某属于防卫过当,构成故意伤害罪,判处于某有期徒刑 5 年。“于某案”最终尘埃落定,由“于某案”引发的广泛舆论关注,也得到了司法的热切回应,社会也对山东高级人民法院公开、透明、高效的审判点赞,司法与舆论监督形成了良好的互动,得到了公正合理的结果。

“我们误入高利贷陷阱,害了自己,也伤了别人。”在该案中,受辱母亲苏某某为儿子于某写的陈情书中有着这么一句话。“于某案”也引发了社会大众对民间借贷的分析与反思。民间借贷作为一种资源丰富、操作简捷灵便的融资手段,在一定程度上缓解了银行信贷资金不足的问题,但民间借贷的随意性、风险性容易造成诸多社会问题。但是,随着民间金融行为的日益活跃,各种以民间借贷名义作出的不法行为层出不穷。借贷手续不完备,缺乏担保抵押,无可靠的法律保障,一旦遇到情况变化,极易引发纠纷,乃至刑事犯罪。该案犹如一面镜子,折射出我国民间借贷市场中存在的非法、混乱现状。在金钱和暴利的背后,到底是荒漠圣水还是索命毒液,应该引起每个人的警惕和高度关注。

【风险提示】

“高利贷”阎王债 陷进去出不来

借贷在中国古代民间就已经存在,当时的高利贷叫印子钱。俗语云:“印字钱,一还三;利滚利,年年翻;一年借,十年还;几辈子,还不完。”民间借贷的目的在于盘活民间资本,给小微企业借贷开方便之门,但是它同时滋生了高利贷这种金融毒瘤。借贷人明知是坑,也得往里跳。在借贷前,借贷人往往存在乐观的预期,“过段时间就把钱还上”,但这种预期往往无法实现。就像吸毒,一旦染上毒瘾就万劫不复,高利贷也是如此,一旦借贷便再难全身而退,所谓的“高利贷猛于虎”,绝非虚言。

“高利贷”是指索取极高额利息的贷款,但此前,我国对于何为“高利贷”并没有设定明确的法定标准。在正常的借贷关系中,收取一定的利息很正常,银行的利息最高为年利率24%,也有的利息达到年利率36%。司法裁判通常以年利率24%作为判决标准,高于24%低于36%的部分不支持也不反对,如果年利率高于36%的部分就属于高利贷的范畴,这部分是无效利息。

世事无常。生活中总会碰到缺钱的时候,在急用钱的心理下,一些人很容易走向高利贷的“怀抱”。高利贷只谋求利益最大化,有的年利率甚至高达100%,从此使借款人背上巨额利息,难以负担。借了高利贷,从此掉进了“以贷养贷”的陷阱。由于高利贷利息过高,借贷人到还款日无法还款,然后通过申请新的贷款方式来还旧的贷款,陷入“以贷养贷”的恶性循环,直到最后利息越来越多,更加无法偿还。更有甚者,一些放贷人会通常与黑恶势力勾结,通过电话威胁、墙上喷漆、家中打砸等暴力方式进行催收,要求借款人还款。上述种种,都可能导致借款人在高利贷的压迫下,最终走向自杀、犯罪的道路。因此,在缺钱时,还是要通过正规渠道借钱。

有时,出借人为了避免36%的年利率法律红线,除了借据中明确约定了超过法定范围的利息外,还有一些隐性的高利贷行为,主要包括"砍头息""服务费""担保费""违约金""金融服务费"等名目变相约定的利息。

"砍头息"是民间金融业内的行话,指的是放贷人或者地下钱庄,给借贷人放贷时先从本金里面扣除一部分钱,这部分钱称为"砍头息"。例如,放贷人给借贷人10万元,但在给付借贷人款项时直接扣除利息2万元,只给借贷人8万元,而借贷人则给放贷人出具了10万元借据,即借据记载的数额大于实际借款数额。

买车贷款、租房贷款、整容贷款、上学贷款……五花八门的贷款充斥于我们的生活中,由此产生的金融服务费,算得上销售行业按揭贷款的"潜规则"、变相收取高额利息的手段。依照最高人民法院《关于审理民间借贷案件适用法律若干问题的规定》第30条的规定,出借人与借款人既约定了逾期利率,又约定了违约金或者其他费用,出借人可以选择主张逾期利息、违约金或者其他费用,也可以一并主张,但总计超过年利率24%的部分,法院不予支持。也就是说,如果借贷双方在借款合同中既约定利息,又约定了信息服务费,那么,该约定信息服务费不具有合理性,属于变相提高民间借贷利率的行为。因此,利息与信息服务费合计超过年利率24%的部分不能获得支持,已经给付的超出部分应视为偿还借款本金。再如巧立名目,在放贷时收取"信息服务费""咨询费""踩点费""下户费""出场费"……因此,消费者应谨慎贷款,在办理贷款时注意放贷机构是否有放贷资质,警惕"变脸"的金融服务费。

三角形本身是具有一定稳定性的,但是企业经营的三角债可能是一个美丽的陷阱。有些企业为了融资贷款发展,靠三角债的经营模式,拆东墙、补西墙举债度日。例如,一些小微企业借了高利贷,但是用该笔钱赚取的利润远低于高利贷的利息,就这样从第二家再借一笔还给第一家,从第三家借了还给第二家,最终利息越积越多,最后导致企业破产。

【预防提示】

万万碰不得的“高利贷”

作为民间借贷的主要形式,高利贷的历史源远流长,通过“于某案”,让我们看到,高利贷如此嗜血。在我国现阶段,由于银行贷款管理严、要求高,个人和单位从银行获得贷款的难度较大,在无法获得贷款的情况下,一些单位和个人转而以高于银行几倍、十几倍的利息借高利贷。从短期看,高利贷确实可以解决单位和个人的燃眉之急;但从长远看,高利贷不但会危害我国的金融市场秩序,而且会引发多种犯罪行为,对社会稳定极为不利。高利贷只是非法放贷的一种表现形式,在全民聚焦金融的当下,高利贷打着所谓金融创新的幌子,演变出许多新花样,渗透到我们每个人的生活中。下面将以一些案例梳理高利贷的变种,希望大家切记远离。

非法集资纠纷

近年来,非法集资等非法金融活动猖獗,严重干扰正常金融秩序,影响社会稳定。非法吸收公众存款、集资诈骗等犯罪案件迅速增加。网络借贷、投资理财、私募股权、养老服务等新兴领域已成为“重灾区”。一些违法犯罪分子利用P2P网贷、私募股权、互助合作等新概念伪装非法集资犯罪行为。部分非法分子经常借种植、养殖、项目开发、庄园开发、生态环保、养老公寓投资、“炒黄金”等名义,以“保本保息”的承诺、国家机构背书等方式进行诈骗,非法集资。

案例:借高利贷投资理财,32万元一夜蒸发

2016年南宁市居民吴某(女),在朋友介绍下,下载了一款名为宏利金融的软件,一开始她抱着试试水的心态进行投资,最初只是投进去几百元,结果这几百元收到了一些小小的回报。后来,她又投了3万元,第二天就有红利返回,可以顺利提现。随后,吴某又加入了该软件的微信群,并在一位名为刘某的投资

老师的指导下，与朋友共借了32万元的高利贷进行投资。在吴某将这32万元投进去之后，第二天软件便无法使用，所谓投资老师也联系不上，自己也被微信群踢出，此时，吴某才意识到自己上当受骗了。

案例："以房养老"，房子被骗难养老

家住北京市朝阳区新源西里社区的李阿姨在其住了多年房子中被人强行清出，在毫不知情的状况下，房子就被过户给他人，莫名其妙背负巨额贷款。2017年5月，李阿姨经人推荐认识了广某，广某告诉李阿姨正在做一个"以房养老"项目，只需用房产证做3个月抵押贷款后借钱给他，就可领取5%的月息，3个月期满后本息全部收回，再用本金赎回房产证。且广某表示这个项目没有风险，也不用付任何费用，只需签一些简单的协议，就能净赚近50万元的利息。为了增强信任，广某还特地给其介绍了"委托代理人"龙某，为李阿姨全权办理过"以房养老"相关手续。李阿姨到北京某公证处签署并公证了骗子预先备好的借款合同、房屋抵押合同，还有委托公证具有强制执行效力的债权文书公证书、房屋处分委托书等。这其中经过公证的授权委托书是导致房屋被卖的关键之一。因为只要有了委托书，"委托代理人"就能够在老年人完全不知情的情况下卖掉房子。因为委托书中会标明"由于不能亲自办理，特委托受托人全权代办抵押登记、签署有关文件协议、领取权证、办理提前还款、解除抵押登记、网签、过户、提款、转委托……"等字样，骗子利用了老年人不懂法的弱点，别有用心地提前设计，精心策划了一场骗局，让老年人最终陷入房子被变卖和过户的陷阱。

"套路贷"纠纷

"您好，您需要贷款吗？"日常生活中，不少人都接到过类似的放贷推销电话。在小区的墙面上、公交站牌上，也经常贴着贷款广告。不少放贷人甚至还会通过各种渠道请求添加微信好友。实际上，这背后都潜藏着"套路贷"风险。"套路贷"与"高利贷"既有相似之处，也有本质不同。全国出现"套路贷"的民间非法放贷新形式，出借人以借款为名行非法占有财富之实。此类犯罪通常是

团伙作案,擅长伪造证据,对百姓的财产安全造成极大损害。法官建议,应通过合规机构贷款,不能贪图“套路贷”放贷人揽客时声称的“低门槛”,否则可能造成惨重损失。

案例:被“套住”的大学生

出生于1997年的李某某,就读于山东某高校,一次意外中弄坏了室友的手机。后通过手通过手机广告推送,李某某找到一个名为“分期乐”的线上贷款平台,业务员陈某也主动加了她的微信。很快,第一笔数额为3000元的贷款顺利下放。1个月后,除了每月生活费没有其他收入来源的李某某开始违约,“分期乐”的催收员便将这笔债务“转让”给了另一家贷款公司。在“套路贷”的专业术语中,这一操作叫作“平账”。实际上,两家公司之间存在千丝万缕的联系,有时甚至是同一个老板,“就像将右口袋的钱还到了左口袋”。此后,这样的“转让”在55家公司一再上演,而原本3000元贷款,也像雪球一样越滚越大。从2017年3月至2018年6月,15个月里增长到69万元。“刚开始是小额,之后就是大额,还不清就有‘过桥’(高利息)。”由于害怕,李某某一直捂着这件事,直到恐吓信息接连出现在家人、朋友的手机上。“我们这几天就开始收拾他(她)。”“你孩子在外面的钱再不还,我们捉到他(她),把他(她)舌头割了,腿打折了,让他(她)乞讨。”看到这样的短信,远在老家的李某某被吓坏了,他四处筹钱,想填补这个窟窿。但一系列恐吓、羞辱,并没有就此停止。甚至在报案后,他还陆续收到了催收信息,“今(天)下午我们开两辆车带十几个兄弟到你家,让你孩子准备好”。接到报案后,兰州市公安局刑警支队反电信网络诈骗侦查大队迅速展开调查,走访全国多个地市,并一举抓获位于合肥、天津的2家贷款公司。

“套路贷”作案有以下特点:一是“恶人先告状”。既有借款人发现自己被“坑”后状告出借人的,也有违规放贷团伙状告借款人借钱不还的。“恶人先告状”现象时有发生。“套路贷”团伙通常将各类纠纷分散到多个法院诉讼,以防“套路”被识破。二是没有牌照,高息放贷。100%左右的年化贷款利率并不罕见,放贷人均无小贷牌照,游离于监管之外。三是以套取财产为目的,盯紧借款人房产。许多案件中,放贷人都会以各种理由引诱或要求本来无须抵押房产的借款人抵押房产,以便套取房产。四是团伙作案。此类案件往往是由少数真实出借人幕后操盘,雇用一批人作为销售人员,散布贷款信息,以销售员名义出借资金。

在此提示受害人,一定要具有法律意识,遇到“套路贷”行为人的催债时,应第一时间报案。对于已经超额支付利息和费用的受害人,可以要求非法放贷者返还款项。

虚假诉讼纠纷

虚假诉讼,俗称“打假官司”,在最高人民法院《关于审理民间借贷案件适用法律若干问题的规定》第 19 条列举了 9 类可能属于虚假诉讼的情形,包括出借人明显具备出借能力、出借人起诉所依据的事实和理由明显不符合常理等。实践中,除了上述 9 类之外,还有一些比较常见的情形。例如,隐瞒债务已经全部清偿的事实,要求他人履行债务,签订空白合同等。

案例:单方欺诈虚假诉讼

2017 年 11 月,被告人马某某在某网贷公司任业务员期间,经手办理了周某某的借款业务,后周某某因未能及时向公司还款,向被告人马某某出具了空白欠条一张。2018 年 7 月 25 日,被告人马某某在该空白欠条上填写借款金额 8 万元,虚构周某某向其借款 8 万元的事实,向法院提起民事诉讼,要求周某某归还借款本金 8 万元及利息 3870 元。法院经审查,发现被告人马某某的行为涉嫌犯罪,遂裁定驳回起诉。法院经审理认为,被告人马某某以捏造的事实提起民事诉讼,妨害司法秩序,其行为已构成虚假诉讼罪。本案被告人马某某在受害人仅签名的借条上填写借款金额,提起虚假诉讼,系典型的“单方欺诈型”虚假诉讼案件。该案也警示我们,签名须谨慎,不要随意在空白的借条上签名以给他人留下可乘之机,以致对自身合法权益造成不利的影响。

【知识提示】

第一,民间借贷合同作为一种合同,需要适用我国《合同法》。借款一般为无偿借款,也有有偿借款。借款的利息在法律规定的范围内。根据最高人民法院《关于审理民间借贷案件适用法律若干问题的规定》,民间借贷的利率被划分为“两线三区”,“两线”指的是年利率24%和年利率36%,“三区”是依据两线而划分的司法保护区、自然债务区、无效区。年利率24%以下是司法绝对保护的区间;24%～36%为相对保护区;超过36%的部分为无效区,借款人有权请求出借人返还已支付的超过年利率36%的部分。

现根据最高人民法院、最高人民检察院、公安部、司法部印发《关于办理非法放贷刑事案件若干问题的意见》第1条规定,违反国家规定,未经监管部门批准,或者超越经营范围,以营利为目的,经常性地向社会不特定对象发放贷款,扰乱金融市场秩序情节严重的,依照我国《刑法》第225条第4项的规定,以非法经营罪定罪处罚。该意见第2条规定,以超过36%的实际年利率实施符合本意见第一条规定的非法放贷行为,具有下列情形之一的,属于《刑法》第225条规定的“情节严重”。

第二,在生活中,无论是关系多么密切的亲戚朋友,借款时也必须出具借条等书面凭证,借条一般要借款人亲笔书写并签字,必要时盖上手印。签署借条时要注意不能盲目签名,一定要注意借条条款、出借人、借款时间等信息是否正确、完备。

第三,如果借款的数额较大,最好从银行提款转账,转账的凭证票据要留存。转账尽量转到借款人人账户,如果不是转账到借款人账户,需要在借款协议中予以说明。

第四,以保证人身份在借据、收据、欠条等债权凭证或者借款合同上签字或者盖章的,或者表明承担保证责任的,在债务人违约不归还借款时,应当承担偿还责任。出借人应当采用抵押等法定的担保方式,担保债务的履行。出借人仅与借款人签订商品房买卖合同或者扣留房产证等方式担保借款的,一般应按民间借贷关系处理。

按照民间借贷法律关系审理作出的判决生效后,借款人不履行生效判决确定的金钱债务,出借人可以申请拍卖买卖合同标的物,以偿还债务。就拍卖所得的价款与应偿还借款本息之间的差额,借款人或者出借人有权主张返还或补偿。

【法官专业提示】

一是有贷款需求时,坚信天上不会掉馅饼,不贪小便宜,不相信电话推销的各类贷款。通过正规途径向银行申请信用卡,向正规平台申请合规贷款,对无资质、不规范的小额借贷避而远之。一旦遭遇高利贷,可以通过合法途径保护自身合法权益。

二是不信街头小广告和网络、微信所说的无抵押、无担保、无限额、随借随贷,只需身份证,立刻到账的噱头,如果遭遇涉套路贷的案件,及时向公安机关报案,维护自己的人身和财产安全。

三是签订合同时发现和口头表述不一致的地方要拒绝。对容易引起纠纷的还款时间、支付方式、利息等进行清晰明确的规定,要仔细研究借款合同的所有协议条款;无力还款时,切忌“转单平账”“借新还旧”,避免债台高筑。

四是理性谨慎选择网贷平台。网络借贷是“互联网 + ”时代背景下出现的新生事物,因此,社会公众在选择投资平台时进行理性判断、谨慎选择,了解平台的运营状况以及业务是否合规,不要被平台的自身的宣传多诱惑误导,根据自身的财务状况,慎重理财。

五是在借款过程中,注意留存借款、还款和平账的沟通记录,银行转账和取现记录等,以及注意收集相关权益被贷款人侵害的证据或线索。如果没有刑事立案,而作为民事诉讼的被告,一定要积极参加诉讼,千万不能放弃自我澄清的机会。通过前期证据收集和整理,以及诉讼阶段的进一步努力,很多问题往往能够顺利解决。

依法从事借贷和放贷活动,不参与高利贷活动,这样,既不会成为被害者但也不会成为非法放贷者。

法官简介

厉　莉

扫二维码
亲临法官说法现场

北京市房山区人民法院民事审判二庭（金融审判庭、破产审判庭）庭长，第十三届全国人大代表、北京市第十二次党代会代表、党的十八大代表。辽宁大学法律硕士。

从事商事审判10余年来，在民间借贷、保险纠纷等领域积累了大量商事审判经验，审理了一批重大疑难复杂新类型案件，撰写的文章多次发布在《审判前沿》《法律适用》等重点期刊，主持的调研课题多次获市级奖项。

荣立个人一等功1次、三等功2次，获“全国道德模范”“全国优秀法官”“全国三八红旗手”“全国青年志愿者优秀个人”“全国岗位学雷锋标兵”“北京市红十字事业十大公益人物”“北京市先进工作者”“首都精神文明建设奖”等荣誉称号。

如何正确看待医患纠纷

白　松

大多数人眼中，医务工作者都是救死扶伤、值得信赖和尊敬的白衣天使。21世纪初，随着医疗纠纷的增多，白衣天使这个称谓渐渐淡出人们的视线，甚至一些暴力伤医事件被频频曝光，医疗纠纷已经成为社会普遍关注的热点问题。为什么医患关系会演变成今天这样？如何理性地看待医疗纠纷，尽量避免、减少医疗纠纷呢？社会各界对医患纠纷产生原因有不同认识。

当今的医患关系存在许多不和谐的情况，患者就诊心存疑虑，医生行医如履薄冰，医患双方缺乏相互沟通相互信任，使医患矛盾更加尖锐。有些患者或家属为了获得高额赔偿，以医疗行为存在过错为借口，独自或雇佣社会闲杂人员采取不正当手段制造“医闹”；甚至极少数患者及其家属威胁、辱骂、暴力殴打医护人员。这一系列极端事件的发生，不仅严重扰乱了医院的正常工作秩序，威胁医务人员的生命安全；而且损害了医院、医务人员声誉、形象，也伤了他们的心；更会导致医患双方关系更紧张，加剧双方的不信任感，使医患矛盾更尖锐。当然，发生医疗纠纷责任不完全在患者方面，有些医疗机构、医务人员在执业过程中，确实因为缺乏责任心或是技术水平欠缺，对患者造成不必要损害，引发双方之间的矛盾。虽然从统计数字看，医疗纠纷案件并没有大家想象得那么多。一方面，医疗纠纷发生量占医疗机构日门急诊量比例较低，以北京某三甲医院为例，日门急诊量近万件，包括口头投诉在内的纠纷仅10件左右，其中很多不乏求助的成分。99.9%的投诉可以通过医患关系办公室与患方沟通或与其他科室协调得以化解。每年仅30余件纠纷至医调委调解或法院诉讼，并且绝大多数医疗纠纷能够解决。另一方面,在传统民事案件中,医疗纠纷案件量占比低,一般为0.2%、0.3%。但是,不可否认,医疗纠纷已成为一个社会现实问题,亟待解决。

【风险提示】

医患双方可能面临的风险

患者到医疗机构就诊,与医疗机构形成医患关系,双方一定会产生交集,则可能会产生纠纷。

患者可能面临的风险:医务人员为其实施的诊疗护理行为错误;知情同意权被侵犯;被首诊医疗机构推诿导致延误病情;治疗过程中因使用了不合格的血液制品或其他不合格器械造成损害发生;隐私被泄露,以及在医院因地滑或有障碍物而摔伤,等等。需要提示一点,因地滑等非医疗原因导致的摔伤,属于考量医疗机构是否恰当履行安全保障义务的范围,不属于医疗纠纷范畴。

医疗机构可能面临的风险:一是患方对医疗机构缺失信任,对以医生为中心的“传统模式”提出挑战,如质疑医疗方案。二是多种原因导致医生未向患方清楚告知医疗风险,侵犯患者知情同意权。有些是担心患者心理承受能力,不告知患者治疗失败的可能性及最坏的结果;还有些是被利益驱使,仅告知患方疾病的治愈率、药物的有效率,不告知风险。三是未尽到审慎的注意义务,出现误诊、误治的情形,造成患者损害。医学是一门经验科学,尽管医生是经过专业的、系统的医学教育培训的,但一个成熟的医生还需要大量临床经验的积累,在成长过程中难免会犯一些错误;同时,不同疾病体现出的症状有时相似,甚至相同,也会导致医务人员出现误诊、误治的情况;而且,还可能出现一时疏忽输错药等,导致治疗失败,甚至出现损害。四是为规避漏诊、漏治的风险,过度医疗。五是违背首诊负责制,推诿病人,导致患者延误救治,引发纠纷。如有的医疗机构为了避免重症患者在自己医院死亡引发纠纷,索性以自己没有救治条件为由,将生命垂危的患者拒之门外。六是病历制作、保管出现瑕疵,等等。

案例:

2014年发生的"死亡患者家属诉甲医院医疗服务合同纠纷案"。患者家属自行驾车将高热的父亲送至平日老人就诊的甲医院急诊救治,急诊分诊台护士说"我院没有发热门诊,你先去其他医院筛查吧"。家属恳求医生看病,双方僵持了10余分钟后,家属将父亲背至车上自行驾车至其他医院救治,不幸其父亲还未到其他医院就已无生命体征。于是患者家属将甲医院诉至法院,要求赔偿,医院抗辩发热门诊因消防整改暂停,且已告知患者至最近的某医院,履行了告知义务。一审法院以双方未建立医患关系为由,判决驳回了患者家属的诉讼请求,患者家属不服上诉,认为甲医院违反首诊负责制,未尽救死扶伤的义务。二审法院认为,一审法院没有查清甲医院是否有医生对该患者的病情作出判断,如果未经判断,该医疗机构是在不清楚该危重病人病情是否具备转诊条件的情况下,推诿病人,未清楚指示最近的可以接收发热病人的医疗机构,更未提供必要的转运条件,违背首诊负责制,遂将该案发回一审重审,以查明案件事实、明确责任。

【预防提示】

医患双方怎样做才能避免或减少纠纷

一般来说,每个人生老病死都要与医护人员打交道,都是潜在的患者,医、患双方应该如何保护自己,尽量避免或减少纠纷呢?

首先,患方要正确认识医学技术的局限性和医疗的风险性。医学不是万能的。目前,很多疾病还未被认识,更别说有效治疗了;部分已经能够作出明确诊断的疾病也还不能被完全治愈,加上患者自身体质特异性和疾病严重程度等多种因素影响,以致尽管医生尽了最大努力,每天在医院里还是有很多悲剧发生。我们不能将正常的医疗风险强加给医疗机构。患方还要注意,不能盲目相信广告上关于疗效的宣传,避免忽视了医疗风险,对疾病预后的希望值过高,一旦出现不良后果,情感上难以接受,与医疗机构产生纠纷。同时,患方在选择治疗方案时,应充分了解患者病情、替代治疗方案、不同治疗方案各自的风险、治疗周期、可能的预后以及大致的治疗费用。对于重大疾病,在可能的情况下,在作决定前,尽量咨询大医院的专科、专业医生,切不可有病乱投医,根据自身条件量力而行,理性地确定适合患者的治疗方案。其次,奉劝大家,非出于医学目的选择美容手术时,应更慎重。手术存在风险,麻醉意外、手术并发症等很可能会危及性命。前些年,媒体报道,有一个女孩因为做下颌角去除术死在了手术台上,为了更美而牺牲了性命,真的不值得。最后,患方还需增强法治观念,患者一旦发生不良后果,要理性对待,通过合法途径予以解决,切不可冲动,避免自己因此承担法律责任。暴力伤医、扰乱医疗机构正常工作秩序等行为,是要承担法律责任的。

案例:

2011 年患者李某因癌症复发,不满意疗效,起诉要求经治医生所在乙医院赔偿。诉讼中,需要就双方争议的乙医院在对李某的治疗中是否存在过错和不当诊疗行为,以及与李某目前的后果是否有因果关系进行鉴定,法院启动了鉴定程序。李某在诉讼期间,在乙医院诊区内,持刀砍伤了经治医生手部。经治医生在医德医风和技术各方面都被同事和领导称赞。该医生被砍伤后,尽管乙医院高度重视,尽全力进行医治及术后恢复,但因手部神经被损伤,该医生仍数年无法进行手术操作,李某本人也因此被判处 10 余年有期徒刑并赔偿数 10 万元经济损失,其家人也承受着很大压力。该医疗纠纷案件经鉴定,确认乙医院虽在病历书写等方面存在瑕疵,但与李某的癌症复发并无因果关系,最后法院判决驳回了李某的全部诉讼请求。

医疗机构承担着救死扶伤的义务,每天都和患者打交道。首先,这要求医务人员有高尚的医德,不受拜金主义等不良思想影响,杜绝开大处方、乱用高价自费药物和器械、收受红包等不正之风,树立良好的形象和风气。其次,医务人员要从以医生为中心的“传统模式”向以患者为中心的“人道模式”转变,正确履行告知义务,不仅需向患者妥善告知病情、资料方案、医疗风险、替代医疗方案、可能的预后及可能发生的高额费用等，在出具倾向性治疗意见时，更要站在患者的角度去考量治疗方案，而不能仅从自以为对患者最好的角度去决定患者该接受什么样的治疗，避免因过分“好心”引发不必要的纠纷。再次，尽管目前一些大医院医生超负荷工作，工作压力大，但在日常工作中，还是要与患方进行良好沟通，学会换位思考，不能因为患方缺乏医学知识，就认为其无须知道自己的病情或者无法沟通，当患方询问病情时，要么避而不谈，要么态度蛮横，从而让患者怀疑其医德、能力、责任心，引发不该发生的医患纠纷。最后，医学是不断进步的，医务工作者要不断学习，提高技术水平，尽量避免出现误诊、误治、误操作，对患者造成不必要的损害，引发医疗纠纷。另外，医患双方在诊疗过程中，都要注意留存相关病历资料，患方还需保管好费用单据等，避免一旦成讼，自己因举证不能而承担不利后果。

【知识提示】

医疗损害责任纠纷的举证问题

在实践中，绝大多数医疗纠纷是因为患方认为其遭受医疗行为的损害而提起医疗损害责任纠纷之诉。这是一般医疗损害责任纠纷。此外，医疗损害责任纠纷还包括医疗产品责任纠纷、侵害患者知情同意权责任纠纷，只不过此两类案件数量较少，在此不再赘述。医疗损害责任纠纷是侵权之诉的范围，既属侵权之诉，就要符合我国《侵权责任法》的相关规定。

我国《侵权责任法》第七章对医疗损害责任进行了具体规定，明确一般医疗侵权纠纷的归责原则为过错责任原则。这意味着，医疗机构在有过错的情况下才可能承担民事责任，且承担责任的范围也要以过错为依据。构成过错责任要满足四要件：一是加害行为，在医疗纠纷中主要指医疗机构的医疗行为；二是损害结果，包括财产损害和非财产损害，非财产损害主要指精神损害；三是因果关系，即医疗行为与患者的损害后果之间有因果关系；四是过错，这是过错责任的核心构成要件，一般着眼于医疗机构是否尽到与当时医疗水平相应的诊疗义务。

以此为基础,最高人民法院《关于审理医疗损害责任纠纷案件适用法律若干问题的解释》细化了医疗损害责任纠纷的举证责任。举证责任包括行为责任和结果责任。行为责任指提供证据证明所主张事实的责任,结果责任是指事实不清真伪不明时由承担举证责任的一方承担不利后果。结合司法实践来说,一般医疗纠纷中,医患双方均有义务提供由其保管的病历等资料,患者应提供门诊病历手册等,医疗机构应提供住院病历等由其保管的全部病历资料,这样医患双方才算尽到行为意义上的举证责任。结果意义上的举证责任由法律预先设定,一般医疗侵权责任,法律规定由患方承担证明医疗机构存在过错且造成患方损害的举证责任,即患方承担结果责任。一般情况下,患者主张医疗机构承担赔偿责任,需证明上述过错责任四要件成立。如存在我国《侵权责任法》第58条规定的3种情况则推定医疗机构有过错。在实践中,门诊病历、住院志、检测报告、医嘱单、收费单据等可以初步证明到医疗机构就诊及受到损害,是医疗损害责任纠纷中的重要证据,患者应妥善保管。但在证明医疗机构的过错及过错行为与其损害后果之间存在因果关系时,因其专业性强,患者一般不具备证明能力,此时可以向法院申请进行医疗损害司法鉴定。

司法鉴定,指诉讼活动中鉴定人运用科学技术或专业知识对诉讼涉及的专门性问题进行鉴别和判断并提供鉴定意见的活动。鉴定人针对案件中的专门性问题进行鉴定后出具司法鉴定意见书。在医疗损害责任纠纷中,法官在很大程度上依赖司法鉴定意见书查明事实、认定责任,司法鉴定意见书是此类案件的关键证据。

双方当事人可以协商确定鉴定人,协商不成,由法院提出确定鉴定人的方法,当事人不同意此方法,由法院指定鉴定人。申请医疗损害司法鉴定,申请人应有明确的鉴定事项和鉴定要求,主要包括实施诊疗行为有无过错,如有过错,与损害后果之间是否存在因果关系及原因力大小,患者的护理期、休息期、营养期等。鉴定检材主要是经法庭组织双方质证且经认证后的病历资料等。鉴定结论中对原因力大小可以分为全部原因、主要原因、同等原因、次要原因、轻微原因和无因果关系。

鉴定意见作为我国《民事诉讼法》规定的八种证据之一，须经双方当事人质证后才可能被法院采信。当事人可以申请鉴定人出庭，就相关问题进行说明，双方当事人同意鉴定人通过书面说明、视听传输技术或者视听资料等方式作证的，法院可以准许。当事人也可以申请通知 1 ~ 2 名具有医学专门知识的人出庭，对鉴定意见或者案件的其他专门性事实问题提出意见，具有医学专门知识的人的意见视为当事人的陈述，经质证可以作为认定案件事实的根据。

鉴定意见书出具的结论性意见专业性强，当事人如果没有足够充分的证据推翻鉴定结论，法官一般会采纳。但需要说明的是，鉴定意见作为一种证据类型，也会受到证据规则的制约，法官并不必然采纳鉴定结论，这是法官行使自由裁量权的体现，希望当事人予以尊重。

目前，医疗损害责任纠纷的立法日趋完善，医患双方都应当加强对相关法律知识的学习，增强法治理念，用法律的武器保护自己的合法权益。

【法官专业提示】

如何通过合法途径解决医疗纠纷

医患双方如果发生医疗纠纷，在合理合法的情况下，可以选择怎样的方法要求对方承担责任呢？

患方如果认为医方的诊治存在错误，且给自己造成了实际损害，根据现有法律法规，可以通过以下四种途径予以解决：直接与医疗机构协商，申请医疗纠纷调解委员会调解，向相关行政部门反映问题，以及直接向人民法院提起诉讼。

由于医疗服务属于一类特殊的合同，所以，发生纠纷后，患方依据我国《合同法》第 122 条的规定，可以选择合同之诉，以被诉医疗机构违约给其造成损失为由起诉医疗服务合同，也可以选择侵权之诉，要求对方承担相应法律责任。目前，在最高人民法院规定的案由中，与医疗纠纷有关的一类是合同项下的医疗服务合同纠纷，这类案由多适用于涉及医疗美容、医院起诉患方追索欠付医疗费、停尸费、腾床等纠纷；另一类是侵权项下的医疗损害责任纠纷，主要是患方起诉医疗机构要求就其过错医疗行为给患者造成的损失承担赔偿责任的侵权案件。患方起诉医疗服务合同纠纷的案件,原则上适用我国《合同法》。侵权行为和损害后果均发生在2010年7月1日之后的医疗损害责任纠纷案件,应适用我国《侵权责任法》及相关司法解释,该法第七章用了11个条文专门规定了医疗损害责任,包括双方权利义务、归责原则、责任承担等。原则上,只有患者和死亡患者的近亲属可以作为原告起诉医疗机构侵权。

由于法律适用不同,导致在举证责任、赔偿范围和标准等方面均存在不同,故选择合同之诉和侵权之诉获得的赔偿数额很可能不同,所以大多数患方会选择提起侵权之诉。当然,也有个别患方就医疗机构过错行为选择医疗服务合同案由起诉的。提醒大家注意,一旦错误地选择案由,很可能使自己的合法权益不能得到有效保护。

案例:

患者因丙医院手术后照护不周,甲状腺术后出现血肿致其窒息死亡,家属王某起诉丙医院医疗服务合同纠纷案,要求赔偿医疗费、护理费、交通费、营养费、住院伙食补助费、误工费及可得利益损失近千万元。一审法院认为,按照相关司法解释规定,涉及人身损害的案件不适用可得利益损失,故驳回王某此项请求,仅支持其他项合理损失10余万元。双方均同意该判决,未提出上诉。此后,王某再次以医疗损害责任纠纷案件起诉乙医院,要求赔偿精神抚慰金及死亡赔偿金数百万元,一审法院判决支持了其主张的合理部分。丙医院不服上诉,提出双方争议已经诉讼且有生效判决予以处理,王某再行起诉本案违反一事不再理原则,特别指出,按此案处理,一旦形成判例,凡是医疗纠纷理论上都可以诉两个以上案件,法院不是在解决纠纷,而是在制造纠纷,表示可以给王某精神损害抚慰金及死亡赔偿金,只是不能接受这种滥用诉权的方式,要求二审法院撤销原判,依法改判裁定驳回王某起诉。二审法院认为,王某起诉医疗服务合同纠纷案件,明知在举证责任、赔偿范围和标准等方面与起诉医疗损害责任纠纷均不同,其应接受诉讼结果,再行起诉本案,不符合我国《合同法》相关规定,属于违反一事不再理原则的情形,裁定将本案发回一审法院重审,希望一审法院自行提起前案再审程序，在一审中向王某充分释明法律规定及诉讼风险，引导其正确选择案由提出诉讼请求，以便王某的合法权益得到最大限度的保护，双方纠纷能妥善解决。一审法院再次裁判基本维持原来的判决。丙医院持前述理由再次上诉。该案几经周折，一审法院同意提起前案再审程序，王某撤回前案起诉，丙医院同意王某在前案中提出的所有请求并入本案中一并调解处理。最终，二审法院按照医疗损害责任纠纷案，将包括前案所诉各项合理请求与本案所诉精神损害抚慰金及死亡赔偿金一并予以调解解决，由丙医院赔偿王某100余万元。

尽管法律法规规定了解决医疗纠纷的多种途径，有些患者或者家属，还是不能理性地对待纠纷，情绪激动。患方的这种情况往往会给一些不法分子可乘之机，这些"医闹"为了牟利，甚至以破坏社会和谐为目的，利用患者及其家属，以及不知情群众，给相关部门施加压力、制造事端，甚至引发恶性事件。曾几何时，人们心中的白衣天使被丑化成了贪婪、冷血的恶魔，患者不再信赖医护人员，而广大医护人员也被伤了心。有些地区医学院校的录取分数、招生人数大幅下降，长此以往，民众的生命健康和医学的发展进步就会受到不利影响。因此，民众应该认识到，采取暴力、冷暴力，甚至"医闹"的方式，既不合法，也不能真正解决纠纷。特别是近几年，政府已经加强了对"医闹"事件的打击力度，不仅出台了相关规范文件，各部门也狠抓执行，这无疑体现了国家整治医疗环境的决心。医疗纠纷必须通过合法途径予以解决。

法官简介
白 松

扫二维码
亲临法官说法现场

北京市第二中级人民法院民二庭二级高级法官。

30 年医疗纠纷审判生涯，撰写的专业文章《论证明责任理论在医疗损害赔偿诉讼中的应用》《医疗损害赔偿诉讼中的种类证据的相关问题》《患者院内摔伤涉及的法律问题》等刊登于《审判丛刊》《中国医院法治》《法律与生活》《健康报》《中国卫生》《北京审判》等期刊，参与撰写《医疗损害责任纠纷裁判与案例分析》第 5 章，主编《医疗纠纷法理与实务》。常为专业院校、医疗系统、法院、检察院培训班授课，参与我国《医疗事故处理条例》《侵权责任法》及相关司法解释立法讨论，被业内誉为法官“白大夫”。

荣立二等功 2 次、三等功 8 次，获“优秀共产党员称号”、“北京市双先法官”、第七届北京市“人民满意的政法干警标兵”、“全国法院办案标兵”、“五一劳动奖章”、“北京市审判业务专家”、“北京榜样”年度提名奖、“全国法院优秀法官”等荣誉称号及奖励。

扫黑除恶知多少

吴小军

【风险提示】

2018 年 1 月，中共中央、国务院发出《关于开展扫黑除恶专项斗争的通知》，全面吹响了扫黑除恶专项斗争的集结号。当前，扫黑除恶专项斗争进入攻坚的新阶段，形势更加复杂，任务更加艰巨。特别是随着诉讼周期的推进，大量涉黑涉恶案件从侦查、起诉阶段进入审判阶段。对人民法院审理涉黑涉恶案件来说，专项斗争已进入啃硬骨头、蹚深水区的攻坚突破阶段，进入检验证据质量、考验司法能力的法律交锋阶段。总体来看，北京作为首都、首善之区，涉黑涉恶案件总数不是很多，但其作案人数多、犯罪事实多、社会危害大，破坏性强，且案情疑难复杂、隐蔽对抗性强，办理难度极高，呈现明显的区域行业特征。从审理案件的情况来看，北京涉黑涉恶案件既有发生在城区的，也有发生在农村远郊区的。黑恶势力犯罪发生的区域、领域和行业特征明显。市区发生在市场经济领域、新兴行业、重点地区的恶势力犯罪易发，如农副产品批发市场、汽车和电子交易市场、房屋租赁市场、民间借贷融资领域等；郊区涉土地、矿产等资源密集地区、公共交通道路等领域黑恶势力犯罪时有发生；黑恶势力有向农村地区、向基层政权渗透的趋势，严重破坏基层政治生态。既有涉传统领域的案件，也有涉新兴行业的案件（如房屋租赁、电子市场）；既有采用暴力手段实施的犯罪，也有“软暴力”实施的犯罪，北京黑恶势力犯罪明显的区域特点和突出的行业特征。

一是黑势力扰乱基层政权,攫取非法经济利益,拉拢腐蚀党政干部,威胁农村基层管理。如北京市第二中级人民法院审理的陈某某等人涉黑案,陈某某系农村基层组织负责人,犯罪时间跨度长、触犯罪名多、涉案财产数额大,对当地社会治安和基层政权造成了严重破坏。北京市第二中级人民法院在对陈某某依法从严判处刑罚的同时,加大"打财断血"力度,对组织、领导者陈某某和积极参加者许某某、陈某判处没收个人全部财产,彻底铲除该涉黑组织的经济基础,防止其死灰复燃,这对于巩固基层政权、加强基层组织建设,维护社会大局稳定具有重要意义。

二是恶势力暴力性趋于隐蔽,逐利性和"软暴力"特征明显,社会危害严重。经过前一阶段的重拳出击,浮在面上的涉黑涉恶违法犯罪基本得到有效遏制,但呈现犯罪目的"逐利化",犯罪手段"软暴力化",犯罪形式隐蔽化、蔓延化特征。如北京市朝阳区人民法院审理的多起"黑中介"敲诈勒索案,恶势力组织长期盘踞在该区某地,通过实施暴力或者软暴力方式逼迫租户退租或者有意制造"违约"陷阱,非法获取巨额利益,严重侵害了租户的财产权利和人身安全,扰乱了房屋租赁市场秩序。再如北京市海淀区人民法院审理的中关村电子市场强迫交易系列案,犯罪组织结构、手段方式类似,恶势力组织通过"软暴力"手段侵害不特定被害人的财产所有权,严重扰乱中关村的电子交易秩序,社会影响恶劣。

三是特定区域、行业乱象滋生违法犯罪活动,破坏营商环境,严重影响人民群众的安全感。如北京市昌平区人民法院审理的华某某敲诈勒索、寻衅滋事案,案发地在黄土店火车站,该火车站管理存在疏漏,给华某某恶势力团伙以可乘之机,在该火车站为非作恶、欺压百姓,严重破坏社会管理秩序。再如北京市顺义区人民法院审理的程某某敲诈勒索、寻衅滋事案,程某某等人纠集恶势力成员通过暴力、胁迫等多种手段,长期对企业或在建工程进行滋扰、阻挠,严重影响企业的发展及正常经营。

【预防提示】

案例:警惕黑恶势力扰乱基层政权——陈某某等人黑社会性质组织犯罪案

被告人陈某某是北京市房山区琉璃河镇五间房村党支部书记、村民委员会主任、村经济合作社社长,有多次前科劣迹,曾因犯诈骗罪、寻衅滋事罪、危险驾驶罪3次被判处刑罚,因赌博于2004~2006年先后5次被处以行政拘留。2004~2017年,陈某某通过聚众赌博、组织他人赴境外赌博、非法侵占农村经济资源等方式攫取非法利益,逐步积累财富,并于2009年始,在有多次违法犯罪前科劣迹的情况下,在国家工作人员的纵容下,先后骗取党员身份并获得北京市房山区琉璃河镇五间房村村民委员会主任、村党支部书记、村经济合作社社长等身份,把持了对五间房村的控制权,逐步形成了以其为组织、领导者,以被告人许某某、崔某某、曲某某、李某某、陈某等人为基本稳定的骨干成员,参加人员较多的犯罪组织,实施了一系列违法犯罪活动。被告人陈某某及其组织成员多次实施赌博、串通投标、虚开发票、非法占用农用地、强迫交易、非法采矿等违法犯罪行为,攫取非法利益,尤其是通过非法占用大量农村土地修建违章建筑,通过违法手段承揽农村惠民工程谋取巨额非法利益,具有一定的经济实力,并为组织成员提供经济支持。为形成强势地位、树立非法权威、逞强争霸、攫取非法利益,被告人陈某某及其组织成员随意实施以暴力、威胁为主要手段的持枪、持械聚众斗殴、寻衅滋事等违法犯罪行为,为非作恶、欺压群众,致使多名群众合法权益被侵害后,不敢通过正常途径控告、举报,或者因个别国家工作人员的庇护未得到依法处理,在五间房村及周边地区形成重要影响力,且以组织赴境外赌博等方式腐蚀拉拢多名周边村干部,违规发展组织成员入党,损害基层政权基础,严重破坏当地政治、经济、社会生活秩序。

北京市第二中级人民法院审理认为,该黑社会性质组织为确立强势地位,树立非法权威,陈某某等人通过暴力、威胁等手段实施了一系列违法犯罪活动,为非作恶,欺压残害百姓,攫取巨额非法经济利益,称霸一方,对妨碍其利益和违背其意愿的群众蓄意滋事、随意殴打,并推搡辱骂依法执行公务的国家工作人员,致使部分群众不敢举报、控告,在当地造成恶劣影响。陈某某还隐瞒违法犯罪前科劣迹,骗取党员身份,先后采取拉拢、利诱选民等方式,获得北京市房山区琉璃河镇五间房村基层组织负责人等职务,长期把持基层政权,违规发展陈某等人入党,损害基层政权基础,严重破坏当地经济和社会生活秩序。北京市第二中级人民法院以组织、领导黑社会性质组织犯罪等 14 项罪名判处陈某某有期徒刑 25 年,剥夺政治权利 3 年,并处没收个人全部财产;以参加黑社会性质组织罪、寻衅滋事罪等判处崔某某、陈某、许某某等 13 人有期徒刑 10 年至 1 年 4 个月不等的刑罚,并处没收个人全部财产或罚金。

根据我国《刑法》的规定,有期徒刑数罪并罚,总和刑期超过 35 年的,最高可判处有期徒刑 25 年。陈某某触犯 14 项罪名,总和刑期 40 余年,社会危害大、主观恶性深,对其顶格判处有期徒刑 25 年,体现了人民法院依法从严惩治黑恶势力犯罪的力度和决心。从 2004 年到 2017 年,陈某某等人为非作恶、欺压百姓跨越时间长,历时 13 年。前期主要通过赌博等违法犯罪行为完成原始积累,隐蔽性较强。在欺压百姓方面,初期有群众举报,但其通过拉拢腐蚀国家公职人员,在个别国家工作人员的庇护下,横行乡里、为非作恶,部分犯罪行为被作为治安案件或民事案件降格处理,大事化小、小事化了,使该组织肆无忌惮,逐渐坐大成势。因惧怕陈某某组织的非法影响力,当地群众敢怒不敢言。

本案是扫黑除恶专项斗争开展以来北京法院审理的首例涉黑案件。黑势力染指基层政权,攫取非法经济利益,同时伴有“保护伞”,是当前黑社会性质组织犯罪的突出特点。本案被告人陈某某案发时系农村基层领导干部,犯罪时间跨度长、触犯罪名多、涉案财产数额巨大,对当地基层政权和基层民主造成了严重破坏。北京市第二中级人民法院在对被告人陈某某依法从重判处刑罚的同时,加大“打财断血”力度,对组织、领导者陈某某和积极参加者许某某、陈某判处没收个人全部财产。该案的依法严惩,对于巩固基层政权、加强基层组织建设,维护社会大局稳定具有重要意义。一审宣判后,北京市第二中级人民法院向各被告人释法说理,开展服判息诉工作,各被告人均没有提起上诉,检察机关亦没有抗诉，该案的妥善审结实现了法律效果、政治效果和社会效果的统一。

案例：警惕房屋“黑中介”——刘某等人敲诈勒索系列案

刘某等21名被告人于2016年11月至2017年9月，通过小广告、微信、QQ等多种方式虚假宣传，以费用低、入住快、设施齐全等为宣传点，骗取不特定被害人签订合同收取租户租金、押金等费用后，以威胁、骚扰等方式强迫被害人缴纳额外费用；或者编造各种借口以高额违约金、断电断水等方式逼迫租户退租，并不予退还租户租金、押金等费用；或者制造合同“陷阱”，迫使租户主动违约，从而非法获取租户先行支付的保证金、押金等钱款，在10个月时间内敲诈勒索25名被害人，涉案金额30余万元。2018年12月，刘某等21人因犯敲诈勒索罪，被判处有期徒刑7年至1年5个月不等的刑罚，并处罚金。一审宣判后，刘某等人提出上诉，二审法院裁定驳回上诉，维持原判。

与正规房屋中介相比，涉房屋“黑中介”内部通常组织严密，分工明确，互相配合，互相掩护，共同分赃。其一般流程是，购买房产经纪公司营业执照、高价收房低价出租、线上线下发布出租广告、带领客户看房签约收费、使用暴力或软暴力威胁逼迫租户退租或“违约”、强迫清房，最终实现非法占有财产的目的。“黑中介”从房东手里高价拿房，但其并非真心想出租房，而是高价收房，以低价出租为幌子，诱骗租户签约，签订房屋租赁合同后在短时间内通过违法犯罪手段非法占用保证金、押金等各种费用。

当前，一些不法中介机构、人员在经营过程中通过实施暴力或者软暴力方式逼迫租户退租或者有意制造“违约”陷阱，非法获利，严重侵害了租户的人身、财产安全，扰乱了房屋租赁市场经营秩序。为净化房屋租赁市场环境，促进房屋租赁市场健康有序发展，北京市朝阳区人民法院在审理过程中组织房屋中介人员到庭旁听案件审理，并充分依托网络平台向社会公众宣传警惕租房“陷阱”，提升风险识别和抵御能力，针对案件暴露出来的房屋租赁市场管理漏洞问题，法院还向有关管理部门发送司法建议，得到积极反馈，实现了“审理一案、教育一片”的良好效果。

案例：警惕廉价手机“坑你没商量”——王维刚等人电子市场“软暴力”强迫交易系列案

2019年，北京市海淀区人民法院集中审理了王某某等60余名被告人的8起强迫交易系列案。被告人王某某系本市海淀区中关村鼎好电子城B1868店、B1848－5店和中关村E世界C620店的实际控制人。2016年10月至2018年6月，王某某伙同被告人冯某、朱某某、代某某、赵某某、陈某及田某某、李某（均另案处理）等人形成恶势力组织，采用低价吸引被害人到店后通过诱骗、威胁等手段强迫被害人购买手机的方式，在中关村鼎好电子城B1868店、B1848－5店和中关村E世界C620店内多次进行强迫交易。其中，冯某系鼎好电子城B1868店店长，并负责兼管鼎好电子城B1848－5店和E世界C620店，同时从上述两个店铺分得销售利润提成；朱某某、代某某、赵某某、陈某4人均为鼎好电子城B1868店销售员。现查明，中关村鼎好电子城B1868店、B1848－5店和中关村E世界C620店共涉及强迫交易62次，交易金额共计284，286元。该系列恶势力团伙长期盘踞在中关村鼎好、E世界等电子市场区域内，采用低价吸引被害人到店后，通过“软暴力”手段强迫被害人购买手机等电子产品。王某某等人因犯强迫交易罪，被判处有期徒刑5年至1年4个月不等的刑罚，并处罚金。一审宣判后，王某某等人提出上诉，二审法院裁定驳回上诉，维持原判。

这是一起典型的市霸涉恶案，也是专项斗争打击的重点领域。王某某等人租用电子市场内店铺，以手机销售业务为依托，在中关村电子市场内采用诱骗、威胁等手段多次实施强迫交易罪。一方面，直接侵害了到中关村电子市场内购物的不特定顾客的合法权益，强迫多名被害人违背真实意愿购买手机；另一方面，无视诚实守信的基本交易规则，严重扰乱中关村电子交易市场的正常交易秩序，给该市场的整体形象造成较恶劣的社会影响。北京市海淀区人民法院对该系列案的依法惩治，有利于维护被害人的人身权和财产权，规范中关村电子交易市场的正常交易秩序，逐步恢复公众对中关村电子交易市场的信任。

案例：公共交通场所为非作恶——华某某等人火车站敲诈勒索、寻衅滋事案

华某某纠集他人，为把持、控制位于北京市昌平区回龙观镇S2线黄土店火车站的旅游客运市场，采用暴力殴打、威胁等手段，向他人强行索要财物，随意殴打他人，强拿硬要他人物品，形成恶势力团伙，扰乱社会生活秩序。被告人在半年时间内实施了7次违法犯罪行为，涉案金额6万余元，造成极恶劣的社会影响。北京市昌平区人民法院认定华某某犯敲诈勒索罪、寻衅滋事罪，判处有期徒刑7年，罚金5万元。一审宣判后，华某某提出上诉，二审法院裁定驳回上诉，维持原判。

华某某等人组成恶势力，把持北京市昌平区黄土店火车站周围环境并控制当地“黑车”市场，通过违法犯罪行为，如收取“保护费”、控制“黑车”市场等，严重扰乱当地的旅游客运等正常的市场秩序，造成较恶劣的社会影响。案件审理过程中，昌平区人民法院发现涉案火车站管理存在疏漏，给华某某恶势力团伙以可乘之机，遂向北京铁路局提出司法建议，提出“加强秩序维护力量，规范外包服务合同管理”“堵塞火车站管理漏洞、提高服务管理水平”等建议。北京铁路局高度重视，积极采取专项治理措施，维护车站治安秩序，加强综合管理。

案例：软暴力破坏营商环境——程某某等人敲诈勒索企业、滋扰企业生产经营案

2015年至2016年，程某某纠集张某某、王某某、王某等人在北京市顺义区李遂地区，专以企业或者在建工程为目标，采取阻挠施工等方式向在建工程建设单位、施工方勒索财物，或以车辆围堵企业大门、仓库、阻拦客户的方式向企业提出“切活”的无理要求，造成了恶劣影响，对社会风气造成了不良影响。有的企业仓库被堵，无法按时出货，造成严重经济损失；有的企业大门被堵长达1个月之久，无法正常生产经营。程某某等人的违法犯罪行为，严重破坏了李遂地区的营商环境，给企业的正常经营造成不良影响。法院认定，程某某等人构成恶势力，以敲诈勒索罪、寻衅滋事罪判处程某某等人被判处有期徒刑13年6

个月至1年6个月不等的刑罚,并处罚金。一审宣判后,程某某等人提出上诉,二审法院裁定驳回上诉,维持原判。

企业在经营过程中面对不法分子勒索、滋扰,有时迫于工期压力等,选择花钱买平安的做法,被告人借机"切活",实施敲诈勒索或寻衅滋事行为。程某某恶势力团伙正是利用企业经营者上述思想认的"软肋",敲诈钱财或者借此向企业提出各种不法要求,严重扰乱了当期部分企业生产经营活动,情节恶劣。北京市顺义区人民法院依法从严惩处程某某恶势力团伙,充分彰显了北京法院在扫黑除恶专项斗争中出重拳大力净化区域市场环境,努力营造良好营商环境的决心。

【知识提示】

什么是黑恶势力?如何识别黑恶势力呢?黑恶势力包括黑社会性质组织和恶势力。黑社会性质组织应当同时具备四个特征:一是组织特征,即形成较稳定的犯罪组织,人数较多,有明确的组织者、领导者,骨干成员基本固定;二是经济特征,即有组织地通过违法犯罪活动或者其他手段获取经济利益,具有一定的经济实力,以支持该组织的活动;三是行为特征,即以暴力、威胁或者其他手段,有组织地多次进行违法犯罪活动,为非作恶,欺压、残害群众;四是危害性特征,即通过实施违法犯罪活动,或者利用国家工作人员的庇护或者纵容,称霸一方,在一定区域内或者行业内,形成非法控制或者重大恶劣影响,严重破坏经济、社会生活秩序。

恶势力是黑社会性质组织的雏形(或者说低级形态),是指经常纠集在一起,以暴力、威胁或者其他手段,在一定区域或者行业内多次实施违法犯罪活动,为非作恶、欺压百姓,扰乱经济、社会生活秩序,造成较恶劣的社会影响,但尚未形成黑社会性质组织的违法犯罪组织。

北京法院审理黑恶势力犯罪案件的情况如何呢?自2018年1月开展扫黑除恶专项斗争以来,北京法院坚持依法从严惩处方针,坚持严格公正司法,审结了一批涉黑涉恶刑事案件。截至2019年10月25日，全市法院一审共受理检察机关指控的涉黑涉恶案件130件568人，审结84件346人（其中，涉黑组织1个2件）；判处5年以上有期徒刑83人，重刑率24%。坚持以审判为中心，严格依法办案，贯彻证据裁判，努力提升办案质效，实施精准司法，既不拔高处理，也不降格认定，确保每一个案件都经得起法律和历史的检验；注重“打伞破网”“打财断血”，全链条、全方位体现从严，彻底铲除黑恶势力经济基础，判处追缴、退赔、没收违法所得2.8亿余元。排查移转相关线索480余个，立案40余个；积极参与社会综合治理，向有关部门发出司法建议76份。

【专业法官提示】

1. 当前出现的黑恶势力犯罪基本得到有效遏制，犯罪呈现形态隐蔽化、目的逐利性、手段软暴力化、危害蔓延化的特征，特别是发生在市场经济领域和基层组织建设薄弱地区的犯罪，往往披着合法的外衣，不易察觉和发现，这给打击黑恶势力犯罪带来了很大的难度。所以，做好扫黑除恶宣传发动，充分依靠人民群众，学会识别和积极举报黑恶势力，是扩大扫黑除恶战果的有效手段。

2. 注重“打财断血”，是此次扫黑除恶专项斗争的突出特点。所谓“打财断血”，是指综合运用追缴、没收、判处财产刑以及行政罚款等手段，彻底铲除黑恶势力经济基础，展示专项斗争整体成效。严格落实《关于办理黑恶势力刑事案件中财产处置若干问题的意见》的规定，从侦查、起诉到审判，从源头打牢涉案财产证据基础，顺利推进财产处置工作。同时，探索形成“追缴罚没同步、公检法协同、审执部门联动”的“打财断血”工作机制，开展涉黑涉恶案件涉财产判项执行督导，力求打深打透。

3. 与传统黑恶势力实施殴打、砍杀等直接暴力行为不同，当前黑恶势力犯罪手段趋于隐蔽，实施恐吓、威胁、滋扰等“软暴力”成为重要犯罪手段。所谓“软暴力”，是指行为人为谋取不法利益或形成非法影响，对他人或者在有关场所进行滋扰、纠缠、哄闹、聚众造势等，使他人产生恐惧、恐慌进而形成心理强制,影响、限制人身自由、危及人身财产安全或影响正常生活、工作、生产、经营。因软暴力违法犯罪手段比较隐蔽,容易将其作为一般违法行为或民事纠纷处理。软暴力的社会危害和恶劣影响不亚于直接暴力,需要引起足够的重视。

4. 为确保房屋出租信息的真实性,预防被"黑":要找正规的、实力强、诚信度高的房产中介公司,对于价格明显低于市场价的情况要尤为警惕;要认真审查合同,问清具体内容,如是否缴纳物业费、暖气费等,在合同中明确注明,落到纸上;遇事要及时报警,积极检举违法犯罪行为;相关行业主管部门要积极作为,加强房屋租赁市场监管;公民自身要增强证据意识,无论是微信记录,还是通话记录等,均属于电子数据,注意固定保存,全程留痕,一旦发生纠纷可以作为证据使用。同时,要学会保护自己,避免发生肢体或暴力冲突,勇于行使正当防卫权。

法官简介
吴小军

扫二维码
亲临法官说法现场

北京市高级人民法院刑一庭四级高级法官，北京市法官兼职教师，曾任北京市朝阳区人民法院刑事审判庭副庭长。中国政法大学法学博士。

从事刑事审判工作14年，办理刑事案件1300余件，曾主审“首都机场爆炸案”“‘秦火火’诽谤、寻衅滋事案”等多起重大案件。在《人民司法》《法律适用》等刊物发表论文、案例等50余篇，编著《贪污贿赂办案实用360问》《贪污贿赂办案指南》《裁判文书释法说理方法》，多次做客北京电视台“法官来了”等大型直播节目。

荣立三等功4次，获嘉奖6次，获“北京法院第一届刑事审判业务标兵”“北京市第四届审判业务专家”等荣誉称号。在全国法院系统学术论文比赛中多次获奖，获北京市优秀裁判文书一等奖。

言论自由与网络侵权边界在哪

陈昶屹

中国是传统的礼仪之邦，中国人非常重视名节，把名誉看得甚至比生命还重，所以名誉权纠纷自古有之。名誉权纠纷通常与言论有关，言论传播途径越发达，涉及造谣、诽谤、侮辱、诋毁、贬损的侵权言论就会越多，就越容易产生名誉侵权纠纷。人一生中最频繁的一项活动恐怕就是说话，语言交流是人参与社会活动的基本方式，而且言论自由是我国《宪法》赋予每一个公民的基本权利。但是，任何自由都不是绝对的，言论自由也是有法律边界的。网络时代，尤其是移动网络传媒时代的到来，言论自由通过网络社交传媒的新型手段获得了前所未有的扩张，言论表达的便利性与言论传播的迅捷性得到了充分体现，同时也使网络时代的言论自由对他人名誉利益的侵害方式更容易、传播速度更快速、影响范围更深远、侵权程度更严重。因此，在网络时代，既催生了"版主""博主""网红""水军"等具有鲜明时代色彩的新类型人物称谓，也催生了"网络直播""网络围观""网络骂战"，甚至"网络暴力"等新型网络社交活动及网络侵权形态。那么，网络时代的言论自由与网络侵权的边界又在哪里呢？当名誉权受到网络言论的侵害时，应当如何维护自己的合法权益呢？本文通过一起全国知名的网络名誉权案件，探讨网络言论自由的边界和名誉权利的保护问题。

案情：

原告北京大学系教育部举办的事业单位法人，被告邹某某曾系北京大学教授，新浪微博加V实名认证为"邹某某"的微博博主，2012年8月21日9时19

分，邹某某在其新浪实名微博上发表了如下内容：截至2012年8月24日下午，该微博内容已被转发71,464次，评论19,020条。2012年8月21日21时22分，邹某某在其新浪实名微博上又发表了如下内容："这种院长主任教授通过总在梦桃源直隶大膳舫吃喝跟漂亮女服务员发展淫荡关系。至于在外面歌厅、舞厅、娱乐会所吃喝嫖娼的院长主任教授就更多了。国外很多来中国讲课访问的也把饭后去歌厅、舞厅、洗脚、按摩当必需节目。"截至2012年8月24日下午，该微博内容已被转发23,565次，评论4294次。截至2012年8月22日上午，邹某某的微博粉丝量为117,395人，但截至2012年8月30日上午，邹某某的微博粉丝量增至189,595人。至法庭辩论终结时，邹某某发表的前述两篇微博仍保留在其个人微博内。庭审中，邹某某辩称其所述少数北京大学院长、副院长、教授与北京梦桃源餐饮有限公司女服务员存在不正当关系的情况并非虚假陈述而有事实依据，就此向法院提交了5份证据，但并未针对其述辩称的存在不正当关系一事提交相应证据予以佐证。最终，法院判定邹某某的网络言论侵犯了北京大学的名誉权，应当承担相应的侵权责任。

【风险提示】

网络自由有边界　侮辱诽谤不能为

从这起案件中可以看出，通过网络平台公开发表言论，由于网络传播的"涟漪效应"，相关网络信息可能在传播初期只是一个很小的信息源，一旦引起社会舆论的广泛关注，这个小小的信息源就可能像水波涟漪那样，甚至以几何级数的扩散速度，迅速地晕散开去，在社会上对被侵权人产生广泛而深远的影响。当前，网络媒体，尤其是社交自媒体在言论表达更便捷的今天是一把"双刃剑"，既可能因为某人的精彩言论或有趣分享，让使挤进"热搜榜"成为网红或者所谓的"意见领袖"，受到成千上万粉丝或者疯狂拥趸的追捧和称赞，甚至由于"为知识付费"的新兴言论传播方式而一夜暴富、扬名天下，但也有可能因为言论自由公器私用恶意诽谤侮辱他人、被黑产业链收买利用传播不实言论、即兴发言不慎伤人等诸多原因而被控侵权,甚至走上犯罪的道路,让自己的名誉及人设毁于一旦。因此,我们在行使言论自由权利,享受言论自由带来的诸多福祉的同时,也应当深知“言论自由乃社会之公器”,时时处处遵守言论自由的法律边界和底线,绷紧法律风险这根弦。

那么,在网络上发表言论会产生哪些风险?这就需要我们首先了解网络言论侵犯他人名誉权的主要方式,了解这些侵权行为方式的构成,就会从反向知道发表网络言论的风险所在。一般而言,言论可以分为书面或口头两种形式的,而侵犯他人名誉权的主要行为方式又区分为诽谤和侮辱两种方式。那么,网络言论的风险就在于发表言论时是否会充分诽谤或侮辱的法律构成要件,只要我们发表的言论不存在这两种侵权行为方式所规制的基本要素,就不会产生言论的风险。具体而言,我们首先要知道诽谤和侮辱的法律定义是什么?实际上,我国的现行法律并未对这两种侵权行为进行明确的概念式定义,而是在司法实践中对这两种侵权行为形成了相对统一的概念性描述。诽谤行为是向第三人传播不利于特定人或特定人群名誉的虚假事实,或者以他人传播的虚假事实为依据进行不利于特定人或特定人群名誉的不当评论而足以致使该特定人或特定人群社会评价降低的民事侵权行为。侮辱行为,是指采用暴力或言语等方式欺辱特定人或特定人群,足以贬损该特定人或特定人群人格或尊严的民事侵权行为。

侮辱性、诽谤性言论传播是侵害公民名誉权的主要形式。其中,侮辱性言论是对被害人的人格、身体缺陷、身份、地位、声誉等发表的足以其蒙受耻辱的言论。该言论主要指向被害人的抽象人格,不涉及事实本身;而诽谤性言论是针对具象的事实陈述。这是这两种侵权行为方式的本质区别。进一步讲,言论的内容可以是“事实陈述”或“意见表达”,前者的内容指向“是什么”,后者的内容指向“怎么看”。那么,网络言论的边界是什么呢?就是我们假定发言者是一个一般诚信谨慎之人,他在“事实陈述”时,所述事实应当基本或大致真实;在“意见表达”时,评论内容应当大致客观公正,这就是言论自由最基本的底线。

如果网络用户在发表网络言论时,基于过失或故意的主观心态,向第三人公开传播不利于特定人或特定人群名誉的虚假事实,或者以他人传播的虚假事实实为依据进行不利于特定人或特定人群名誉的不当评论,足以致使该特定人或特定人群社会评价降低的,此类言论就可能会产生构成诽谤的法律风险。比如,前述案例中,邹某某教授就是因为非法传播虚假信息,诋毁北京大学的名誉,其言论构成诽谤,承担了侵犯北京大学名誉权的侵权责任。

如果网络用户在发表陈述性或评论性网络言论时,同样基于过失或者故意的主观心态,没有“就事说事”或者“就事论事”,在没有任何根据的情况下随意地由事及人,对他人的人格或人身特质进行不当定性或不当归因,或者使用侮辱、贬损的语汇攻击他人人格,足以使他人的社会评价降低的,此类言论就可能产生构成侮辱的法律风险。比如,某网络用户在网络上公开嘲笑他人小儿麻痹的生理缺陷,这样的言论就对他人的人格具有明显的侮辱性。如果该网络用户针对他人小儿麻痹的身体缺陷这一人身特质产生的原因,既不谈具体的医学原因,也未传播虚假的事实,而是采用人格贬损性的不当归因性表达,如“他为什么会有这样的生理缺陷?是因为种不好”。这里的“种不好”并不是一种事实陈述性的表达,而是一种人格贬损性的不当归因。实践中,某些人认为只有谩骂他人、对他人说脏话才会构成侮辱,实际上某些不带脏字、谩骂的讽刺、挖苦或者不当归因式的贬损都可能构成侮辱。但是,在文学评论、文艺评论、社会舆论监督等社会言论表达场合中,对某些人因作出应当受到否定性道德评价的行为而对该人表示谴责、反对、批判,甚至讽刺、挖苦,这并不构成对他人人格的侮辱。

在实践中我们还发现,有人认为,侵犯名誉权应当以社会评价降低为构成要件,只要被害人无法举证证明被控侵权人的言论对其造成社会评价的降低,就不会产生被法律认定侵犯名誉权的法律风险。实际上,这是对社会评价降低构成要件的误解,这种误解也会产生相应的法律风险。这里要特别进行风险提示,侵害名誉权的认定属于事实判断与价值判断的结合,但重在对诽谤言论及侮辱言论的价值判断,这与侵犯隐私权的认定重在认定披露、刺探、使用他人隐私事实的事实判断不同。在网络空间中,即时性与互动性是信息交互的一大特点,诽谤或侮辱他人的言论产生的社会评价及不良影响通常会反映在跟帖、回复等信息上,在判断社会评价是否降低以及大致在多大范围内造成不良影响时，可以参考回复留言的言论理解方式、理解导向、价值反馈等因素佐证法官内心的价值判断。但是，不能完全依据“网评”对社会评价是否降低进行单纯的事实判断，而排除依据一般合理人的理解能力及理解方式与当下社会主流价值观，对涉案网络言论是否“足以”造成他人社会评价降低的价值判断。

【预防提示】

第一时间发出“有效”通知

了解发表网络言论时可能对他人构成诽谤或者侮辱的言论风险和言论边界后，我们在发表网络言论时就可以预防自己的言论超越法律的边界对他人产生诽谤及侮辱的侵害。然而，在很多情形下不光是自己知道在发表言论时应当注意避免侵权，还应当知道当网络上出现了诽谤、侮辱、攻击自己的言论时，如何快速预防侵权言论的迅速传播，及时保护自己的名誉利益不受扩大的侵害？相信很多人都曾有在网络平台上遭遇他人诽谤、侮辱、人身攻击的经历，向网络服务商发出通知要求对侵权信息进行断链、屏蔽、删除是最快速而有效的处理方式。但是，发出的通知能够构成“有效”通知是其中的关键。那么，发出的通知应当具备哪些条件才能够构成有效通知？如果发出了有效通知，网络服务商未及时处理应当如何承担侵权责任？下面，我们先通过一个案例来说明。

案情：

某网络公司是某网站的实际经营者。2015 年 7 月 22 日，王某某在该网站某论坛中发现了大量诽谤其个人的网帖。王某某让其女儿王小某向该网站管理员申请做该分论坛的管理员，以便删除诽谤王某某的帖子，但未获通过。此后，王小某通过打电话的方式向该网络公司投诉要求删除相关侵权网帖，该网站要求王小某提供身份证件、授权委托书及联系方式，并提供论坛中准确的网帖地址，但是王小某以这是网站对其故意刁难为由未向该网站提供。其后，王小某多次打电话交涉未果，直至其发出正式律师函并附带提供相关信息之前该网站一直未予以删除处理。王某某认为，该网站在其委托女儿通知后怠于行使“通知—删除”的义务，应当就诽谤帖子的扩大传播承担侵权责任，遂起诉该网站承担相应侵权责任。法院经审理后认定，王某某在正式发出律师函并附上相关信息之前，未向某网站提供王小某的身份证明、委托授权书及联系方式，也未向该网站提供能够准确定位侵权网帖的网络地址及初步证明诽谤事实存在的证据，王小某通过电话通知的行为不构成有效通知，鉴于该网站在收到正式律师函之后及时对侵权帖子进行了及时删除，故该网站不应承担侵权责任，判决驳回了王某某的诉讼请求。

根据现行法律规定，被侵权人对网络服务提供者进行通知的方式可以包括以书面形式或者网络服务提供者公示的方式两种方式，不必苛求于只按照网络服务提供者在网站上公示的投诉方式。但除此之外，必须采用书面形式进行通知，在网站公示的投诉方式中没有包含电话通知等口头投诉的情况下，一般不得采用口头通知的方式进行投诉。此外，发出的通知必须同时包含三个方面的内容才能被认定为有效通知：一是必须包含通知人的姓名（名称）和联系方式，该姓名或名称应是能够提供有效身份证件加以证明的，如身份证、驾驶证等，如果通知人不是被侵权人本人的，一般还应当提供授权委托书及委托双方的身份证明来证明被委托的通知的真实姓名，即该姓名或名称应是可核实的，否则就失去了提供姓名或名称的实际意义；二是在具体的网络地址不准确或者不能提供准确网络地址的情况下，应当提供足以准确定位侵权内容的相关信息，目的在于快速定位侵权信息的网络地址，法律并未要求网络服务提供者承担主动审查或重复筛查侵害特定被侵权人侵权信息的义务；三是还必须提出主张删除相关信息的具体理由，甚至必要时提供初步的证据，以便网络服务商根据通知人提供的删除理由进行有针对性的核查，以便作出是否应当进行删除处理的决定。如果通知人发出的通知具备了上述三项条件，网络服务商未及时处理，而且要求删除的信息被认定为侵犯权利人名誉权的侵权信息。

【知识提示】

被控言论侵权的抗辩事由

网络社交媒体是当前参与社会活动的重要社会载体,虽然我们在发表言论时应当要自律和谨慎,但是对于公众人物、公众事件等情况,我们仍有基于言论自由与舆论监督等法定权利参与社会表达、社会治理的权利和义务。同时,在当今新媒体、自媒体高度发达的网络社会,社交活动与社会参与的基本方式之一是转载网络言论,如朋友圈转载、微博转载,其实都是言论和信息分享的基本方式,已经成为网络时代社会生活不可或缺的社会参与要素,对此,我们同样应当知道享有的权利和应当履行的义务。因此,法律赋予了普通公民在被控言论侵权时提出合理抗辩的法定权利。只要我们正当利用抗辩权,就会充分保护我们享有的言论自由、舆论监督、社会参与的基本权利。当然,抗辩权作为一项权利同样受到权利边界规则的限制。具体来说,我们应当清楚以下几种被控言论侵权的抗辩事由。

一是公众人物言论容忍的抗辩事由。公众人物,是指在社会生活中广为人知、具有相当高知名度的社会成员。基于公共利益及正当公众兴趣等价值的利益考量,可以对公众人物的名誉权等人格权所涵摄的人格利益进行正当的、必要的、适度的合理限制。也就是说,公众人物对于公众和媒体行使言论自由及舆论监督等权利妨害其人格权益的行为负有一定限度的容忍义务。名誉是对人的道德品质、能力及名声、威望等其他品质的一般社会评价,属于人格利益外化的客观范畴。在诉中引入公众人物限制作为抗辩事由,并不表明公众人物的名誉本身会受到限制,加害人可以任意采取侮辱、诽谤等方式随意侵害而不用担责,而是对于以满足公众对公众人物及公众事件的知情权等为目的,合理行使言论自由权、舆论监督权等表达及传播的行为,基于公共利益及正当公众兴趣等优先保护的价值取向,法院在认定言论是否构成以侮辱、诽谤等方式侵害名誉权的“标准”或“程度”时,采取相对于言论涉及普通大众的情况更宽松的尺度。

二是正当舆论监督的抗辩事由。当公众在公众人物开设的网络平台，如微博、微信等，对公众人物所涉公共利益之行为或事件的相关事实提出质疑，甚至对质疑的事实进行推论，如果公众人物未及时而充分回应，导致公众对公众人物在该行为或该事件上发表进一步质疑、推论、发表批评性评论，公众人物应对公众的质疑及批评负有必要容忍的义务，除非有充分证据证明言论发布者明知原委而罔顾事实进行虚假、歪曲传播或不当评论，否则均不宜判定为诽谤。

三是合法转载的抗辩事由。网络转发，是指当事人在自己控制的网络平台中刊登其他网络平台上已经发表的文章。在网络平台上首次发表文章的当事人，是原发者，转发其他网络平台上已经发表的文章的当事人，是转发者。转发应当注意原文与转发文章的区别，区分原发者与转发者的侵权责任。转发文章侵害名誉权的，我们仍要主动审查是否存在显而易见的不真实情况或侮辱、诽谤、不当评论等情形，以及其他凭借一般理性之人的常识就能识别的明显不当之处。转发文章侵害他人民事权益的，可以适当减轻转发者的侵权责任，但是，由于转发者身份或转发时机等造成转发的影响范围比原发影响范围更大，转发造成损害后果更严重的，法官也可能根据损害后果的扩大程度确定损害赔偿责任。但转发文章与原文不一致的，转发者对不一致内容发生的损害后果承担侵权责任。

【法官专业提示】

根据以上介绍的言论自由、网络侵权的法律边界、权利保护相关案例和司法实践规则，当名誉权受到侵犯时，我们应当加强法律意识和维权意识，拿起法律武器，主动维护自己的合法权益，但首先应当明确如下几点。

第一，侵权人侵犯的是名誉权（外部名誉），还是名誉感（内部名誉）。前者是社会评价形成的外部名誉，属于名誉权控制的范畴，应当以侵犯名誉权为由提出诉讼。此外，后者是自我评价形成的内部名誉，属于一般人格权（人格尊严权)控制的范畴,应当以侵犯一般人格权为由提出诉讼。此外,应当注意二者在起诉路径上存在区别。

第二,侵权人采用的是公开发表言论,还是点对点直接发表言论的行为方式。通过网络公开发表针对他人的言论涉及他人的外部名誉,而在网络上通过点对点直接发表针对对方的言论涉及他人的内部名誉,两种通过网络发表言论侵害他人合法权益行为的法律后果是不同的。

第三,网络侵权行为是同一侵权行为,还是同种类的不同侵权行为。这关系被侵权人是否可以在同一个案件中同时主张名誉权、肖像权、隐私权、姓名权等多个人格权复合案由。如果侵权人在网络上实施同一侵权行为同时侵犯了多种人格权利益时,可以在同一个案件中同时主张多个复合案由。如果在一个相当的时期内在同一网络平台上就同一主题或话题展开意见表达的连续行为,一般只能分别起诉,而不能在一个侵权案件中同时起诉。

第四,以侵权人发表的网络言论构成诽谤或侮辱为由提出侵犯名誉权诉讼后,还能否以同一事实和理由提起诽谤罪、侮辱罪刑事自诉。这涉及民刑交叉的问题,在理论上和实践上民事起诉和刑事自诉并不相互排斥,可以并存。但是按照先刑后民的基本原理,民事案件会在刑事案件受理后裁定中止,待刑事案件审结后,根据不同情况分别处理。因此,当事人在维护自己的合法权益时,应当根据言论侵害的不同程度,依法选择刑事自诉或民事起诉的维权手段。

法官简介
陈昶屹

扫二维码
亲临法官说法现场

北京市海淀区人民法院中关村法庭庭长，四级高级法官，兼任共青团北京市委副书记、北京市人大代表。中国人民大学民商法学博士，中国社会科学院法学博士后，副研究员。

先后在民事、商事、知产领域审结案件4000余件，主审被评为全国十大民事案件的“北京大学诉邹某某名誉权案”、全国首例“‘被遗忘权’案”、全国首例“涉广泛匹配搜索模式不正当竞争案”、“‘小黄车’商标权案”等知名案件。审理的案例多次入选《中国审判案例要览》《中国法院年度案例》《法律适用》（案例版）和最高人民法院公布的典型案例等。先后在中国人民大学《复印报刊资料》、《北京行政学院学报》、《判解研究》等核心期刊发表学术论文10余篇，在《人民日报》《人民法院报》等报纸发表文章共计80余篇；出版专著及合著7部；主持两项课题获中国博士后科学基金第55批面上资助和第8批特别资助，入选2016年度中国博士后基金优秀资助者选介名录，成为仅有的3名全国法学类博士后入选人员之一。参与国家社科基金重点课题项目“网络民事权利的侵权法保护”、最高人民法院重大课题“大数据时代数据权利保护研究”等10项国家级及省部级重大调研课题任务并获一等奖等多个奖项。

获北京市法院系统“新时期青年法官的楷模”先进典型、CCTV 2017年度“全国十大法治人物”、“全国模范法官”、“北京市优秀青年人才”、“北京市审判业务专家”、“北京审判业务标兵”等荣誉称号。

春运路上的安全法规

孙　磊

每到春节，无论多远的距离、多长的时间，都阻挡不了我们的脚步和迫切之情，所有人心中都有同一个方向，那就是“家”。

回家的方式有多种，现在最普遍、便捷与经济的是坐火车回家。然而，在铁路运输过程中发生的事故很多，涉铁路运输人身损害纠纷案件亦特点显著：一是事故造成的损失巨大，一旦火车与行人发生碰撞，受害人非死即重伤，铁路运输也会中断，经济损失巨大；二是由于受害人家属痛失亲人或亲人重伤，情绪较激动，增加了法官辨法析理的难度，也增加了庭审顺利进行的难度；三是当事人承担来往诉讼的各种时间和经济成本高昂。

那么，如何才能避免此类悲剧的发生呢？铁路事故与一般道路事故又有何不同呢？如果发生相关事故，法律上有何救济途径？此类事故在法律上的责任又是如何规定的？

【风险提示】

莫在铁路轨道上嬉戏散步

对于铁路轨道与公路的区别，多数人都没有明确、清晰的认识。从电影、电视以及诸多摄影作品中，对于铁路轨道，不少人将其当作散步散心、拍照摄影的绝佳之地。然而，却不知在铁路轨道上嬉戏、拍照可能有生命危险。不少人会反驳说："怎么可能有这么夸张，看到火车来了我就会从铁道上跑开啊，火车那么慢，不可能撞到我的，更不可能存在生命危险了，电影、电视上都放着，也没见有多危险啊。"

案例：

某年的春天，年仅20岁的小芳来到北京探望男友。这对情侣到铁路上玩耍，就在小芳与男友横过铁路时，双双不幸被两辆会车的列车撞死。这个案例中，存在一种特殊的火车运行状况，那就是列车的会车。当时，两人所在的轨道，恰有两辆列车进行会车，这种情况，两人无处可走，悲剧便发生了。

此时，就有人会发出疑问，铁路轨道上行驶的火车不是会鸣笛吗？当事人应该能听见啊，怎么还会发生这样的悲剧？铁路轨道上的风险变化是多因素的，火车鸣笛是其进行提示警示义务，不排除即便采取了鸣笛等方式，但因为距离过短铁路上的行人也没有时间逃离的情况。此外，诸如视线、道路周围的植被覆盖、具体路段的复杂性等因素，均会影响行人对危险的判断。

莫横穿铁道抄近道

多数人都以为铁路轨道上没有火车行驶，便可以从火车道穿过去、抄近道，而不走地下通道。殊不知，这其实是在拿自己的生命在下赌注。

案例：

年仅12岁的小军家庭困难，父亲、母亲为了供他上学远赴他乡打工谋生，小军则被寄养在亲戚家。一天早晨，小军和亲戚家的姐姐像往常一样背着书包走在上学的路上。为抄近路，他走上了地下通道上面的铁路线，当时小军的表姐曾劝过小军说，"弟弟，咱俩走地下通道吧，火车道太危险"。可小军和表姐说，"没事，见到火车我就跑，我跑得快，撞不到我"。可谁承想，就是小军这种"逞英雄"的行为，导致他被呼啸而过的火车夺走了鲜活的生命。

在这起案件中，一时"逞英雄"横穿铁道，却因此献出了自己年轻的生命，带来的是一个美好家庭的破碎。因此，要时刻谨记铁路安全，不因一时侥幸而铤而走险。

车厢安全需注意

铁路安全贯穿铁路运输的始终,不仅在铁道上有重大风险,在列车车厢中同样存在安全隐患。恰恰是这样一些细小的隐患,极易被人们忽视,但是一旦发生,其所带来的不幸,不亚于铁道风险带给人们的打击。

案例:

张大妈的儿子在北京某公司任职,2018年的春节是她第一次来北京和儿子、儿媳一起过春节。张大妈的老家距离北京较远,她买了一张卧铺票,就在开车后没多久,张大妈去开水间打水时,因开水间的地上有水,张大妈不慎摔倒,造成骨折。后来,张大妈起诉至法院,要求铁路部门予以赔偿。

案例:

刚参加工作的大学生小刘从南方乘坐特快列车回老家过年。该车于当日下午2点左右出发,在傍晚5点的时候,小刘感觉不舒服,有呕吐现象,随即通知列车长,后通过列车广播寻找医务人员,有两三位医生乘客听到广播后来到小刘乘坐的车厢,对其进行救治。小刘仍感不适,列车长多次劝说小刘下车就医,并愿意帮助小刘联系医院,但是小刘都拒绝了。最后,列车长联系了小刘的父母,共同劝说下,小刘同意下车救治。第二天凌晨1点多,小刘下车,直接被救护车接到医院救治,但最后还是医治无效死亡。后小刘家属起诉至法院,要求铁路方赔偿。

这两起案例警示我们,在日常铁路出行中,一定要随时留意身边的情况,并对自己的健康状况随时关注。

生命安全需珍视

不少行人可能会在自身情绪低落的情况下,去铁道上散心。在电影、电视剧中,铁路轨道充满浪漫与治愈色彩,但殊不知这是在与“死神”散步,随时会有生命危险。实践中，法院曾经审理过一起大学生失恋后无视警示标示和护栏在铁道上行走而致残的案例。

案例：

小王考上一个自己理想的大学，但是他大一快放寒假的时候，女朋友告诉他要分手。在失恋后的一天，小王骑自行车到了某处铁路线路，当时该线路两侧都有的护栏，小王是翻越护网来到铁路区间，与正常行驶的列车相撞，导致小王双腿截肢。开庭时，法官问过小王，为什么要翻越铁路护网到铁路区间。他说，因为以前和女朋友经常来这玩，每次都是翻过护网，觉得在路基上行走，特别浪漫。这次是故地重游，在他准备穿越铁路线路的时候，因为精神恍惚，没有发现列车，导致悲剧的发生。

我们应该重视自己的生命，切莫在情绪低落时，通过在铁道上散步的方式来排解。

候车乘车多注意细节

乘坐火车旅行，除了遵守常规的不携带易燃易爆物品、提前到车站检票候车之外，也要注意候车、乘车、下车阶段的一些细节。

案例：

法院曾经审理过一起幼儿健康权纠纷案件，当时3岁的小刚和妈妈一起坐火车回老家，在候车时，小刚趁妈妈没注意，独自来到安检仪传送带附近玩耍，因为他个头小，铁路安检人员并未发现，结果小刚的手被卷入安检仪转送带中，造成孩子手部受损落下终身残疾。在审理过程中，法官了解到，小刚因为年纪小，仍在身体发育成长阶段，因此，将来他要进行多次手部植皮手术，才能满足手部发育的需要，即便如此，也不能像正常人一样用手提重物等。

此外，法院还受理过几起乘客在上火车时掉下站台的案件，其中未成年人、残疾人居多，且大多是在春运期间发生的事故。笔者曾作为列车乘务员参与过春运，在上岗之前，列车员都会接受安全教育，学习使用连接板、隔离带等工具，在上车之前乘务员会组织旅客按顺序乘车。但春运期间,客运量巨大,旅客归心似箭,加之有的旅客时间计算的不科学,造成“赶火车”的情况出现,旅客的“不拘小节”往往会埋下安全的隐患。

【预防提示】

铁路风险何其多,该如何防范?

在前述各案例中,我们对铁路运输安全风险有了一定的了解。我们需要做到的不仅是认识风险,更应该懂得预防风险。针对上述风险,我们的预防主要从铁道、车厢以及人物三个维度展开。

铁道认知防范

在铁路安全事故中,多数情况下当事人对铁道、火车的认知仍停留在与马路、汽车一个层面上。这是一个认识的误区,我们必须明晰,铁路与马路的严格区分。铁路有其自身的特点,在铁路行驶的列车与马路上的汽车主要的区别在于:列车是在固定的轨道上运行,且有速度高、制动距离长、遇有险情无法躲避的特点;马路上行驶的汽车,由于体积、质量等差别,其惯性、制动滑行距离都比列车短。我们必须要对铁路有清晰的认识,不要因为侥幸心理,穿越铁路或者在铁路上行走,以避免惨剧的发生。同时,不要无视在铁道两侧的护栏、明显的警示标示,更不能“逞英雄”地翻越护栏、横穿铁道抄近路。

此外,对于一些特殊的铁路路段,我们对其专门设备设施也要有必要的认识。其中,高路基的铁路就是一个典型。所谓高路基,实质是铁路建设部门为了防止路基被水浸泡及钢轨导电,影响通信系统等原因,故将铁路线路的路基垫高。这种铁路也是投入运行的,并不是毁坏的铁道,不能随意横穿。

乘车、候车安全认知防范

无论是高铁,还是普通列车,均有提示注意脚下安全等广播。但在忙碌的出行中，基于各种因素，此类广播语音提示往往不会引起我们的重视。尤其是在春节等重大节日出行中，着急回家的心情往往使人忽略了很多安全“细节”，疲惫的心情使人忽略了安全“隐患”。上下车时拥挤、插队，不按安全警示线排队。

一些路途比较偏远的旅客选择卧铺，上下卧铺时，一定要抓稳扶手，避免摔下摔伤情况的出现。同时，在车厢行走、接水等，不仅要注意到自己的行为，还要时刻小心他人和车厢地面的安全情况。正如在前述案例中，车厢地面有水，有可能引起滑到的危险，尤其当你接了热水时，更应注意车厢地面以及与周边乘客的安全，避免安全事故的发生。

此外，对于一些特殊的车厢安全设备和安全维护义务，我们必须有所了解和严格履行。例如，在高铁上不得吸烟；对于消防、逃生设备，我们不仅要认识到，而且更应懂得如何使用、操作，避免紧急情况发生时的慌乱。

特殊人群的防范照顾

在上述案例中，对于诸如未成年人、老年人等群体，尤其是对未成年人，监护人一定要尽到监护义务，避免悲剧的发生。现实生活中，多数父母对未成年子女的铁道安全教育仅有一句“别上铁道啊，危险”，未成年子女对铁道的认知很粗浅，并没有从心底里对此有清晰的认识。

针对成年人年龄小、安全意识不强等问题，原北京铁路运输法院到多所中小学校进行安全法治宣传，给孩子们讲法治课，树立“珍爱生命，勿走铁路”的安全意识。同时，该法院利用广播电台、报纸、网络等媒体与广大听众、读者、网友深入交流探讨铁路交通安全知识的推广，引起公众对铁路沿线少年儿童及生活居民的共同关注；在火车站、铁路沿线、社区公园义务为人民群众提供法律咨询服务；向市交管局发出司法建议，建议在《道路交通安全法规与相关知识必读》中增加《铁路道口通行规定》的内容，被市交管局接受采纳；积极与铁路经济规划研究院等部门沟通，调查研究如何科学设计、规划铁路路线，最大限度地避免因穿行铁路线路导致人员伤亡。同时，作为父母，更应该以身作则、言传身教，不因一时情急横穿铁路或抄近路，为孩子树立正确的榜样形象。对于上了年纪的乘客或是携带小孩的乘客,一定要对身边的老人和孩子多加照顾。

对于春运期间在车站候车、乘车的安全细节及危险防范,需要铁路部门加大巡查力度,提高服务质量;作为乘客,首先要提高自身的安全意识。尽管在安全事故发生后,当事人可能会得到一部分补偿或赔偿,但没有人愿意用身体上受到的伤害去换这些赔偿。铁路站台上是虽有那醒目的黄色安全线,但更关键的是你心里那条安全线是否同样醒目?

此外,对于自身身体健康,我们也应有一定的认识,发生疾病意外时,一定要配合列车工作人员及时进行救治。以下两点我们必须知晓:

一是如果乘客身体不适,应当在出行时常备药物随身,或者是家属陪同。如遇乘车过程中感觉身体不适,请及时通知乘务员,并接受铁路部门的建议,及时下车接受治疗。可能有人会问,列车上怎么不准备急救箱之类的东西。其实大家可以想到,如果乘客在火车上不舒服,在没有医院诊断的情况下,不能随便吃药。如果乘客向列车工作人员说明身体不适需要救护车,列车工作人员会向前方车站联系,且“120”救护车是可以开到站台上的。

二是如果身体不适,请乘客及时向工作人员提出,以便列车工作人员及时处理。强调及时是因为众所周知,列车是按规定时间、规定地点停车,原则上是不能随意停车的,所以还是请大家增强这方面的意识。

【知识提示】

对于铁路运输中发生的人身损害情况,我国有专门的法律规定。根据最高人民法院《关于审理铁路运输人身损害赔偿纠纷案件适用法律若干问题的解释》第6条的规定,因受害人翻越、穿越、损毁、移动铁路线路两侧防护围墙、栅栏或者其他防护设施穿越铁路线路,偷乘货车,攀附行进中的列车,在未设置人行通道的铁路桥梁、隧道内通行,攀爬高架铁路线路,以及其他未经许可进入铁路线路、车站、货场等铁路作业区域的过错行为,造成人身损害的,应当根据受害人的过错程度适当减轻铁路运输企业的赔偿责任,并按照以下情形分别处理：

第一，铁路运输企业未充分履行安全防护、警示等义务，受害人有上述过错行为的，铁路运输企业应当在全部损失的 80% 至 20% 承担赔偿责任；

第二，铁路运输企业已充分履行安全防护、警示等义务，受害人仍施以上述过错行为的，铁路运输企业应当在全部损失的 20% 至 10% 承担赔偿责任。

在上述小王的案例中，经过庭审查实，铁路部门已经充分履行安全、警示等义务，因此，根据上述司法解释，法院判决铁路方在全部损失的 20% 至 10% 承担了赔偿责任。

该司法解释第 7 条规定，受害人横向穿越未封闭的铁路线路时存在过错，造成人身损害的，按照前条规定处理。受害人不听从值守人员劝阻或者无视禁行警示信号、标志硬行通过铁路平交道口、人行过道，或者沿铁路线路纵向行走，或者在铁路线路上坐卧，造成人身损害，铁路运输企业举证证明已充分履行安全防护、警示等义务的，不承担赔偿责任。

其第 8 条第 2 款规定，铁路运输造成限制民事行为能力人人身损害的，铁路运输企业应当承担赔偿责任；监护人及受害人自身有过错的，按照过错程度减轻铁路运输企业的赔偿责任，但铁路运输企业承担的赔偿责任应当不低于全部损失的 40% 。

因此，在前述未成年人小军穿越铁道案例中，因小军属于限制民事行为能力人，铁路方应当承担赔偿责任。但是，小军穿越铁路的行为的确存在过错，加之小军的监护人也存在监护责任不到位的情况，因此，法院结合庭审查证的事实并依据相关法律规定，对该案进行了判决，判决铁路方承担了不低于全部损失的 40% 的赔偿责任。

此外，我国《合同法》第 302 条第 1 款规定，承运人应当对运输过程中旅客的伤亡承担损害赔偿责任，但伤亡是旅客自身健康原因造成的或者承运人证明伤亡是旅客故意、重大过失造成的除外。在前述刘某的案例中，其一直拒绝列车工作人员的帮助与建议，在这种情形下，铁路部门是具备免责事由的。

【法官专业提示】

根据上述案例以及法律的分析,不难看出,在铁路运输致人伤害的类型案件中,一方面,我们自身要具备一定的铁路安全认知和相应的防范意识;另一方面,在发生相关事故后,我们应懂得如何正确行使权利、维护合法权益。

我们不仅要清晰铁路运输上可能存在的“两莫两需”风险,而且更应该懂得如何防范、避免惨剧的发生。我国法律对于铁路道路设置安全标志以及防护措施有相关规定,但是不能保证每一个路段、每一条铁道上的安全警示标志及防护措施的完善;此外,即便是列车会提前鸣笛以提醒侵入铁路上的行人,列车的制动距离是超过常人的想象的,其速度也并不是我们肉眼所见的那么慢。所以,最好的方式便是从自身做起,提高安全意识,不乱在铁道上行走,更不能在铁道上嬉戏、横穿抄近路。对此,以下“八个不要”望对大家有所帮助:

(1)不要在铁路线路上行走、坐卧、玩耍;

(2)不要在铁路桥梁上、隧道内通行;

(3)不要翻越、损毁、移动铁路线路两侧防护围墙、栅栏或者其他防护设施和标桩;

(4)不要钻车、扒车、跳车;

(5)不要攀登铁路杆塔、铁路机车车辆;

(6)不要触碰电气化铁路接触网;

(7)不要过分接近铁路线;

(8)不要违章通过铁路道口。通过铁路道口时,一定要按照交通信号和管理人员的指挥通行。

道路千万条,安全第一条;出行不规范,亲人两行泪。无论是在日常生活中,还是在外出旅行时,请将安全牢记心间,莫拿生命当儿戏,祝愿每一个人都能在春运或者日常的出行中安全回家。

法官简介

孙　磊

扫二维码

亲临法官说法现场

北京互联网法院一级法官，曾任北京铁路运输法院立案庭副庭长。

自2009年从事民商事审判以来，长期审理铁路运输人身损害责任纠纷案件，无一发回改判，曾到张家口、承德开展该类案件的巡回审理工作。积极参加京冀两地法治共建教育工作，延伸审判职能作用，到京冀两地中小学普及法律知识和铁路安全知识。

荣立三等功，获北京铁路运输法院2016年和2017年“结案状元”、“优秀公务员”、“优秀共产党员”等荣誉称号。

交通事故谁之责

李婍婧

2019 年上半年全国机动车保有量达 3.4 亿辆，新登记汽车 1242 万辆，新领证驾驶人 1408 万人。截至 2019 年 6 月，全国汽车保有量达 2.5 亿辆，私家车达 1.98 亿辆。全国 66 个城市汽车保有量超过 100 万辆，北京、成都等 11 个城市汽车保有量超过 300 万辆。近 10 年来，全国各地汽车保有量增速均在 10% 以上。这么迅速增长的汽车保有量也是导致我们城市交通主要拥堵的原因之一。拥堵不但会耽误时间，还会影响出行的心情，更重要的是，有堵车就会增加行车风险，就可能发生各类交通事故。

在审理机动车交通事故责任纠纷案件时，我们看到过新婚宴尔的夫妻因为交通事故阴阳相隔，看到过艺考在即的花季少女因为交通事故再也不能起舞，也看到过很多人因为交通事故频繁跑医院、修理厂、保险公司、法院，耽误了时间，消耗了精力。可以说，每处理一个案件，都是一次接受深刻的安全教育的过程。交通安全关乎每个人的生命安全，关乎每个家庭的平安幸福，每个人都应当培养良好的驾驶及出行习惯，增强安全意识，熟知交通安全法规及处理交通事故的程序，保护我们的人身及财产安全。

【风险提示】

为何汽车要同时投保交强险和商业险

通常会遇到的一种情况是,买车的预算不高,只是代步使用的,并不追求品质,开这样的车的话也不怕有擦碰之类的,这种情况下不考虑商业险,只买交强险够不够?对此,我们首先要了解交强险和商业险的性质、理赔范围、理赔额度。

我国《机动车交通事故责任强制保险条例》中对机动车交通事故责任强制保险的定义为,由保险公司对保险机动车发生道路交通事故造成本车人员、被保险人以外的受害人的人身伤亡、财产损失,在责任限额内予以赔偿的强制性责任保险。我们应当注意以下两点:一是赔偿的范围是本车人员、被保险人以外的受害人;二是这个赔偿是在一定的责任限额内的。我国《道路交通安全法》第98条规定,机动车所有人、管理人未按照国家规定投保机动车第三者责任强制保险的,由公安机关交通管理部门扣留车辆至依照规定投保后,并处依照规定投保最低责任限额应缴纳的保险费的2倍罚款,按照前款缴纳的罚款全部纳入道路交通事故社会救助基金。

为什么要实行交强险制度呢?根据我国现行法律的规定,我们可以看到法律对交强险的基本保障功能的一种强调。交强险的首要功能就是"保障机动车道路交通事故受害人依法得到赔偿",也就是说,使受害人的损失得到及时赔偿是交强险制度的首要目的。

交强险的总限额是12.2万元,这么看来限额似乎是不低,只要不是过于严重的交通事故应该都可以满足理赔需求了。这里面实际存在一个误区,交强险虽然总额度是12.2万元,但是交强险条款和合同都对交强险的责任分项、限额有约定。(1)死亡伤残赔偿限额为110,000元;(2)医疗费用赔偿限额为10,000元;(3)财产损失赔偿限额为2000元;(4)被保险人无责任时,无责任死亡伤残赔偿限额为11,000元,无责任医疗费用赔偿限额为1000元,无责任财产损失赔偿限额为 100 元。死亡伤残赔偿限额和无责任死亡伤残赔偿限额项下负责赔偿丧葬费、死亡补偿费、受害人亲属办理丧葬事宜支出的交通费用、残疾赔偿金、残疾辅助器具费、护理费、康复费、交通费、被扶养人生活费、住宿费、误工费,被保险人依照法院判决或者调解承担的精神损害抚慰金。医疗费用赔偿限额和无责任医疗费用赔偿限额项下负责赔偿医药费、诊疗费、住院费、住院伙食补助费,必要的、合理的后续治疗费、整容费、营养费。

也就是说,交强险的赔付是分项的,不是所有赔偿限额都可以通用的。

案例:

谭先生在路上行驶时与赵女士发生交通事故,导致 2 人均受到不同程度的伤害,两车也都有损坏。经过交通部门的责任认定,谭先生对事故承担全部责任。赵女士将谭先生还有保险公司起诉到法院,要求赔偿医疗费花费 2 万余元,修车费用花费 2 万余元,还有误工费、交通费等其他各项损失。谭先生只投保了交强险,其财产损失限额只有2000 元,这时就不足以覆盖赵女士修车的费用了,那超出部分只能由谭先生自己来承担赔偿责任。

即便是同时投保了交强险和商业险,且商业险含不计免赔也不意味着发生交通事故后所有损失都可以由保险来赔偿。很多商业险虽然有不计免赔,但不计免赔实际也是一种附加险。不计免赔,是指经特别约定,发生意外事故后,按照对应投保的主险条款规定的免赔率计算的、应当由被保险人自行承担的免赔金额部分,保险公司会在责任限额内负责赔偿,旨在为车主降低风险。但是,这并不代表理赔的额度 100% 覆盖了你的损失。比如,鉴定费用、诉讼费用,都属于间接损失;再如,很多商业险条款约定了事故后逃逸、酒驾或者其他情形不予理赔,这些都需要我们在签订保险合同时加以注意。

交强险和商业险相互补充,也在赔偿原则、保障范围、赔偿限额等方面存在不同。简言之,交强险分项不分责,商业险分责不分项。对此,理解呢?前面我们提到了,交强险是有严格的赔偿分项的,即特点的赔偿项目只能在分项限额内进行赔偿,各分项限额不可通用。但是除了无责的情况下,交强险赔偿限额是不受事故责任分配的影响和限制的。而商业险虽然在赔偿项目上是不进行分项限制，赔偿金额可以通赔通用的，但要受到事故责任认定的限制，要根据责任的分担确定赔偿金额。

【预防提示】

违反交通规则可能面临处罚甚至刑事责任

遵守交通规则，看似简单，却往往容易被人忽视。很多人认为，不遵守交通规则不是大事；殊不知，如果违反了交通规则，不但要面临处罚，更有甚者，要面临刑事责任的追究或构成刑事犯罪。

案例：

曹某驾驶小型货车在某处道路行驶，在左转弯进入路口时手机铃声响起，曹某明知开车时接听手机具有一定的危险性，仍抱有侥幸心理接起了手机。此时，行人陈某正从该路口经过，曹某因接听手机躲闪不及，与陈某发生碰撞，致陈某死亡。法院经审理认为，曹某违反道路交通管理法规，发生重大事故，致一人死亡，负事故全部责任，其行为已经构成交通肇事罪。

我国《刑法》第133条规定，违反交通运输管理法规，因而发生重大交通事故，致人重伤、死亡或者使公司财产遭受重大损失的，处3年以下有期徒刑或者拘役；交通运输肇事后逃逸或者有其他特别恶劣情节的，处3年以上7年以下有期徒刑；因逃逸致人死亡的，处7年以上有期徒刑。

上述案例中，接听手机的行为，还可以换成违反交通信号灯通行、驾驶机动车时超过限速等违反交通安全管理法规的行为。

此外，我国《刑法》第133条之一规定，在道路上驾驶机动车，有下列情形之一的，处拘役，并处罚金：(1)追逐竞驶，情节恶劣的；(2)醉酒驾驶机动车的；(3)从事校车业务或者旅客运输，严重超过额定乘员载客，或者严重超过规定时速行驶的；(4)违反危险化学品安全管理规定运输危险化学品，危及公共安全的。机动车所有人、管理人对前款第3项、第4项行为负有直接责任的，依照前款的规定处罚。有前两款行为，同时构成其他犯罪的，依照处罚较重的规定定罪处罚。

除了上述直接由《刑法》规定的直接构成犯罪的驾驶行为外，以下几种行为是日常最容易出现的违反交通安全的行为：

一是无证驾驶或驾驶无证车辆。我国《道路交通安全法》第 99 条规定，未取得机动车驾驶证、机动车驾驶证被吊销或者机动车驾驶证被暂扣期间驾驶机动车的处 200 元以上 2000 元以下罚款，可以并处 15 日以下拘留。

二是驾驶机动车时超过限速。《道路交通安全法》第 42 条规定，机动车上道路行驶，不得超过限速标志标明的最高时速。在没有限速标志的路段，应当保持安全车速；第 86 条对超过限定时速行驶根据超速的程度分别规定了从给予警告到罚款等相应的处罚措施。

三是驾驶超员、超载、超限的机动车。《道路交通安全法》第 92 条规定，公路客运车辆载客超过额定乘员的，根据超出幅度处以不同额度的罚款。

此外，驾驶时不系安全带、接打手机，不按信号灯指示通行，载员骑行，骑行电动车、摩托车不佩戴护具等行为也属于在日常生活中非常容易被忽略又极易引发交通事故的不良习惯。

发生交通事故到底由谁来买单？

车辆类型多种多样，在路面上运行的不一定就是私家车，有一些商业用车、运营车辆，如公共汽车、出租车，乃至如今都很火的共享单车等，这些都充斥着我们的生活，也是大众关注的焦点。对此，发生交通事故后究竟应当由谁来为事故买单呢？

案例：有偿代驾过程中发生交通事故引发的赔偿责任纠纷

刘某某是某代驾公司的代驾司机，在驾驶张某某所有的机动车行驶时与李某某驾驶的一辆出租车发生交通事故，造成李某某车上的乘客受伤，出租车受损。李某某将代驾司机刘某某、车主张某某、代驾公司及保险公司诉至法院。

在处理这类型案件时，首先，要区分提供有偿代驾服务一方是个人还是正规的代驾公司、代驾平台。如果是私人有偿代驾的话，代驾司机在代驾过程中对第三人造成损害或者造成自身损害的，被代驾人不承担赔偿责任。其次，如果是正规的代驾公司、代驾平台提供的代驾服务，代驾司机的驾驶行为实际是一种职务行为，因此，相关的赔偿责任应当由代驾公司来承担。但是，在驾驶过程中代驾司机有因为故意或者重大过失导致了交通事故的发生致人损害的，应当与代驾公司承担连带赔偿责任。代驾公司承担连带赔偿责任的，可以向代驾司机追偿。

营运车辆交通事故的责任划分

出租车、货车等车辆都属于用于货物运输或者旅客运输经营活动的车辆，这些车辆比较特殊，与普通的家用车不同，属于营运车辆。这些车辆发生交通事故后，除了主张人员受伤、车辆损坏的损失外，还可以主张营运损失。

举例而言，许多出租车都是由两个司机倒班开的，所以除了当时正在驾驶的出租车司机，即发生事故的司机，可以到法院起诉要赔偿他自身受伤治疗产生的医疗费，还有出租车的修理费用以及营运损失外，他的对班司机，也可以起诉要求一部分营运损失，因为在车辆维修的这个天数里，对他的营运也造成了损失。

案例：

赵某某报名在驾校学车，在一次道路驾驶科目训练中，不慎碰撞了驾驶电动车的陈先生，造成陈先生受伤、电动车受损。经交管部门认定，赵某某在事故中应当负全部责任。那么，上述赔偿责任应当由谁来承担呢？

根据我国相关法律及司法解释的规定，接受机动车驾驶培训的人员，在培训活动中驾驶机动车发生交通事故造成损害，属于机动车一方责任，当事人请求驾驶培训单位承担赔偿责任的，人民法院应当支持。也就是说，相关的赔偿责任应当由驾校来承担。

【知识提示】

发生交通事故后如何诉讼

如果事故发生后无法自行协商，直接通过保险公司理赔，那么，可以选择到法院进行诉讼来维护自身权益。到法院起诉可以以机动车交通事故责任纠纷为案由。机动车交通事故责任纠纷，是指机动车的所有人或者使用人在机动车发生交通事故造成他人人身伤害或者财产损失时所应承担的侵权损害赔偿责任。在起诉时，首先要了解我们可以索赔的项目以及相关法律规定。

人身损失的基本赔偿项目

（1）医疗费：因侵权行为造成被侵权人人身损害，被侵权人就医治病所支出的费用。医疗费一般根据医疗机构出具的医药费、住院费等收款凭证，结合病例和诊断证明等相关证据确定。对于进行二次手术或治疗后必需的康复费、适当的整容费、后续治疗费等，需待实际发生后另行主张。

（2）住院伙食补助费：因人身损害在医疗机构住院支出的伙食费用。一般按照当地国家机关一般工作人员的出差伙食补助标准予以确定。

（3）营养费：受害人在遭受侵害后，为辅助治疗或者促使身体尽快康复而食用必要的营养品而支出的费用。营养费赔偿的标准要综合受害的伤情和医疗机构的意见。

（4）误工费：受害人因遭受人身损害，不能正常工作而遭受的预期财产利益损失。首先，需提交医院出具的休假医嘱或误工期鉴定结论，证明其合理的休假时间；其次，需提交单位出具的工资扣发证明，注意不是收入证明，而是收入扣减证明，即因休假单位实际扣发的金额。

（5）护理费：赔偿或补偿受害人因为受到人身损害而导致生活不能自理，需要他人护理而支出的费用。具体分为两种，一种是护工护理，需提交护理费发票；另一种是家属护理，如果能举证证明家属因护理产生的误工损失，家属的误工损失即护理费,如果原告不能举证证明家属误工损失的,可参照当地护工标准劳务报酬计算。

(6)交通费:受害人及其必要陪护人员就医治疗中发生的必要通行费用。交通费的支出应当与交通事故有因果关系,且交通费花费以必要、合理为限。

(7)残疾赔偿金、死亡赔偿金:残疾赔偿金、死亡赔偿金是按法律规定计算,即按照事发地上一年度城镇居民人均可支配收入或者农村居民人均纯收入标准自定残之日起计算20年,但60周岁以上的,年龄每增加1岁减少1年,75周岁以上的,按5年计算。残疾赔偿金的计算标准,还需参考伤残等级鉴定结论,十级伤残伤情最轻,赔偿比例10%,以此类推,即九级20%、八级30%、七级40%、六级50%、五级60%、四级70%、三级80%、二级90%、一级100%。残疾赔偿金的计算公式是,赔偿标准×赔偿年限×赔偿指数。赔偿标准分为城镇标准及农业标准,每年根据统计局发布新数据而有所变化。赔偿指数就是上面列的百分比。此外,残疾赔偿金应按照最高人民法院《关于审理人身损害赔偿案件适用法律若干问题的解释》规定的残疾赔偿金和被扶养人生活费之和计算。

(8)精神损害抚慰金:对伤者或死者继承人精神伤害的赔偿。

财产损失的主要赔偿项目

(1)修车费:最为常见的损失项目。其一般应由行驶证上登记的车主来主张。如果由交通事故认定书上记载的驾驶人来主张,需说明其和车主的关系,并提交车主为其出具的证明,证明修车费是其支付的,车主同意由其主张,车主不再主张。要求修车费,需要提交修车发票和维修清单。

(2)拖车费:车辆受损较严重,不能驾驶的情况下,找拖车公司拖车产生的费用。

(3)替代性交通工具费:车辆修理期间,因无法使用而产生的代步费用。如租赁车辆,此种情况其需提交租车发票、协议,所租赁车辆的行驶证,证明其所租赁的车辆档次不高于受损车辆的档次且为合法可用于租赁的车辆,以及其因租赁车辆产生的费用。此外,租赁车辆的,还需要对其租车的必要性进行说明和举证。如果主张修车期间乘坐出租车、普通交通工具产生的费用,应当根据车辆修理时间和普通人每天的交通费花费计算。

(4)物品损失:例如,随身衣物损坏,眼镜、手机损坏;比较特殊的是随身的饰品,如玉镯子损坏。价值较高的物品如果在交通事故中损坏,交通事故认定书中一般都会有清楚记载,随身衣物主要是根据原告受伤的部位来判断,赔偿金额不会很高。

了解并确定赔偿项目后,应当按照规定格式撰写起诉书,列明诉讼请求、事故发生的事实,并准备好相关的证据材料,如事故责任认定书、体现上述赔偿项目的相关票据、事故现场的照片及其他材料后,即可到事故发生地法院提起诉讼。

【法官专业提示】

发生交通事故应当如何维权

我们在路上发生交通事故,要根据情况不同区别处理。如果发生交通事故,仅造成轻微财产损失,事实也很清楚,双方当事人都无争议,最典型也最多发的是轻微追尾,两车碰撞都很轻微,此时当事人应当先撤离现场,再进行协商。如果双方对事故事实和成因有争议或是造成了人身伤亡的,一定要立刻报警,同时保护现场。保护现场最重要的方式就是不移动发生事故的车辆及相关物品,同时也要积极抢救伤员。

尤其注意碰到下列情况,一定要保护好现场并立即报警:无号牌机动车、无检验合格标志、保险标志的机动车、载运危险物品的车辆,碰撞了建筑物、公共设施的,机动车驾驶人没有有效驾驶证的,驾驶人有饮酒或者服用了管制药品的。

自行协商处理事故

如果在交通事故发生后,决定自行处理,那么可以填写道路交通事故损害赔偿协议书并共同签名。协议书的内容应该包括事故发生的时间、地点、天气、当事人姓名、机动车驾驶证号、联系方式、机动车种类和号牌、保险凭证号、事故形态、碰撞部位、赔偿责任等内容。建议大家在北京交管局网站上下载这个机动车交通事故快速处理协议书，具体为表格形式，打印几份放在车上，以备不时之需。

事故双方自行协商确认好责任后，可以撰写书面协议，也可以共同去保险公司定损理赔；同时，如果为对方治疗、修车等垫付了相关费用，一定要留存好相关票据。即便是达成和解协议后又发生了争议或在赔偿等方面没有达成一致，仍可以向法院提起诉讼。

对事故责任有异议

我国现行的交通事故责任共分五类，即全部责任、主要责任、同等责任、次要责任和无责任。发生交通事故报警后，一般会有交通警察到场进行处理。交警到场后会对事故现场进行勘察，对事故双方当事人进行问话调查，综合整个事故情况及成因对事故进行责任划分。根据《道路交通安全法实施条例》的规定，公安机关交通管理部门对经过勘验、检查现场的交通事故应当在勘查现场之日起 10 日内制作交通事故认定书。对需要进行检验、鉴定的，应当在检验、鉴定结果确定之日起 5 日内制作交通事故认定书。事故认定书出具后，事故双方都应当及时查看，如果对事故责任划分有异议，可以自事故认定书送达之日起 3 日内，向上一级交警部门提出出面复核申请。复核申请应当写清楚复核请求及理由和主要证据。

法官简介
李婍婧

扫二维码
亲临法官说法现场

北京市丰台区人民法院立案庭（诉讼服务中心）员额法官，丰台区妇女代表及青联委员。先后在民二庭、新闻办、立案庭等多个岗位工作。

积极延伸审判智能，深度参与各项普法工作及社会公益活动。从事新闻宣传工作期间，撰写各类新闻稿件1000余篇，主持庭审直播150余次，撰写的稿件发表于《人民法院报》《北京日报》等多家中央级、市级媒体。

荣立个人三等功，获“北京法院先进工作者”等荣誉称号。

交通事故纠纷如何处理

李永芝

随着社会经济的发展,很多人上下班、中短途旅游、回家探亲,都会采取自驾或乘车的方式,十分便捷。当然,这给大家带来方便的同时,也经常带来烦恼。交通拥堵、意外事故等时有发生。交通事故是社会上最常见的事故类型。同样,道路交通事故赔偿案件是人身损害赔偿案件中最普遍、数量最大的一类案件。本文就如何处理交通事故纠纷加以详述。

交通事故,是指车辆在道路上因过错或者意外造成的人身伤亡或者财产损失的事件。道路交通事故赔偿案件有其自身特征:一是此类案件涉及的当事人是驾驶人、行人和乘车人这类特殊的主体;二是事故的发生是一方或双方乃至多方违反法律法规,行为具有违法性;三是造成事故须为加害人过失,若加害人是故意行为,则构成故意伤害、杀人或危害公共安全罪等,则不能以道路交通事故赔偿案件来处理。

【风险提示】

导致事故发生的原因有很多,我们需要了解、识别生活中隐藏的事故风险,提高道路安全意识,尽量避免事故的发生。那么生活中,哪些是易被忽略而又往往导致交通事故纠纷发生的情况呢?下面结合案例进行具体说明。

乘坐无牌无证车辆 风险自担

无证驾驶机动车属于严重交通违法行为,不仅扰乱道路交通秩序,还威胁自己和他人的生命财产安全。乘坐机动车时,要确认驾驶人具备相应的驾驶资格;若明知他人无证驾驶,一定不能乘坐,否则就是将自己的生命财产置于危险中,一旦发生事故受到损失,也要承担相应的责任。

案例:

张某乘坐丈夫王某驾驶的无牌二轮摩托车与于某驾驶的小轿车发生交通事故,造成张某受伤。交警认定王某与于某负事故同等责任。另查实,王某属于无证驾驶。张某将于某及小客车保险公司诉至法院,要求被告按照50%的责任比例赔偿损失。法院认为,交通管理部门作出的事故责任认定适当。对于张某的合理损失,首先由保险公司在交强险相应保险限额内不区分事故责任予以赔偿;对于交强险赔付不足的部分,由王某与于某承担同等赔偿责任。张某明知丈夫王某无证驾驶机动车仍乘坐,其对自身损害亦具有过错,应适当减轻被告方的赔偿责任。综上,对张某超出交强险范围的合理损失,酌定张某自担10%,于某按照45%的比例承担赔偿责任。

不当出借车辆 需担责

有时会遇到他人借用自己车辆或者自己借用别人车辆的情况,也有部分人将自家闲置车辆出租给他人,这种因租赁、借用等情形机动车所有人与使用人不是同一人时,发生交通事故后出借人需不需要承担责任,出借车辆有什么风险吗?下面通过一个案例来说明。

案例:

2012年魏某将机动车借给张某后,张某将车辆出租给卓某,卓某将车及钥匙存放在无驾驶资质的王某处,王某将车借给无驾驶资质的陈某,乔某搭乘陈某驾驶的该机动车,在陈某下车购物时,无驾驶资质的乔某驾车停放在路边。

陈某购物返还后姚某上车，陈某默许无驾驶资质的姚某驾车发生交通事故，造成行人宋某死亡及黄某等3人受伤的后果。交警认定姚某全责。宋某近亲属诉请魏某、张某、卓某、王某、陈某、乔某、姚某连带赔偿损失。法院认为，保险公司应首先在交强险范围内对原告损失予以赔偿。因姚某系无证驾驶，保险公司辩称在商业险内不予赔偿理由成立。保险赔偿不足部分，由侵权人即姚某承担主要赔偿责任。魏某将车辆出借给张某，张某又将该车出借给卓某，因张某、卓某具有车辆驾驶资质且事发车辆经检测合格，故魏某、张某不承担赔偿责任。卓某租用该车后将车停在王某楼下，并将钥匙交与王某，疏于管理，以致该车被王某借给无驾驶资质的陈某，陈某不具有车辆驾驶资质而借用、驾驶肇事车辆，且在姚某无证驾驶时未予阻止，放任损害后果发生，卓某、王某、陈某均存在一定过错，应承担相应赔偿责任。乔某虽曾无证驾驶该肇事车辆，但其行为与损害后果发生无因果关系，故乔某本案中不承担赔偿责任。判决交强险范围外的原告损失，按姚某70%、卓某5%、王某10%、陈某15%比例承担赔偿责任。

醉驾肇事 保险公司拒赔

"喝酒不开车，开车不喝酒"的观念已经越来越深入人心，但现实生活中总有一些人心存侥幸。那么，在酒驾造成第三者损害后保险公司赔付吗？

案例：

王某饮酒后驾驶小型面包车行驶时与行人贾某、黄某身体相撞，造成贾某、黄某死亡。事发后，王某驾车逃逸后被公安机关查获。经查证：王某血液中酒精含量为216.9mg/100ml，交通管理部门认定王某醉酒驾驶机动车且事发后逃逸，负事故全部责任。王某因构成交通肇事罪，被判处有期徒刑5年。事发后，贾某的近亲属将王某及承保车辆交强险和商业险的保险公司诉至法院。法院认为：保险公司应在交强险相应责任限额内先行赔偿，并有权向王某追偿。因王某醉酒驾驶机动车肇事后逃逸的行为违反了相关法律、法规的禁止性规定，属于商业险免责情形，故王某对交强险赔偿限额以外的部分自行承担赔偿责任。

通过案例可以看到,醉驾发生交通事故造成他人伤亡的,保险公司在交强险内就人身损失部分进行赔付,但可以向侵权人追偿。也就是说,最终是由侵权人自己负担的,而且商业险对酒驾事故也是免赔的。因为酒驾是违法行为,商业保险合同对酒后驾驶机动车都有免于赔偿的明确约定。

拼装车或报废车肇事　买卖双方均担责

拼装车,是指使用报废汽车发动机、方向机、变速器、前后桥、车架及其他零配件组装的机动车,包括拼装摩托车和拼装农用运输车。另外,以下两种情形也属于拼装车:一是未经国家有关部门批准,利用进口汽车车身(含驾驶室)拼(组)装生产汽车的;二是未经国家有关部门批准,利用进口摩托车发动机(含全套发动机散件)、车架拼(组)装生产摩托车的,属于非法拼(组)装车辆行为。受让人驾驶拼装车、已达到报废标准的机动车上路后发生交通事故,转让人不是车辆的使用人、所有人,是否不用承担任何责任了?答案是否定的。

案例:

谢某从王某处买了一辆拼装车,后转让给丁某。丁某驾驶该拼装车发生交通事故造成张某死亡。后张某家属起诉要求赔偿。法院认为,以买卖等方式转让拼装或者已达报废标准的机动车,发生交通事故造成损害的,由转让人和受让人承担连带责任。本案涉事车辆系拼装车,被多次转让,并发生交通事故造成损害,受害人请求由所有的转让人和受让人承担连带责任的,法院应予支持。

转让拼装车、已达到报废标准的机动车的行为本身即具有违法性,上路行驶则具有更大的危险性,所以法律规定,以买卖等方式转让拼装或者已达报废标准的机动车,发生交通事故造成损害的,由转让人和受让人承担连带责任。拼装车、报废车买不得,也卖不得。

试驾时发生交通事故　由谁赔偿

机动车试驾是汽车经销商的促销手段,目的是增强汽车购买者的消费体验,激发消费者的购买欲望。机动车试驾与试乘不同,其驾驶人通常为准备购车的消费者,此种情况与租赁、借用机动车的情形相似,即机动车驾驶人与所有人不是同一人。根据我国《侵权责任法》第 49 条的规定,机动车试驾过程中发生交通事故造成损害的,由驾驶人承担赔偿责任;提供试驾服务一方对损害的发生有过错的,承担相应的赔偿责任。虽然试驾者在试驾前一般会同汽车经销商签订试车协议,但是该份试车协议中的主体是汽车经销商与试驾者,只对二者具有法律约束力,并不能对事故受害人产生约束力。

案例:

王某到 4S 店买车,经同意王某驾驶试驾车上路体验,因操作不慎撞伤路边行人张某。后张某将王某、4S 店及保险公司诉至法院。本院经审理认为,本案王某具有合法驾驶资格,试驾车辆亦不存在缺陷,本次事故系王某自己未安全驾驶造成,4S 店作为车辆所有人对损害的发生没有过错,故由王某和保险公司承担赔偿责任,4S 店不承担赔偿责任。

挂靠货车肇事　被挂靠方承担连带责任

自 20 世纪 80 年代道路货运市场放开后,交通部门为了市场管理和安全监管的需要,开始设立道路运输许可证和道路运输从业资格证,但由于证件办理需要有一定资质和安全运营要求,有一部分中小业主都选择挂靠,滋生了一些靠挂靠牟利的公司。这些挂靠公司往往和货车车主签订内部协议约定,车辆在行驶期间发生一切交通事故均由货车车主本人全部承担,与公司无任何关系。那么,挂靠公司真的可以按照双方约定而置身事外吗?

案例:

为便于运营,王某将其购买的大货车车辆挂靠在某运输公司名下。后王某雇佣的司机赵某驾驶该大货车发生交通事故,造成张某死亡。张某家属起诉赵某、王某及运输公司、保险公司,要求赔偿。运输公司辩称王某是车辆实际车主,赵某也非该公司雇用,双方签订的挂靠合同中明确约定发生事故由王某自负,故不同意承担赔偿责任。法院认为:以挂靠形式从事道路运输经营活动的机动车发生交通事故造成损害,属于该机动车一方责任的,被挂靠方与挂靠人应承担连带责任。王某作为赵某雇主,应对赵某执行劳务期间造成的他人损失承担赔偿责任。运输公司作为被挂靠方,对外应与王某承担连带责任,其与王某关于责任承担的内部约定不能对抗第三人。

挂靠,实质是具有道路运输经营许可证的被挂靠人向不具备道路运输经营资格的挂靠人非法转让、出租道路运输经营许可证的行为,该行为是违反行政许可、规避国家有关行业准入制度的行为。考虑挂靠行为的违法性、风险的开启和控制、受害人的保护等因素,法律规定被挂靠人与挂靠人承担连带责任。

【预防提示】

为了避免事故发生,对于大家容易忽略但却会导致严重的交通事故要注意。比如,开车门时要小心,确保车门不伤人;上车之前绕一圈,查看环境要细心;开车不玩手机;超越并行的摩托车或电动自行车时保持横向距离;在医院、居民区、学校等人员密集的区域行驶时,注意留意车外情况。细节关乎生命,安全文明出行。一旦发生事故,如何快速处理交通事故,避免日后纠纷也值得我们关注。下面有几点提醒大家注意:

一是开双闪指示灯,车后方放警示牌。如遇到交通事故,先将车内双闪指示灯开启。之后,下车将三角警示牌放在车后方 50 ~ 100 米处,高速路上应在车后方 150 米以外设置警告标志。在高速公路上发生事故后,无论驾驶人,还是乘车人,都应当尽快转移至右侧路肩上或应急车道内,避免二次事故的发生。

二是确认安全后尽快拨打救援电话“122”,打完电话后,尽量不要破坏也不要擅自离开事故现场。随后,需要通知自己车辆参保的保险公司,并保存好事故照片。拍照时,先对事故现场车辆进行多角度拍摄,记录位置关系,特别注意要拍下路面交通标志线和指示牌信息,并拍清事故细节。若协商责任分明,可以填写快速处理单。如果是双方或多方事故,要报警处理,并保存好交警部门出具的《道路交通事故责任认定书》。

三是检查对方车辆信息，将对方的行驶证、驾驶证、保单进行拍照保存，认真核实《交通事故责任认定书》上对方填写信息的真实性，如公民身份证号码、联系电话等，以便能够顺利理赔或必要时作为诉讼证据。

【知识提示】

事故责任无法查清的交通事故案件如何赔偿

道路交通事故发生后，通常由公安交通管理部门作出《道路交通事故责任认定书》或当事人自行达成《机动车交通事故快速处理协议书》，一般区分为主次责任、同等责任、全部责任和无责任。在一些交通事故中，由于报案不及时和现场条件的限制，难免有交通事故责任无法查清的情形。那么，在事故无法查清的情形下，作为交通事故中的当事人，该如何承担责任？

在司法实践中，通常区分以下几种情形确定赔偿责任：

第一种情形，是机动车与机动车之间发生交通事故，事故责任无法查清的。在这种情况下，应当是各自承担50%的民事责任。

第二种情形，是非机动车之间、非机动车与行人之间发生交通事故，事故无法查清的。在这种情况下，双方平均分担赔偿责任。

第三种情形，是机动车与非机动车、行人之间发生交通事故，事故责任无法查清的。在这种情况下，采取的是过错推定原则，即事故责任无法查清，则机动车一方负事故全部责任。

第四种情形，是当事人故意破坏、伪造现场、毁灭证据的，或者发生交通事故后当事人未立即停车，或者有条件报案而不及时报案，致使事故基本事实无法查清的，应当按照下来规定承担事故责任：一方当事人有上述行为的，承担全部责任；当事人均有上述行为的，共同承担责任，但是机动车与非机动车、行人发生交通事故的，由机动车一方承担事故主要责任；发生交通事故后当事人逃逸的，逃逸的当事人应当承担交通事故逃逸的全部责任，但是有证据证明对方当事人有过错的，由逃逸的当事人承担事故的主要责任。

发生交通事故后如何进行保险赔付

我国对于机动车实施交强险制度，此外，车主一般还会投保商业保险，如商业险、车损险、车上人员险、盗抢险等。交强险和商业险是交通事故纠纷中经常用到的两个险种，这两个险种都是针对第三者责任的。所谓第三者，是指因被保险机动车发生意外事故造成人身伤亡或者财产损失的人，但不包括被保险机动车本车车上人员、被保险人。也就是说司机、乘客都不是本车交强险和商业三者险理赔的对象。下面通过一个案例予以说明。

案例：

李某租用王某的汽车带着全家人外出旅游，途中与丁某驾驶的车辆相撞。事故造成李某及其家属多人受伤。经交警部门认定，本次事故，丁某负主要责任，李某负次要责任。因协商不成，李某及其家属将丁某、王某及两车的保险公司诉至法院。法院认为，王某对于本案没有责任，虽然王某车辆投保了交强险和商业险，但李某及其家属不属于该保险的赔偿范围，故王某投保的保险公司对李某及其家人的损害不承担赔偿责任。最终，法院判令，丁某驾驶车辆所投保的保险公司在交强险和商业险范围内赔偿李某及其家人相应的损失，不足部分由丁某个人按照责任比例赔偿。

此外，交强险是分项、分限额赔偿的。死亡伤残赔偿限额为 110,000 元；医疗费用赔偿限额为 10,000 元；财产损失赔偿限额为 2000 元；被保险人无责任时，无责任死亡伤残赔偿限额为 11,000 元，无责任医疗费用赔偿限额为 1000 元，无责任财产损失赔偿限额为 100 元。大多数情况下，交强险无法覆盖交通事故造成的全部损失。很多人都会再购买商业险，而且在购买商业险的时候都会购买“不计免赔”，不计免赔实际也是一种附加险。不计免赔，是指经特别约定，发生意外事故后，按照对应投标的主险条款规定的免赔率计算的、应当由被保险人自行承担的免赔金额部分，保险公司会在责任限额内负责赔偿，旨在为车主降低风险。但是，这并不代表理赔的额度 100% 覆盖了损失，如鉴定费、诉讼费用，这都属于间接损失，再如，很多商业险条款约定了事故后逃逸、酒驾或者其他情形不予理赔。这些都需要我们在签订保险合同时加以注意。

发生交通事故后如何主张赔偿

交通事故发生后,可以主张的赔偿项目有哪些,需要准备哪些证据?这些是受害人非常关心的问题。

交通事故的损害赔偿主要分为两大类:人身损害和财产损失。人身损害赔偿项目主要有:医疗费、住院伙食补助费、营养费、护理费、误工费、交通费。若构成伤残可能赔偿残疾赔偿金、被扶养人生活费、残疾辅助器具费;若造成死亡的可赔偿死亡赔偿金、被扶养人生活费、丧葬费以及处理丧事事宜亲属误工费等;造成严重精神损害的还可以主张精神损害抚慰金。财产损失的赔偿项目主要有:维修被损坏车辆所支出的费用、车辆所载物品的损失、车辆施救费用;因车辆灭失或者无法修复,为购买交通事故发生时与被损坏车辆价值相当的车辆重置费用;依法从事货物运输、旅客运输等经营性活动的车辆,因无法从事相应经营活动所产生的合理停运损失;非经营性车辆因无法继续使用,所产生的通常替代性交通工具的合理费用。

人身伤害的证据材料包括交通事故责任认定书、住院病历、详细的住院费用明细单、医疗费票据、诊断证明、门诊病历、门诊费用清单、门诊手册等。财产损失的证据材料包括,事故车辆现场照片、维修照片、拖车费发票、维修费发票、车辆进入和驶离修理厂的时间证明、维修清单等。在主张上述损失时可能涉及一些鉴定程序,比如,伤残等级、营养期、护理期、误工期、资产评估等。

【法官专业提示】

根据以上介绍的相关案例并结合日常生活中人们常常忽略的问题,建议处理交通事故纠纷时注意以下几点:

一是道路交通事故多为意外发生,事故发生后可能产生巨额的民事赔偿责任,机动车所有人切不可大意,应关注车辆投保情况,及时续保,避免保险过期,在经济条件允许的情况下,提高商业险的保额,并注意投保不计免赔险。

二是事故发生后,驾驶人各执一词且缺乏现场证据时,公安交通管理部门可能难以认定和区分事故责任,有时也可能出现作出的责任认定与事故事实不符的情况,建议机动车所有人在车辆上安装行车记录仪,为还原事发情况及确定事故责任提供有力的第一手证据。

三是事故发生后,应及时报警并报保险公司知晓,并采取拍照、录像的方式固定事发现场,以及时准确地确定事故情况、事故责任及损失情况,以便顺利维权。

四是对于公安交通管理部门作出的事故认定书有异议的,应在规定期限内提出书面复核申请,并载明理由和主要证据。

五是事故造成人身伤亡的,应及时到正规医院就诊,并留存相应的住院病例、医疗费发票等有效证据;造成车辆或其他财产损失的,应及时到正规的修理门店维修,并要求出具修理发票及结算单,实在不能维修的,应保留财产损失情况及受损财产价值的有效证据。对于因自身原因扩大损失的,相应损失需自行承担。

六是当事人就事故损失赔偿无法达成一致,协商不成应及时起诉,防止诉讼时效届满,胜诉权消灭。

法官简介
李永芝

扫二维码
亲临法官说法现场

北京市顺义区人民法院民事审判第三庭副庭长，员额法官。法学硕士。

自2012年担任法官以来，审结交通事故、医疗损害、产品责任、财产损害、房屋买卖、租赁等各类民事案件1800余件，包括一些疑难复杂案件及部分重大涉众型案件，具有较丰富的民事审判工作经验和较高的理论功底。撰写的案例被确定为北京法院参阅案例，入选中国法院年度案例，合作撰写的论文获全国法院第二十九届学术讨论会二等奖。

获“北京市先进法官”、北京市第四届司法业务技能比赛“民事审判业务标兵”、“顺义区巾帼建功标兵”、“先进公务员”、“优秀共产党员”等荣誉称号，入选北京市委政法委“十百千”人才工程。

人身损害谁之过

熊海水

当今社会，各种伤害事件的新闻时有出现，北京市法院系统每年仅机动车交通事故引发的赔偿案件，就有2万余件，且呈现逐年增加的趋势。一些事件甚至会导致生命丧失和残疾，令人非常痛心。对于此类事件，事后的责任承担当然重要，但更重要的是重视风险，加强预防。

【风险提示】

酒后驾车发生事故死亡起诉同饮者要求赔偿被驳回

个人在日常生活中，不可避免地要参加各种社会活动，比如，和朋友去游玩、聚餐等。近年来，因为聚餐饮酒发生人身损害事故的事件时有发生。是不是只要聚餐饮酒发生了人身损害，宴会组织者、参与者都要承担责任呢？答案显然是否定的。那么，参加宴会聚餐需要注意什么呢？下面用案例来说明。

案例：

一天晚上，李某和朋友王某、戴某等共5人在餐厅用餐，期间共饮用白酒两瓶，后去KTV饮用啤酒数瓶。聚会于次日凌晨2时结束，李某驾驶王某名下的小客车送其余人回家，后李某驾车继续前行。凌晨3时，李某与大货车发生交通事故，李某死亡。交通队认定，李某醉酒后驾驶机动车且未确保安全行驶发生交通事故，负事故的全部责任。李某家属起诉一起饮酒的4人，要求赔偿各项损失按40%计算共计33万元。

法院认为，李某在与朋友用餐、唱歌期间大量饮酒，其醉酒后的情绪等身体状况必然导致在发生交通事故时自我保护能力的降低，李某的行为属于自担风险，应当承担相应的民事责任。

其余4人在与李某饮酒期间，未对李某饮酒行为进行有效劝阻，导致李某饮酒至醉酒状态；在聚会结束后，未对李某尽到合理的提醒、照顾义务，未采取有效的方式方法阻止李某驾驶小客车上路行驶，对李某的醉酒状态存在一定的过错；王某作为小客车的所有人，未尽到妥善保管车辆的义务，应当承担相应的责任；根据相关规定，明知驾驶人无驾驶证、饮酒或者身体疲劳不宜驾驶的，不得乘坐。饮酒人王某等人乘坐醉酒人李某驾驶的小客车上路行驶，其行为不但违反相关规定，而且极大地漠视了对本人和他人人身安全保护的责任，应当承担相应的民事责任。法院认定李某自行承担70%的民事责任，李某所驾车辆的所有人承担10%的民事责任（62,000余元），其余人各承担5%的民事责任（31,000余元）。王某等人提起上诉。二审法院认为，共饮人承担的责任，并非因为共同饮酒，而是因为共同饮酒后，对于共饮人因醉酒后的情绪、动作等身体状况而导致驾车或者其他行为等自我保护能力的降低，所产生的一定的提醒、注意、照顾义务的违反。二审判决维持原判。

与亲朋好友聚会饮酒，是很常见的社交活动。从本案来看，共同饮酒存在一定的风险，具体在于参与饮酒者酒精中毒或酒后驾车发生事故。法院审理类似案例时，有判决酒后驾驶车辆者自行承担全部责任的，多数判决宴会组织者或同饮者承担次要责任。

【预防提示】

遵守规则　防范风险

人身损害事故发生后，确定责任的承担固然重要，但更重要的是对相关事故的预防。如何才能避免或减少类似事故的发生?对于风险的预防,就以下两个案例作以分析。

案例:

未成年人水渠溺亡起诉水渠管理处。14 岁的未成年人被发现在水渠内的桥下溺亡,死者近亲属起诉水库水渠管理处要求赔偿 40 余万元。因本案涉及死亡,公安机关进行调查,出具鉴定意见,该未成年人死亡不属于刑事案件。法医鉴定机构的意见为:该未成年人死亡符合溺死的情况。原告方要求被告赔偿的理由是,被告作为水渠的管理部门,没有安装护栏,警示标语是事发后设置的。法院承办人现场勘查,在河渠东岸,自渠岸起由西向东沿山坡全部封闭安装了平均高约 2 米的铁制护栏,护栏南侧树立警示牌,上写"禁止游泳、钓鱼、野炊"的字样,护栏以里连接水闸的东向设有围墙,墙上喷有"山岩危险、禁止翻越"字体,围墙上设有铁丝网。根据公安机关向多位认识死者的小伙伴的调查,死者多次翻过铁栅栏到水渠库游泳。法院认为,死者生前多次与他人前往该地段进入库区玩耍,内心应已形成对相关危险的预知,但最终再次进入库区玩耍以致发生意外,虽令人惋惜亦构成自身过错,此外,结合现场地形看,死者最终无论通过翻越围墙或攀登山坡等方式进入库区,均已属有意跨越有效屏障的行为,属自身过错。现有证据不能证明被告管理处对死者进入河道存在过错,故对原告要求被告赔偿的诉讼请求,本院不予支持。判决驳回原告的诉讼请求。二审维持原判。

另外,还有一起类似案件:小学生在水渠溺水死亡,家属起诉要求赔偿。在审理过程中查明,水渠管理部门在不久前到死者所在学校发放了不得到水渠游玩的宣传材料,法院驳回了家属要求水渠管理部门赔偿的诉讼请求。

案例:

行人进入高速路被撞身亡起诉高速公路管理部门被驳回。侯某在 2017 年 9 月的一天凌晨 1 时 20 分,步行进入高速路,被费某驾驶小客车刮倒,侯某倒地后被魏某驾驶的另一辆小客车拖带,侯某死亡。该起交通事故经交通管理部门认定，侯某负事故的主要责任，费某、魏某负次要责任。侯某的家属起诉魏某和费某，法院认定侯某承担事故的60%责任，魏某和费某分别承担20%的责任。法院判决后，相关赔偿已经履行完毕。现侯某的家属起诉高速公路管理公司，要求赔偿全部损失的30%共计28万余元。原告方的理由是，高速公路入口开放，没有劝阻行人的设施以及事发路段路灯不亮，据此，主张高速公路管理部门没有尽到安全保障义务。高速公路管理部门辩称，该高速公路已经取消收费，其在高速公路的入口处均树立了行人禁止入内的标志，其在事发当天对高速公路进行了6次巡视，交通事故认定书描述事故现场夜间有路灯照明，其已经尽到安全保障义务。法院认为，高速公路管理部门在高速公路各入口设置了禁止行人通行的标志，事发当天对事故路段进行过多次的巡视，交通事故认定书描述事故现场夜间有路灯照明，综合现有证据显示高速公路管理部门已经尽到了应有的安全保障义务。原告方要求高速公路管理部门就侯某的死亡承担违反安全保障义务的责任，缺乏事实和法律依据，本院不予支持，判决驳回原告方的全部诉讼请求。原告方提出上诉，二审维持原判。

从上述两个案例来看，预防风险，首要的是遵守相关的规则。比如，酒后不得驾车、不得到禁止游泳区域游泳、行人和非机动车不得进入高速公路，还包括不得闯红灯、心脏病人不得去游泳池游泳。上述规则，有些是法律规定，有些是明确的禁止标识，其重要目的就是防范风险，如果违反了这些规则，一方面会导致事故的发生；另一方面，在发生事故后，违反规则方会被认定存在全部或者主要的过错，应自行承担主要，甚至是全部损害后果。

【知识提示】

过错程度决定责任大小

在人身损害事件发生后，赔偿责任如何确定？在确定是否承担赔偿责任和责任的比例方面，应当考虑那些因素，通过下面的案例来作以说明。

案例：租客从楼顶坠落死亡案

2018 年 6 月 7 日凌晨 0 时 30 分，肖某在出租房所在院子的二楼高处坠落致头部外伤，被人发现后送往医院。肖某被发现时已意识不清，经诊断，坠落致其颅骨骨折、脑脊液耳漏。警方经侦查认定，其为高空坠落，并排除他杀可能。原告诉称，由于家中经济条件有限，肖某的家属放弃在北京进行手术，决定将肖某转运回老家治疗。途中，肖某不幸去世。

根据原告提交的现场录像及当事人陈述：该房屋主体结构为南房两层、北房一层。南房二层中间有通往二层屋顶的楼梯，屋顶与楼梯连接处做有一个彩钢小阁楼，目的是遮挡楼梯，无其他功能，屋顶的边上有 20～30 厘米的水泥沿。北房屋顶上堆有杂物，并有用树干搭的架子，架子上面有遮阳网，屋顶的边上也有 20～30 厘米的水泥沿。南房二层的门外有铁做的楼梯，楼梯两边有护栏，通过该楼梯能到达北房屋顶。南房与北房屋顶均无护栏。

关于肖某跌落的事实，原被告双方对肖某从何处跌落存在争议，原告认为肖某是从北方屋顶摔落，而被告则认为肖某是从南房二楼的屋顶摔落的。但可以确定的是，无论是从哪一边坠落，肖某都是从没有设置护栏的房顶摔落致伤的。

原告认为，“房东高某没有给租户提供安全的居住环境和设施，楼顶没灯、没护栏，负有全责”，故要求高某赔偿医疗费、死亡赔偿金、被抚养人生活费、精神损害抚慰金等共计 93 万余元。

法院认为，公民的生命权、健康权、身体权受法律保护。公民由于过错侵害他人人身权利的，应当承担赔偿责任；被侵权人亦有过错的，应当相应减轻侵权人的赔偿责任。本案中，死者作为一名成年人，在出租房居住一段时间后，应熟悉出租房的结构、设施，对出租房存在安全隐患的地方应具备安全意识，亦应当对自己人身安全尽到充分注意义务，其在深夜上到出租房屋顶，导致从屋顶坠落，应当承担事故的主要责任。高某作为出租人应向承租人提供具备安全居住条件的房屋及设施，并加强对房屋使用人的日常监督和管理，对出租房可能存在的危险应当排除。本案中，高某所有的出租房南北房的屋顶均有便捷的通道，而其在可预知承租人可以轻易到达屋顶的情况下，却未对南北房的屋顶设置任何护栏，故对肖某的死亡应承担相应的损害赔偿责任。据此，结合本案房屋居住使用状况及事故发生情形，综合考量过错程度，确定被告高某应承担的责任比例为20%。

据此，法院判决被告赔偿原告医疗费、交通费、食宿费、住院伙食补助费、护理费、死亡赔偿金、丧葬费、精神损害抚慰金共计14万余元。

我国《侵权责任法》第6条第1款规定：行为人因过错侵害他人民事权益，应当承担侵权责任。过错可以认为是侵权责任法的核心。德国法学家耶林提出，使人负损害赔偿的，不是因为有损害，而是因为有过失。正如使蜡烛燃烧的不是光，而是氧气。

我国《侵权责任法》规定承担责任的基础在于过失。过失，就是对注意义务的违反。过失也称为过错，什么是过错？其以主观的标准来认定，即行为人的心理是故意，还是过失。如殴打致他人损伤的，就是一个故意；因为不小心开车剐蹭了别人，这就是一个疏忽大意的一个过失。

对于这种过失一般采用客观的标准判定。客观标准就是说，行为人的行为与理性人的标准来比较，是否达到了一个理性人的标准。如果合理的人在相同的情况下，能够预见并避免损害的发生，但是行为人却没有预见并避免，那么行为人存在过错；如果合理的人都无法预见危险，无法避免损害的发生，则行为人就不具有过错。其中，在客观标准中，违反了法律法规的，一般被认定为或者很有可能会被认定为存在过失。比如，开车闯红灯，撞伤行人。闯红灯是交通法规禁止的行为，违反了这个规定，也是存在过错的。

在屋顶坠落案件中，建设部颁布的《民用建筑设计通则》规定，"阳台、外廊、室内回廊、内天井、上人屋面及室外楼梯等临空应设置防护栏杆……"且其中设置防护栏本身属于强制性规定。我国现行《民用建筑设计通则》是在经过广泛调查研究、参考有关国际标准和国外先进标准并在广泛征求意见的基础上修订而成的，对建筑领域的实践标准具有很大的规范和说明意义。参照该部门规章并考虑案件情况，本案中"房东"自有房屋的屋面均有便捷的上人通道，应当属于"上人屋面"，在其明知房客可以轻松通过通道上到房屋顶部，却未在屋顶安装护栏的情况下,发生了这个伤亡事件。房东没有在上人的屋顶设置护栏的行为,违反了相关的规定,存在过错,其对房客从屋顶坠落而发生的事故承担一定的过错责任较符合公平正义,对社会生活也具有一定的示范效应。

此外,认定过错还有一个角度,即是否有能力来预防类似损害的发生。比如,山上滚下的石头,导致路过的车辆被砸坏了,当事人起诉相关的管理机构。在无法将整个沿途的山全部封闭起来的情况下,相关的管理机构不应该被认定为有过错。这就是从经济学上作出的考虑。

还有一个问题是公共场所的责任承担。一般的民用房屋出租,不认为是公共场所。根据我国《侵权责任法》第 37 条规定:宾馆、商场、银行、车站、娱乐场所等公共场所的管理人或者群众性活动的组织者,未尽到安全保障义务,造成他人损害的,应当承担侵权责任。

在公共场所发生人身损害事件,确定公共场所的管理人是否应承担赔偿责任时,需要考虑:这个场所有没有不合理的危险?若一个场所中到处都是裸露的电线,而且通电。对于这种情况,这个场所的问题不是标语能够解决的,而是应该直接封闭,禁止无关的人员进入,才是尽到了相关的义务。比如,一般的商店,在工作人员拖地时,可能导致滑到,需要提前树立警示标志。如果仅是较平滑的路面,一般而言,设置标语应该就够了。如果是在路面特别滑的情况下,就应该派专门的人员进行现场的管理更为妥当。在满足这些条件后,在正常情况下,相应的危险就不会转化为现实的损害了。

案例:吵架对方心脏病发作死亡被判适当赔偿

张某与被告为亲兄弟,双方平时关系不太好,近期因为父母房屋的翻建问题发生纠纷,被告想要翻建老房,张某认为自己对老房也有份额,不同意被告翻建。2017 年某日,被告到老房处,想要把屋内的东西搬出,张某进行阻拦,双方发生争吵,但未动手打架,被人劝开后过半小时,张某突然倒地,送到医院经抢救无效死亡。公安机关的鉴定意见是张某左冠状动脉狭窄、心肌梗死、冠心病猝死的诱发因素有:精神心理因素(争吵、情绪激动等),剧烈的体力活动或过度疲劳。张某符合冠心病导致呼吸循环功能衰竭死亡。张某的家属起诉被告要求赔偿全部损失的80%。被告认为,死者是自发疾病导致的死亡,不同意赔偿。法院认为,张某与被告发生纠纷后未理智对待,后张某死亡。按照鉴定意见,2人发生争执,是导致张某冠心病死亡的诱发因素。故被告应对张某的死亡承担适当赔偿责任。判决赔偿5%的赔偿责任3万余元。

我国《侵权责任法》第26条规定:被侵权人对损害的发生也有过错的,可以减轻侵权人的责任。

在该案中,张某对争执的发生也存在过错,对争执后死亡的后果存在责任,因此,应减轻侵权人应承担的责任。这同样也体现了侵权法的过错原则,侵权人(加害人)存在过错的,承担与过错相适应的赔偿责任被侵权人(受害人)存在过错的,也同样需要承担相应的责任,这就体现为减轻侵权人的责任。

这个案件还体现出侵权责任承担的一个重要因素:因果关系。简单地讲,侵权人的过错与损害后果的发生是否存在原因和结果的关系。该案中,双方的争执是张某冠心病死亡的诱发因素。也就是说,双方的争执是次要原因,张某自身的冠心病是主要原因,两个原因一起导致了张某的死亡,因此,被告与张某的争执行为与损害后果存在因果关系,应当承担较小的赔偿责任。比如,双方争执后,张某回家过程中自行跌倒受伤,那么,被告虽对双方发生争执存在过错,但这个过错与张某的自行跌倒受伤不存在因果关系,被告无须为张某的跌倒承担赔偿责任。

【法官专业提示】

多想一步　预防为主

我国《侵权责任法》第1条规定,侵权责任法的立法目的是“预防并制裁侵权行为”,通过法律法规的规定,明确人们的行为标准,没有达到这个行为标准且因此导致了损害发生的,就应该承担赔偿责任。通过这种赔偿责任的承担,一方面,对损害后果进行赔偿;另一方面,也预防了类似的事件发生。

比如,作为宴会的组织者或是共饮者,对参与宴会者因饮酒后导致的自我保护能力的降低,所产生的一定的提醒、注意、照顾义务。注意义务的标准,应采“合理人”的标准,即作为一个合理的人,应当如何去做。具体来说,在组织或参与酒宴时,不宜过分劝酒、斗酒;在饮酒者已饮酒较多时,应予以劝阻;在酒宴结束后,对饮酒过多者应安排休息,加以照看,在出现不适时及时就诊,在送回家时应将饮酒者妥善送至家人处;尤其应采取有效举措避免饮酒过多者驾驶机动车辆、游泳或单独外出。上述案件中同饮者承担责任的主要原因就是未对醉酒者的饮酒过多进行劝阻,未采取有效措施阻止醉酒者驾驶机动车辆,存在过失,而并不是只要是组织宴会或参与共饮就必然要承担与醉酒者相关的责任。在酒宴组织者或是同饮者存在过失的情况下判决承担相应的责任,有助于倡导消除不健康的饮酒、劝酒文化,促使酒宴组织者和同饮者劝阻他人过量饮酒,履行提醒、注意、照顾他人的义务,从而有效预防和减少类似事件发生。

在水渠游泳的类似案件中,因为管理方护栏不完整、没有警示标识等原因,法院曾经判决管理方对溺水事件承担一定的赔偿责任。此后,管理方有意识地加大了安全防范的力度,如建造围栏、设立警示标语,以及到附近的小学发放禁止到水渠游泳的宣传材料,尽到了相应的预防责任。就本案而言。因为水渠的管理方尽到了相关的注意义务,对行为人翻墙进入水渠游泳并死亡的后果,不承担赔偿责任。这种通过判决责任承担督促相关部门完善安全措施的过程,也体现了侵权责任法的预防损害功能。

最后,需要指出的是,并不是所有的损害都会得到赔偿。近年来,媒体也报道过多个案例,完全由受害方过错导致的损害,闯红灯导致的交通事故认定承担全部责任的,受害方的损失很可能只能由自己全部承担。

法官简介
熊海水

扫二维码
亲临法官说法现场

北京市怀柔区人民法院雁栖法庭副庭长，员额法官。坚守派出法庭，先后在庙城法庭、雁栖法庭工作。中国政法大学法律硕士。

承办大量医疗纠纷、拆迁纠纷、建设工程施工合同纠纷等复杂案件，结案2000余件，在《北京审判》等媒体发表多篇论文。

荣立个人三等功3次，连续3年被评为“优秀共产党员”“优秀党务工作者”，获“北京市法院先进法官”“怀柔区政法系统先进个人”等荣誉称号。

擦亮眼睛防诈骗

牟芳菲

随着社会的发展、社会治安的有效治理，不难发现，过去那些常见的简单粗暴型犯罪，如抢劫罪、盗窃罪、抢夺罪、强奸罪等近年来都呈逐渐下降趋势。家里、身上不放现金、监控设施的普及和完善都是上述几类犯罪的克星。然而，诈骗罪却在近年来呈逐年上升的高发态势，以笔者所在的法院为例，2018 年、2019 年，诈骗案件已经从过去一年不过 10 余件迅速上升为刑事案由数量的前五名。实际上，很多人都有过曾被诈骗的经历，如接到过冒充公检法机关的电话、冒充电话局、银行的电话，冒充淘宝客服的电话，等等。为什么诈骗案件如此高发？实际上这是和诈骗罪的特点密切相关，因为诈骗罪属于温和型犯罪，被害人在交付财物的时候是“自愿”的，所以这也给很多犯罪分子提供了更多可以逃避侦查、转移财产，甚至携款逃匿的机会。还有很多人会以为骗子只存在于电信网络中，只要不听不信就可以，然而，却对身边的熟人毫无戒备之心。以下就生活中可能遇到的骗局作以分析警示。

【风险提示】

入学骗局

北京作为首都，最大的优势除其为政治中心外，可能就是在文化教育方面的资源。无论是大学院校，还是中小学校，乃至国际学校的资源都非常丰富，吸引了众多家长在北京定居。同时,北京的房价,尤其是学区房的房价居高不下更是从侧面反映当今社会年轻家长对于孩子教育方面的重视程度之高,甚至要举几家之合力、不惜花费重金能让子女能享受优越的教育资源。由此引发的此类入学、求学类的骗局层出不穷,通常有以下特点:熟人介绍,此类骗局一般不会通过网络或陌生人,几乎都是通过熟人牵线搭桥,号称被告人有关系、有能力;被害人的子女原本不符合学校招生政策或条件,需要破格或动用其他关系入学;不愿参加正规考试,或自知参加考试分数无法录取;严重影响被害人子女正常入学时间和时机,很多孩子原本可以被其他学校录取,但因为轻信被告人能够帮助其进入更好的学校,结果耽误了正常的入学机会。应该说,这类骗局的被害人大多对生活都有较高的标准和要求,通常不愿或不甘心按部就班按照区域化片政策就近入学或通过正常分数考试入学,往往又有一定的经济实力,也愿意为子女能有一个更好的教育环境花费金钱。所以,也给诈骗分子可乘之机,以有能力帮助被害人找人、托关系让子女入学为名,骗取被害人财物。

求职骗局

除入学外,与生活息息相关的还有每个人的就业问题,这也是每个家庭、个人,乃至国家、社会关注的一项重大的民生问题。不可否认,在当今社会,确实不乏有一些通过熟人介绍到单位入职的情况,特别是在一些民营企业、家族企业,熟人、老乡、同学等关系都会派上用场。很多人都会认为,接受良好教育的目标之一就是能够找到一个好的工作。所以,由此所引发的另一类诈骗犯罪就是与求职、入职相关的骗局。此类犯罪的特点主要有以下几方面。(1)通常以家长帮助子女托人找关系的居多,年轻人自己因为托人找工作的相对较少。这也跟年长者更容易相信熟人、相信办事要靠关系有关系。(2)被害人(子女)学历、条件相对较差,通过自身能力可能无法被他们心仪的单位录取。(3)家庭有一定的经济实力。(4)部分被告人确与入职单位的部分工作人员认识,更容易使被害人对其有能力帮助入职一事深信不疑。

婚恋骗局

除上述入学、求职外,另外一个备受关注的人生大事莫过于婚恋问题。很多年前,婚恋的骗局还比较少见。但近年来,随着网络的普及、大量婚恋介绍机构的出现、生活节奏的加快,一些年轻人接受并习惯了通过互联网、微信、QQ 与素未谋面的人聊天、谈恋爱,再加上网上支付手段的便利,这就成了另一个危机四伏的诈骗灾区。在审理案件的过程中发现,有很多谈恋爱被骗财、骗感情的,都是在网络上轻易相信了对方的花言巧语,动辄就通过微信、支付宝、银行卡转账上千、上万元。此类骗局的特点主要有以下几方面。(1)被害人都是比较喜欢利用网络社交的年轻人。(2)感情经验相对简单,比较容易相信他人。(3)绝大多数被告人与被害人从始至终没有见过面,甚至有的被告人会虚构性别进行诈骗。对此,被告人通常会利用从网上搜索的颜值较高的异性照片骗取被害人好感,还会利用高科技手段通过变声软件等其他方式使被害人相信其性别。(4)部分被告人存在通过网络与异性保持不正当男女朋友关系或同性恋关系的想法,所以此事通常不予他人交流沟通。(5)被害人大多会谎称自己资金困难或家里有突发情况等理由,不断向被告人"借钱"或索要财物。此类诈骗案件通常持续时间较长,而且很多被害人往往投入了真正的感情,所以一旦得知被骗后,不仅会损失财物,更会陷入感情上的痛苦。

租房骗局

面对北京市的高房价现实,大量年轻人选择租房。找房子、租房子,拒绝中介,这也是很多年轻人的选择,一方面为了便利,另一方面是为了能够省去一部分中介费用。然而,省钱、便利的同时,往往也伴有风险。有些被告人通过正当途径承租房屋后,冒充房主将房屋转租,再以各种理由一次性收取一年,甚至更长时间的房屋租金,然而当被害人发现房屋根本无法居住时被告人已消失不见。此类骗局的特点有如下几方面:被告人与被害人通常不是通过正规中介公司介绍,而是通过网站联系;房租价格相对低廉,有较高的诱惑力;被告人通常以各种理由要收取大额定金或长时间的房屋租金;被害人没有审核房屋产权证真伪的能力,或根本没有审核,还有部分被害人尚未看到房子就通过微信、支付宝转账付款;被告人有的是团伙作案,各种人员分别扮演不同角色,以达到让被害人相信房源紧张要尽快付款的假象。这类骗局时间一般不会持续很长,被告人通常是速战速决，骗完一个被害人之后迅速“拉黑”，无法联系。每名被害人被骗的钱款数额通常不会太大，但被告人可能同时骗多名被害人。

【预防提示】

了解上述几类与日常生活息息相关的诈骗类型之后，最关键的就是提示大家应该如何预防此类犯罪。简言之，就是“不轻信、不给钱，慎用网络社交平台”。实际上，几乎所有诈骗案件的被害人都或多或少存在一些侥幸、不遵守规则或贪图小利的问题，在这种占便宜或投机取巧的心态下，就可能产生轻信他人的危险。下面，笔者按照上述四类犯罪给大家列举几个案例，以此提示如何防范诈骗，以及被骗后应如何处理才能更有效挽回损失。

案例：

2015年4月，被告人薛某谎称其有能力帮助被害人贺某的女儿办理北京电影学院入学事宜，骗取贺某80万元。

据贺某称，2015年年初，其通过朋友认识一名自称金某的男子。金某称能够帮助其女儿到北京电影学院入学，但因其女儿并没有参加电影学院的艺考，按理说不可能入学。金某称需要80万元就能够办成此事。但贺某将80万元转账给薛某后，其女儿一直没有被北京电影学院录取，其一直催金某，金某说能办。直到2016年寒假，金某答应退钱，并承诺帮其女儿从北京建筑大学转系作为补偿。但直到案发，金某均未退款，被害人才得知所谓的金某不过是被告人薛某的另一个化名。最终，被告人薛某因犯诈骗罪被法院判处有期徒刑11年，剥夺政治权利2年，并处罚金2万元。

案例：

2016年8月，被告人王某某谎称其有能力帮助他人进入北京某国际学校就读，后骗取被害人朱某某通过手机银行向王某某转账30万元。

朱某某称,其女儿(丁某某)2016年要上小学,因为爱女心切,朱某某想让她去某国际学校就读,但该学校只招收外籍生源,其女儿不符合入学条件,但听说如果教委特批可以入学。后其想托关系让女儿上这所学校便问了朋友汪某,他说认识领导能办这事。2016年8月18日汪某给其打电话说事情办得差不多了,并让其向王某某汇款30万元,随即其就用手机银行给王某某的账户转了30万元,转账后其一直通过电话询问事情的进展,后来,汪某说没办成,钱也没退。最终,被告人王某某因犯诈骗罪被法院判处有期徒刑6年,并处罚金1万元。

上述两个案例都是比较典型的望子成龙心切的父母轻易相信熟人介绍的朋友能够通过非正当渠道上学的被骗案例。实际上,被告人并没有能力帮助被害人子女入学,而是将所骗钱款自行挥霍。

案例:

2009年,张某某因儿子在办理去地铁公司工作入职的过程中,花钱请托被告人白某某帮忙办理,而最终张某某的儿子又顺利被地铁公司录取,张某某便对白某某的办事能力无比信任。随后,热心的张某某便逢人便讲,其认识一个特别有能力的人,能帮别人办理进入地铁公司上班之事。2009年12月至2011年,张某某陆续介绍亲戚、朋友,甚至偶然机会认识的人去找白某某给子女办理地铁公司入职的事情。经法院审理查明,白某某两年间在本市石景山区万达广场、海淀区甘家口、东城区和平里等多地,以能够帮助办理进入地铁公司上班为名,骗取被害人张某4.98万元、汪某某4万元、许某某4万元、高某某5万元、李某某4万元、张某4.98万元、赵某3万元、郑某某5万元、李某某5万元、张某6万元,共计45.96万元。上述钱款全部为白某某以托人办事需要好处费为由向被害人索要的钱款。最终,被告人白某某因犯诈骗罪被判处有期徒刑11年6个月,剥夺政治权利2年,并处罚金12,000元。

上述案例是比较典型的求职被骗的案例,张某某“热心”帮别人找工作,其他人因为基于与张某某认识而相信白某某的办事能力,导致骗子轻而易举骗取财物。因此,所谓的熟人,也不一定可信。

案例：

2008年，只有小学文化、长相不佳的贺某某在互联网上虚构“陈小敏”的身份并冒用她人照片，通过QQ聊天与被害人张某相识。

2011年9月至2012年5月，被告人贺某某以“陈小敏”的身份骗取被害人张某的信任，并与张某建立虚假的恋爱关系。在这期间，贺某某一直是以虚构的“陈小敏”的身份与张某交朋友的，并跟张某说其QQ空间使用的他人照片就是其本人，而张某也认为这个女孩就是贺某某本人。贺某某自己知道长相很一般，不想用自己的真名字和真照片，觉得用美女的照片比较吸引人。实际上，贺某某知道张某一直想与其进一步发展交往和结婚，但其知道张某喜欢的是照片上的陈小敏，不是其本人，也根本没想过与她结婚，其不敢告诉张某真实情况，也不敢和张某见面。其间，贺某某以生病、需要生活费等理由向张某要过很多钱，张某多次通过网上银行转账的方式给贺某某提供的银行卡汇款共计人民币167,050元，并为贺某某购买诺基亚5230型手机、诺基亚C6－01型手机、诺基亚X6型手机、小米牌M1型手机各1部及索尼牌W630型照相机1部、索尼牌笔记本电脑1台，上述物品的购买价格共计12,069元。最终，被告人贺某某因犯诈骗罪被判处有期徒刑5年，并处罚金5000元。

此案件为典型的网络恋爱诈骗型案件，被告人仅通过网络照片、聊天就相信被告人的身份和个人条件而确定男女朋友关系。

案例：

2012年5月被告人白某某以非法占有为目的，虚构本市某小区房屋所有人的身份，骗取被害人吴某、李某某支付的房屋租金1.98万元后逃匿。

李某某和吴某表示，2人共同承租某小区中里的房子，与她俩签合同的是白某某，他自称房主，房子是贷款买的，所以没有房产证，还带另外一个租房人去银行看了贷款协议，但白某某并未让他们看清贷款协议上是否为这套房子。二人与白某某第一次签合同是从2011年6月1日至2012年5月31日，房租半年一付，这一年都很正常。2012年5月二人又与白某某续签了1年合同，并支付了半年 1.98 万元的房租。但 2012 年 6 月 6 日,真正的房主说白某某与他签的租房合同已到期,二人才知道房子根本不是白某某的。

案例:

2007 年 11 月,被告人李某某得知被害人单某某欲租房,后李某某为骗取钱款,通过中介公司承租位于本市石景山区苹果园一区房屋(租期为半年),李某某对单某某谎称该房屋是熟人所有,并以需要一次性交纳 2 年房租为由,要求被害人单某某支付现金 28,000 元。

案例:

2017 年 6 月被告人尹某某承租石景山某房屋,后伪造房屋产权证,并以房主的名义在网络平台上发布租房广告,先后骗取被害人张某某、赵某、王某租房定金及房屋租金 2 万余元。

上述 3 个案例均是租房被骗案件,上述几名被告人最终也被法院判处了相应的刑罚。

【知识提示】

首先要对诈骗罪进行解读,我国司法实践中,诈骗罪是指以非法占有为目的,通过虚构事实、隐瞒真相的手段骗取他人财物的行为。

那么,诈骗罪在我国会被判处什么样的刑罚?我国《刑法》第 266 条规定了诈骗罪的相应刑罚。其中,诈骗数额特别巨大或有其他特别严重情节的,处 10 年以上有期徒刑或者无期徒刑,并处罚金或者没收财产。

所以,当被害人发现自己可能被骗后,要第一时间报案,及时将所有涉及案件的情况、信息及相关证据提交公安机关,以争取尽快将案件侦破、挽回损失。切不可简单认为被告人无法找到或是因怕麻烦等原因放弃报案,这样做是纵容犯罪的行为。

【法官专业提示】

上学被骗型

入学遵循政策,保持平常心,不要过分焦虑。从这类诈骗案件中可以看出,骗子是抓住了家长想给孩子提供更好的教育资源或不想让孩子输在起跑线的心理。然而,小学更多的是培养孩子学习的动力和学习方法,所谓的名校或国际学校与普通小学的区别并没有太大的区别,没有必要为了择校去走旁门左道,实际上,这对孩子的世界观也并没有好处。

高考制度在我国已经实行了几十年,应该说是比较完善、成熟而且公平的竞争平台,我们应该懂得遵守规则、懂得在正当的环境中去拼搏,而不是投机取巧。望子成龙、望女成凤可能是很多父母最大的心愿,但越是这样就越要保持理智和冷静,不要轻信他人所谓人脉和关系,掉进骗子的陷阱。

找工作被骗型

不要轻易相信"熟人",觉得熟人说的事情非常可信,而不去思考事情本身的真实性。这种心理也导致很多人在生活中很容易人云亦云,没有一个明确的是非观念和底线。同样,很多人更是因为轻信了熟人,丧失了自我判断的意识,导致骗子非常容易得手。

独生子女一代,很多家长从小不想让孩子吃苦,造成有些年轻人在择业的时候挑三拣四、眼高手低。而在这种情况下,家长依然想让孩子能少吃苦、少受累,所以在白某某的案件中出现了那么多家长为了给孩子找一个看似轻松又稳定的工作去托人、花钱。实际上,这种思想是错误的,也是非常危险的,也恰恰是这种想不劳而获的念头使骗子有利用托人找工作的借口实施诈骗。

谈恋爱被骗型

合理、谨慎使用社交软件。在当今信息化社会,QQ、微信等社交软件非常多,给我们提供便捷的同时也带来了很多隐患。很多年轻人认为利用这些软件交友方便、新鲜,还会认为这种快餐式的交往模式是一种社会的进步。但是,我们也要思考,任何事物都是矛盾的,伴随新鲜、刺激、快捷而来的又是什么?是风险,甚至是危险。很多时候,在聊天软件上建立的感情是非常虚幻且不可靠的,隔着屏幕去谈情说爱本身就是一种不正常的交往方式。转账需谨慎,恋爱更需谨慎,一定要在彻底了解对方的情况下再确定关系或交往,保护好自己也是对自己的负责。

租房被骗型

租房应尽量通过正规中介机构,不要私下交易。现在有很多网络平台可以进行租房,很多人也会觉得私下交易不仅省事,还省钱。然而,作为一名普通公民或者刚毕业的大学生,对如何去核验房屋产权的真实性是缺乏经验的。现实中,有些骗子会伪造房产证,将他人的房产证遮挡、修改再复印,不给被害人提供原件;还有些骗子(像白某某)用抵押贷款合同来糊弄被害人,等等。骗子的手段很多,而最简单有效的防范措施就是去正规机构核验,即便不通过中介,也不要怕麻烦,查看原件、去不动产登记管理部门进行查验也是必不可少的环节。

综上所述,诈骗案例中,几乎所有的被害人都或多或少存在个人过错。所谓的过错,可能是指有不该有或者明知不合理,甚至不合法的需求,也可能是指自己的疏忽、大意,存在想走捷径、图省事的心态。所以,在如何防范的问题上,这些案例存在一些共性的问题。

不要有贪小便宜或想通过不正当途径获取利益的心态。中国有句老话,吃亏是福;以及就是没有天上掉馅饼的事。做事,都要秉持按部就班、脚踏实地、遵循规则的意识,莫不可为了一时之利或是一点小利铤而走险。

不要轻信网络或熟人,要具备一定的过滤不真实信息的能力,眼见不一定为实。要通过正当方式、正规途径去核验各种信息,再作判断不迟。

不要认为骗子写了借条就万事大吉。实际上,对于真正的骗子来说,写不写借条根本无关紧要。从法律的角度来说,特别是从司法实践中来看,写借条只是一个外在形式,并不是所有写了借条的就都是普通的民间借贷纠纷,还要看被告人到底有没有非法占有的故意以及客观上实施了隐瞒真相、虚构事实的行为骗取他人财物。而且,很多被告人写了借条后将赃款挥霍,在案件审理时,根本无力退赔赃款,使被害人无法得到赔偿。所以,写借条只是为日后通过法律途径解决问题增加证据,但并不能防止被骗。

法官简介

牟芳菲

北京市石景山区人民法院刑庭副庭长，四级高级法官。清华大学法学学士、公共管理学硕士。

审理1200余件刑事案件。

荣立3次个人三等功，获“北京市法院先进法官”“优秀党员”等荣誉称号。

扫二维码
亲临法官说法现场

打好钱包保卫战

杨　杰

“高收益、零门槛、低风险、快速致富”“走路就能赚钱，步数越多，赚得越多”“艺术品投资，一夜暴富，稳赚不赔”，这些口号是否已经耳熟能详，类似项目是否也有亲戚朋友大力推荐，是否在高息的诱惑下你也曾有过动摇？

随着我国社会经济的发展，人民的生活水平也在不断提高，群众手里的钱袋子也逐渐鼓了起来。都说“金钱永不眠”，当人们手里有闲钱的时候就会想到“鸡生蛋，蛋生鸡”，让手里的钱继续创造更多的财富。于是，有的人就被高额利息所吸引，陷入了各种各样的“理财陷阱”，“你看中的是人家的高息，人家看中的是你的本金”，利字右边是一把刀，盲目求利就会被它所伤。无论是网贷平台巨头“e 租宝”，还是打着扶危济困口号的传销组织“善行汇”，抑或是以“区块链”“健身”“每天一万步”等新鲜事物为噱头的“趣步”App，均轰然倒塌，使众多投资者损失巨大。本文旨在普及理财的法律常识，帮读者在纷繁复杂的投资市场中鉴别真伪，在令人怦然心动的高息下理性判断，在亲朋好友的不断劝说下不为所动，守住“钱袋子”，打好钱包保卫战。

【风险提示】

高额收益　大气包装　名人站台　理财陷阱不得不防

理财陷阱五花八门，我们的“钱袋子”处处可能遭遇危险，下面具体介绍一

下理财陷阱的常用手段:

第一,为了骗取资金,不法分子会以“无风险、有担保、保本高收益”“稳赚不赔”“保本高回报”等反投资规律的噱头进行宣传许诺,且在集资初期通常会通过“以新偿旧”方式按时足额兑现,以吸引更多的集资人,实现滚雪球式的资金投入。但不法分子的最终目的往往是非法占有资金进行其他活动,一旦因为经营不善、肆意挥霍致使资金链断裂无法偿还允诺的高息时,就会果断消失;或其原本就是“庞氏骗局”,诈骗资金得手后就人去楼空,一旦掉入这样的陷阱,集资参与人最终会遭受很大的经济损失,甚至相当比例的参与人会血本无归。

第二,不法分子会通过各种方式编造虚假项目,骗取集资人信任。有的通过成立注册资本巨大的合法企业主体,却并没有真实的经营项目,只靠打着响应国家产业政策、创新创业等幌子编造光鲜亮丽的项目来非法吸收资金;有的假冒境外基金公司发售虚构基金或理财产品非法吸收资金;有的假冒或假借银行、保险公司等金融机构名义,伪造单据非法吸收资金。近年来,骗子们的手段又在不断更新,呈现“上网跨域”新特点,打着“虚拟货币”“区块链”“以房养老”等旗号,面向老年人、农民等社会群体进行非法集资诈骗活动。

第三,为了迅速做大声势,赢取信任,不法分子一般会卖力宣传,举办各种造势活动。如通过邀请名人站台、开产品推介会、制作报刊期刊印刷品,举办现场观摩或体验活动、组织集体旅游或实地考察、赠送礼品等方式无固定对象地广泛招揽群众,尤其是老年群众,或营造投资项目“限时限量”“内部名额”等噱头,或展示公司领导与政府官员、电影明星的合影,或展示大量“政府批文”“国家战略文件”“技术认证”等材料,极具欺骗性和迷惑性。

随着社会的发展,不法分子设置理财陷阱的手段也会越来越新颖、隐蔽,但万变不离其宗的就是利用受骗者的贪欲,以高息为诱饵,通过对项目进行大气包装、虚假宣传,使人疏于防范,将“钱袋子”中的血汗钱全部投出,到头来竹篮打水一场空。希望大家在遇到上述情况时能够做到透过现象看本质,揭开不法行为的面纱,认清理财陷阱的本质,守住自己的“钱袋子”。同时,也需要新闻、监管、执法、司法部门,多管齐下,多加宣传,严格监管,大力整治,切实做好防范和处置非法集资工作,依法严厉打击非法集资犯罪。

【预防提示】

守住“钱袋子”　法律有招式

关于理财陷阱，首先使人联想到的便是非法集资，尽管该名词一直被广泛使用，甚至国务院和最高人民法院在多份文件和司法解释的标题中也都将其作为一个专有名词来使用，但非法集资并非刑法上的一个独立罪名，而通常是对该类行为的统称，具体包括非法吸收公众存款罪和集资诈骗罪。

何谓非法吸收公众存款罪？最高人民法院《关于审理非法集资刑事案件具体应用法律若干问题的解释》中规定，为违反国家金融管理法律规定，向社会公众（包括单位和个人）吸收资金的行为，同时具备以下四个条件：(1)未经有关部门依法批准或者借用合法经营的形式吸收资金；(2)通过媒体、推介会、传单、手机短信等途径向社会公开宣传；(3)承诺在一定期限内以货币、实物、股权等方式还本付息或者给付回报；(4)向社会公众即社会不特定对象吸收资金，除《刑法》另有规定外，应当认定为非法吸收公众存款或者变相吸收公众存款。简单来说，吸收资金具备非法性、公开性、利诱性、社会性四个特征，就可以认定为非法吸收公众存款。下面通过两个案例来作以分析。

邻居劝诱投理财　一来二去财不在

非法吸收公众存款最常见的类型是理财公司在未经国家金融管理部门批准的情况下，在小区、超市、公园、市场等公共场合，针对有空闲有退休存款的人群，施以小恩小惠，比如，免费体检理疗、免费坐班车旅游参观，免费吃大闸蟹、发放一些米面粮油鸡蛋洗衣粉的礼品等手段，宣传鼓励参与人进行投资；对于不轻易上当有所顾虑的投资人，还会雇用一些“托”营造火爆假象，引发互相效仿，还有通过“您家庭条件不好的话也没关系、不投的也不用有心理压力、就当我们公司施舍了”之类的表述，进行隐性刺激引发攀比心理；另外，还以类似传销的方式鼓励介绍下线给予提成，从而吸引更多投资者作为“说客”说服亲朋好友进行投资。

案例:

2017 年北京市昌平区某村村民王某所在的村庄拆迁后,家里分了几套房和几百万元的拆迁款,通过房租供着日常开销,巨额拆迁款基本很少用到,放在孩子手里怕引发家庭矛盾,放在银行觉得利息太低,借给亲戚朋友又怕不保险。晚饭后,每次邻居们一起散步,其中一位邻居张某都会带着某投资理财公司的宣传海报、礼品等进行宣传,承诺 15% 的年息并每月付息,本金保本可以提前 10 天随时申请取回。王某动心,但是又不放心,于是先存了 10 万元、20 万元,试了几次在履行都没问题的情况下将 50 万元、70 万元存了进去,最终 2018 年年中该公司出现了投资失误、资金链断裂导致兑付不能的情况,王某和一起购买理财的邻居们立刻起诉,要求该公司返还借款本金并按合同约定支付利息,但该公司主要人员早已卷款跑路,只留下一个空壳公司。

法院对这起案件没有简单地按照民间借贷纠纷案件进行裁判。因为双方虽然在民事法律关系上形成了借款的合同关系,但是该公司未取得吸收公众存款的资质,面向社会不特定对象吸收资金,并承诺在一定期限内还本付息,涉案金额较大。该行为涉嫌非法吸收公众存款犯罪,依据《关于在审理经济纠纷案件中涉及经济犯罪嫌疑若干问题的规定》第 11 条、《关于审理民间借贷案件适用法律若干问题的规定》第 5 条第 1 款之规定,法院将该案的相关材料移送至有管辖权的公安机关依法处理,现公安机关已立案侦查。

不信理财投银行　却遇“飞单”存款亡

很多人认为,既然投资理财公司不靠谱,那把钱存到银行肯定就没有问题了。道理虽然不错,但是还要提醒各位,并非到了银行就“万事大吉”了,一定要通过银行官方柜台进行交易才能确保资金安全。下面分享一个银行的业务员“飞单”,把到银行买理财的客户忽悠到理财公司,从中获得高额提成的理财陷阱。

案例：

原告王某是一位退休工人，积攒了一笔退休金，短期内没有使用打算，担心钱放在手里会贬值。其听说理财公司不保险，于是到某银行去购买理财产品。在银行柜台，某业务员问明来意之后，悄悄告知王某银行理财产品收益率只有不到4%，自己有靠谱的、保本的、与银行有关联的年收益率不低于10%的产品推荐给王老太。王某思考后，觉得银行工作人员推荐的总不会差，决定不在银行购买理财产品，待业务员下班后与其电话联系购买了某公司的理财产品。合同到期后，该公司出现兑付不能的情况，该业务员电话也无法接通，王某赶紧到银行去找该业务员，发现该业务员早已因"飞单"被银行辞退。理财公司资金兑付不足，王某一辈子的积蓄打了水漂。

由于这起案件涉嫌非法吸收公众存款犯罪，法院将该案的相关材料移送至有管辖权的公安机关立案侦查，因处置及时，王老太现在已拿回了投资本金的40%。

除了非法集资等违法犯罪行为，我们在正常的经济活动中也有可能因为对法律知识的缺失而在合同中约定了无效的核心条款，该条款的无效将导致整个合同的无效，最后只能导致想要依据合同主张权利的目的落空。下面通过一则具体案例予以分析。

委托理财约保本　合同无效无收益

实践中，很多没有专业理财能力的个人，往往会用自己的名义开立资金账户和股票账户，再将账户和密码交由有理财经验的受托人进行投资管理，对收益、亏损、账户管理费等进行约定。双方之间成立的这种合同关系就是委托理财合同。对于此类合同，不但要注意审慎选择有投资经验的受托人，而且在协议中不能约定保本或者保息，避免因委托理财合同无效而遭受损失。

案例：

2018年李某与胡某签订《代理操盘协议》，约定"李某委托胡某为其进行有偿代理,操作在某期货公司开立的投资账户,初始资金为 50 万元。双方约定委托理财的期间为 1 年;最终盈利按 4∶6 分成;若发生亏损,亏损全部由胡某承担;若账面亏损达到初始资金的 20% 以上时,李某有权即时终止本协议,并有权对超出 20% 以外部分的亏损向胡某进行全额追偿”。协议签订后,李某依约开立账户,并存入资金,并将该账户及密码交与胡某进行期货交易。之后,胡某陆续从账户支出 190,000 元进行利润分配,后因市场低迷交易萎缩,2018 年年底李某账户中当日结存金额仅为 191,130.61 元。李某得知后将账户的密码修改,并将账户内的期货平仓,账户余额为 133,592.61 元。后李某提起诉讼,要求确认《代理操盘协议》自其更改密码之日解除,并要求李某按照约定补足其亏损金额。

《代理操盘协议》关于“若发生亏损,亏损全部由胡某承担;若账面亏损达到初始资金的 20% 以上时,李某有权即时终止本协议,并有权对超出 20% 以外部分的亏损向胡某进行全额追偿”的内容属于保本约定,不符合委托理财法律关系中委托方将资金交付受托方,通过受托方管理资产行为获得收益,并承担投资风险的基本特征,不应发生委托理财关系的法律效力。由于该约定内容是双方当事人签订《委托理财协议》的主要目的,系双方交易的核心条款,核心条款的无效将导致整个合同的无效,因此,《代理操盘协议》约定的全部内容应当被认定无效。合同无效的法律后果是合同自始不发生效力,故合同应当恢复至未履行时的状态,而因双方对于该合同无效的发生均有过错,故投资人主张的利息占用损失法院不予支持,最终判决受托人补足投资人 50 万元。在本案中似乎投资人的本金并没有什么损失,但其风险在于:一是资金占用期间无法取得任何收益;二是被告往往替多人操盘,崩盘之后往往欠缺履行能力。

【知识提示】

非法吸收公众存款的类型

理财陷阱中的非法吸收公众存款的类型有很多种,法律对其中常见的一些类型予以归纳总结,既为审判提供了指引,也为对此进行防范,维护资金安全,提供了良好的借鉴。具体来说,以下 10 种行为如果符合法律规定的条件也会构成非法吸收公众存款罪:(1)不具有房产销售的真实内容或者不以房产销售为主要目的,以返本销售、售后包租、约定回购、销售房产份额等方式非法吸收资金的;(2)以转让林权并代为管护等方式非法吸收资金的;(3)以代种植(养殖)、租种植(养殖)、联合种植(养殖)等方式非法吸收资金的;(4)不具有销售商品、提供服务的真实内容或者不以销售商品、提供服务为主要目的,以商品回购、寄存代售等方式非法吸收资金的;(5)不具有发行股票、债券的真实内容,以虚假转让股权、发售虚构债券等方式非法吸收资金的;(6)不具有募集基金的真实内容,以假借境外基金、发售虚构基金等方式非法吸收资金的;(7)不具有销售保险的真实内容,以假冒保险公司、伪造保险单据等方式非法吸收资金的;(8)以投资入股的方式非法吸收资金的;(9)以委托理财的方式非法吸收资金的;(10)利用民间"会""社"等组织非法吸收资金的。

"飞单"是什么

理财陷阱中的"飞单"不是法律术语,通俗来说,是指银行工作人员利用投资者对银行的信任,私自销售并非银行出售的理财产品,使理财公司处获得高额的佣金提成。对于客户来说,资金失去了银行严格风控的保护很容易"打水漂"。因为从法律上来说,合同具有相对性,虽然是银行工作人员为投资人介绍的产品,但最终和投资人签订合同的却是其他一些理财公司,投资人只能和理财公司依据合同主张投资权益,而无权向银行主张权利。当然,该银行工作人员因为其违背行业准则和职业道德的行为会受到其他方面的法律制裁。

法院为何不审理涉非法集资的民事诉讼

实践中,一旦理财公司不能按期还本付息,投资人往往以民间借贷或者其他合同纠纷向法院提起诉讼,要求理财公司支付投资款项。但根据法律规定,人民法院在受理案件后,如果认为该案件不属于民事纠纷而有经济犯罪嫌疑的,应当裁定驳回起诉,并将有关材料移送检察机关或者公安机关。也就是说,如果投资人的投资行为涉嫌非法集资类犯罪,那么就不属于普通的民事纠纷,自然也不属于法院民事案件的受理范围,因此法院对投资人的民事起诉行为应当予以拒绝。当然,这并不意味着投资人的权益无法得到保护,法律规定"人民法院、人民检察院、公安机关应当通过及时公布案件进展、涉案资产处置情况等方式,依法保障集资参与人的合法权利。集资参与人可以推选代表人向人民法院提出相关意见和建议;推选不出代表人的,人民法院可以指定代表人。人民法院可以视案件情况决定集资参与人代表人参加或者旁听庭审,对集资参与人提起附带民事诉讼等请求不予受理。查封、扣押、冻结的涉案财物,一般应在诉讼终结后返还集资参与人。涉案财物不足全部返还的,按照集资参与人的集资额比例返还。退赔集资参与人的损失一般优先于其他民事债务以及罚金、没收财产的执行",也就是说,法院一般会以刑事追缴和退赔程序进行纠正、弥补。

【法官专业提示】

根据以上介绍的理财陷阱中的常用手段并结合实践中理财陷阱的具体案例,在日常生活中,我们应积极学习法律知识,不断强化理财观念,运用法律武器守住自己的"钱袋子",具体做到以下几点。

一是不受保本高收益诱惑而冲动投资。收益与风险相相伴相生,高收益必然伴随高风险,不要相信不存在的"稳赚不赔""零风险、高收益"的伪命题宣传。

二是不轻信不明身份的机构或个人。不要盲目地相信造势宣传、熟人介绍、专家推荐等营销手段,尤其对于多年不联系的亲友突然约见并赠送礼品、提供投资机会的情况,应注意是否为以发展"下线"为目的的集资行为和传销行为的结合。

三是不轻易投资不了解的产业或项目。要认真了解产业或项目的资质许可、经营模式、真实性、资金去向、以往盈亏、市场前景和获利方式等,考虑自己是否了解市场行情、市场规律和潜在风险,做到看不懂的业务不触碰,没有说清楚风险点或看不透风险的产品要远离，根据自己的风险测评等级选择与之配套的产品。不要被各种噱头迷惑，注意保护好个人信息，关注政府部门发布的非法集资风险提示，遇到涉嫌非法集资行为及时向公安部门举报。

四是注意审查理财公司的资质和能力。有的公司名号响亮，如“中国泛亚某某投资公司”，营业执照上注册资本金额也比较高，有的高达几十亿元；全国各地遍布分公司，光北京就20多家分公司；但能够从企业信用信息网站或“天眼查”“企查查”等App上免费查询，这些公司的经营范围都只是投资咨询类，并没有金融业务许可。再仔细查看，会发现其法定代表人或股东往往是家族关系，并互相关联多家公司。另外，千万不要以为公司的注册资本上亿，就认为该公司资金雄厚，值得信赖。因为在我国现行《公司法》下，公司资本可以采取认缴制。认缴制是区别于之前的实缴制的。实缴的意思是公司营业执照上的注册资本写多少，那么公司的验资账户就必须有相应的数额；认缴是工商部门登记注册公司的总额，不需要实收，不再收取验资证明文件，只要按照公司章程载明的期限缴纳即可。所以，投资时不要被公司营业执照上的注册资本所蒙骗，一定要考察公司的资质和实际履约能力。

五是准确鉴别“飞单”，保障资金安全。在前往银行购买理财产品时如若起疑，可以多询问几个工作人员，或者上官网打热线，查询该产品是否属实，签订合同时一定要取号坐在有监控的银行柜台签署，查看合同上的盖章，如不是银行公章，就莫要轻信。

六是多加小心。国家为了保障投资者资金的安全，对理财平台和公司都设置了严格的准入机制和风险监管。所以，要确定一项投资是否有保障，要重点关注其合法性，比如，核实其是否经金融管理部门批准而取得相关金融牌照。同时，建议大家可以通过一些知名公司、银行的理财平台购买理财产品，以获得足够透明、充分的产品描述和风险告知。

总而言之，无论理财陷阱如何花样百出，不法分子的最终目的都是想方设法吸收公众财产，非法据为己有。防范理财陷阱，守住自己的“钱袋子”，广大群众应始终保持清醒理性。

法官简介
杨 杰

扫二维码
亲临法官说法现场

北京市昌平区人民法院立案庭（速裁）副庭长，二级法官。

妥善处理了辖区内涉“疏解整治促提升”，涉“大棚房整治”，涉未来科学城、中关村昌平科技园等国家、市、区重点工程等案件200余件。撰写的《公民代理行为的统计和分析》获北京市优秀司法统计三等奖；作为课题组执笔人撰写《农村土地承包案件的司法实践思考》，被北京市高级人民法院采用并推荐至最高人民法院；2017年、2018年撰写的多篇案例分析被《中国法院年度案例》收录。

连续3次荣立个人三等功，获“首都劳动奖章”“北京市法院党建工作先进个人”“昌平劳动奖章”“昌平区经济技术创新优秀标兵”等荣誉称号。

圆“田园梦”须谨慎

王　雪

大都市的霓虹闪烁固然意味着更好的教育、医疗和服务，却也让身在其中的居民们感到了超负荷的压力，被大城市的快节奏挟裹前行的“城里人”，越来越向往“采菊东篱下，悠然见南山”的生活。有需求就有市场，很多城市人为了实现“田园梦”，或是购买或是租赁农村民房，想尽办法去拥有自己的“一亩三分地”，拥抱自然、亲手播种，在繁忙的工作之余，用最朴实的泥土消解压力。然而，大多数乐在其中的都市人并没有意识到，在这份“偷得浮生半日闲”的悠然中，也存在难以逃避的法律风险。

【风险提示】

农村房屋流转受限

在大家的概念中，实现“田园梦”最便捷的方式就是在山清水秀环境优美的农村购置一套民房，再按照自己的喜好建造成理想中的幽静居所，但这一想法，在法律上却行不通。虽然从物权上来说，农村的民房是属于产权人的，产权人是可以自由处分的，但是因为农村建设的民房一般是建设在宅基地上的，而我国实行的是土地国有或集体共有的土地所有权制度，在“房地一体”的情况下，购买宅基地上的民房也就不可避免地要使用集体经济组织所有的宅基地，依照我国《土地管理法》的相关规定，宅基地使用权是农村集体经济组织成员享有的权利,是本集体经济组织成员基于其身份享有的特殊权利,非本集体经济组织成员无权取得或变相取得。所以很多为了实现“田园梦”与农民所签宅基地房买卖合同因为违反了我国《土地管理法》的相关规定,扰乱了国家正常的土地管理秩序,属于无效合同。

除直接购买农村的民房外,也有不少城市人更愿意直接购买空置的宅基地,这样更方便建造属于自己的理想家园,殊不知,宅基地的买卖也是违反我国《土地管理法》相关规定的,买卖宅基地的合同也是属于无效合同。村民使用的宅基地,是村集体经济组织为了保障居者有其屋而无偿准予村民使用的土地,村民对其宅基地只有使用权,土地的所有权仍归集体所有,所以宅基地不能随意卖出。当时,基于房地一体的制度,宅基地上的民房可以在本集体经济组织成员内部进行买卖,但一旦农村村民出卖、出租住房后,再申请宅基地的,依据相关法律规定,是不予批准的。因此,农户在出卖宅基地使用权及地上房屋时,也应慎重考虑。

除直接购房置地外,也有不少居民想要通过“曲线”实现梦想,最常见的是“以租代售”,租赁期间一签就是 50 年、100 年,显而易见租户是想通过长期租赁的方式牢牢控制住房屋院落的使用权,殊不知这样的操作方式,同样存在很大的法律风险。其实,对于房屋的租赁期限,我国《合同法》中是有明确规定的:房屋租赁合同的期限最长是 20 年,超过 20 年的,超过部分无效。所以租赁合同约定的期限无论是 50 年还是 100 年,超过 20 年的部分,依法属于无效。如果双方都不主张,那么就相当于 20 年期限届满后,双方默认了一个不定期的租赁合同,这个时候如果出租人反悔,要求对方退还租赁房屋,那么这一诉讼请求一般是会得到法院支持的。

即便是按照法律的规定合法租赁了农村的民房,租赁期间亦是在法律规定的年限内,实现“田园梦”的法律风险也依然存在。

随着城市人生活压力的增大,到郊区租住民房的人越来越多,但农村民房的结构及装修大多中规中矩,并不能满足城市人对于“世外桃源”的审美,很多城市人在租赁民房后,会按照自己喜欢的样子进行装修,甚至将原房屋拆除进行翻建,或是在原房屋的基础上进行改建、扩建。需要提醒大家的是,在农村建房，是要经过严格的审批手续的。一个是宅基地使用证，代表拥有可以使用该宅基地的权利。但是，如果要在这块宅基地上建设房屋，无论是新建还是翻建，都需要经过审批手续，也就是常说的建房批示，这个批示不同时期不同地区的具体名称可能不同，但其中都会载明申请人及同居人口。有了这个建房批示，建设之后的房屋才属于合法建筑，如果事先没有经过有关部门的审批，即便建房没有遇到什么阻力，但是因为未经审批即建设的房屋属于违章建筑，必定会面临被强制拆除的风险；而租住房屋的居民因为不是本集体经济组织的成员，也不是宅基地的使用权人，所以如果想要拿到建房批示，就只能以出租人的名义申请新建或翻建，这样的话，虽然房屋有了合法证明，不会有被强拆的风险，但是在所有权上就容易引发争议。实践中，有些出租人见房屋建设的美观大方，动了贪念，认为建成的房屋既然是在自家宅基地上建设的，又是对原房屋的翻建或是改建，理所应当归自己所有，而承租人因为在建房中花费了大量的人力物力财力，双方在房屋所有权及经济补偿上容易引发纠纷，进行导致诉讼的发生。

除对房屋进行改建、扩建外，对出租的房屋进行装修几乎是每一个租赁农村民房的人必然会进行的工程。实践中，因为对出租房屋进行装修引发的纠纷也较为常见。如果需要进行装修，一定要与出租人有充分的沟通，而且双方协商的意见，一定要记录在协议文本中，避免引发纠纷。

【预 防 提 示】

非本集体经济组织成员购买本村民房合同可能无效

笔者所在的北京市密云区人民法院太师屯法庭管辖的几个乡镇位于密云水库周边，环境优美、景色宜人，城市居民在当地购买农村民房的情况很多，随着当地新农村建设的不断发展，涉及的拆迁、占地、搬迁等情况越来越多，我庭受理的农村房屋买卖合同的纠纷数量也在逐年增长。法院在审理此类案件时，因为违反法律的强制性规定，无论是购买宅基地的还是购买宅基地上民房的买卖合同,进入诉讼程序中都会被判定为无效合同,不少人因此捶胸顿足、后悔不迭,案例中的宋某就遇到了这样的困境。

案例:

1999 年年底,退休职工宋某经朋友介绍,结识了密云的农民王某。王某因为女儿上学急需现金,便决定将自己所有的位于密云农村宅基地上的房屋出售。经过协商,最终宋某与王某签订了农村房屋买卖合同,双方约定宋某以 10 万元的价格购买王某所有的农村院落一处,包括 4 间北正房及 3 间东厢房。签订合同的时候,因为农村房屋不能过户,宋某不放心,还特意拉着王某到村委会加盖了村委会的公章作为对合同的证明。宋某支付房款后搬进了新购置的宅院中,还花费了 2 万元对房屋精心装修了一番。2005 年王某听说自己卖给宋某的房屋已经被政府划入拆迁范围,遂找到宋某,以农村宅基地上房屋依法不能卖给居民为由,主张双方签订的房屋买卖合同无效,并要求宋某返还上述房屋及院落,遭到宋某的拒绝。为此,王某将宋某诉至法院,请求法院确认合同无效,收回房产,并同意返还宋某已支付的房款 10 万元。最终,经过调解,宋某与王某达成协议:宋某归还王某房屋及院落,王某给付宋某房款、装修费、补偿款等共计 50 万元。

案件中宋某显然在购买房屋之前做过“功课”,知道居民购买农村的民房是没有法律效力的,才会自以为稳妥地让村委会作为见证人在双方签订的合同上加盖了村委会的公章,用以证明双方交易的真实性。殊不知,虽然宅基地的所有权是属于村集体经济组织所有的,但即便是村委会作为出卖人,相应的民房买卖合同依然是无效的,因为农村的宅基地仅是本集体经济组织成员才有权使用的,非本集体经济组织成员是无权使用的,村委会作为集体经济组织事务的管理者,一样不能违反我国《土地管理法》的相关规定。在实践中,在一些农村房屋买卖合同的纠纷中,有的村委会甚至向买方收取过一定数额的“过户费”,买方以为向村委会缴纳了“过户费”,拿着村委会出具的收据,就顺理成章地取得了宅基地的使用权和地上房屋的所有权。但按照相关的法律规定,宅基地在根本就不存在“过户”一说,宅基地是按照法定的程序以及村民自治的决议,无偿分配给本集体经济组织成员使用的土地，是不能出卖的，只能是地随房走，在村民出卖或出租房屋的时候，连同房屋一起交付对方使用。

以租代售超过法定期限的租期约定无效

以租代售的目的是意图通过租赁的方式，规避法律上禁止居民购买民房的规定，租赁期限一般会远远超过法定的最长期限。租赁方认为，手握租赁合同就可以保证其对租赁房屋的使用权，但遇到拆迁等重大事件时，出租方往往会反悔以谋求利益的最大化。

案例：

张某某在购房之初就很清楚城市户口的居民是无权购置农村民房的，但是张某某酷爱养狗，住在城里有诸多不便，便想找个有大院子的民房养狗。经过朋友介绍，1997 年张某某和密云山区的村民李某签订了一份房屋租赁协议，约定张某某一次性支付李某 3 万元租金，租赁李某所有的位于密云山区的一套民宅，租期 50 年。合同中，张某某特意与李某协商在合同中注明“合同期内，张某某可以享有房屋所有权人的一切权利，李某不得以任何形式加以干涉。”选房时，为了避免纠纷，张某某特意选择了临近河北的乡镇，却没想到，很多年以后，恰恰是因为山区生态宜人，周边被建成了自然景区，张某某租赁的房屋，也因为景区的原因成了民俗户争相租赁的抢手房源。其间，李某多次找到张某某表示要上调租金，均遭到了张某某的拒绝。2017 年李某以租赁合同已经履行 20 年为由，将张某某诉至法院，主张租赁合同已经到期，要求张某某腾退房屋。张某某以合同租赁期间约定为 50 年为由，拒绝将房屋交付给李某。最终，法院判决支持了李某的诉讼请求，但同时判决李某返还张某某超过 20 年部分的租金 1.8 万元。

拿到判决的张某某并不理解，明明双方约定的租期是 50 年，白纸黑字写得清清楚楚，李某怎么就打赢了官司？这是因为合同法中规定了租赁合同的最长期限为 20 年，超过的部分属于无效的合同约定。当然，如果双方出租房和承租方沟通得比较好，能够达成一致意见，在租赁期限 20 年过后，双方还是可以续订租赁合同的，续订的合同期限，最长也是 20 年。但是随着经济的快速发展，租金肯定也会有相应的调整。

装修出租房屋要提前约定避免纠纷

在一般的租赁合同中，承租人应当按照合同的约定使用租赁物，不得随意对租赁物进行改善或者增设他物，房屋租赁合同也不例外。在实践中，如果承租人想对房屋进行装修，需要经过出租人的同意，出租人同意的，装修的费用应由出租人负担，当然，在承租人自愿的情况下，也可负担装修费用。未经出租人同意的，承租人不得擅自对房屋进行装修，否则一旦在装修过程中对房屋造成毁损，承租人需要赔偿出租人房屋的减损价值。如果未经出租人同意，承租人擅自装修的，即便装修过程顺利，如果双方就此发生纠纷，可以协议分担装修费用；协商不成的，出租人不仅有权依照合同的约定向承租人索要违约金，还可要求承租人恢复原状或赔偿损失，这样一来，承租人不仅白白花费了装修费用，还要支付违约金、将房屋恢复原状的费用以及在恢复原状期间出租人损失的租金等经济损失，实在得不偿失。

案例：

出租人李某是北京市密云区的农民，因为定居外省，在 2014 年将其所有的位于密云区太师屯镇的一所民房出租给了城市居民张某，双方约定月租金为 1000 元，租期为 3 年，每次租金预付半年，年终时，双方可以根据周边房屋租金的涨落进行调整，一方违约需要支付违约金 3000 元。李某在出租期间一直没有回过北京，但双方始终沟通得很好，建立了一定的信任。因为了解李某没有回京生活的打算，张某为了让自己生活的更加舒适，在没有争得李某意见的情况下，擅自将租住的房屋进行了装修。合同到期后，张某提出要续租，但李某表示自己已经退休，想要自住使用，不打算出租了，而 2 人就张某装修费用的分担产生了争议，张某认为装修所花的 4 万元李某应当全部补偿给自己，因为装修已经添附到了李某的房子里，但李某认为，张某擅自装修房屋，自己并未同意，故不同意补偿张某装修费。最终，在法院的调解下，李某同意支付张某 2 万元的装修补偿款。

通过以上案例可见，在未征得出租人同意的情况下擅自装修出租房屋存在很大的法律风险，在此也要提醒各位承租人，基于利益考虑，如果承租人打算对房屋进行任何处分，都应事先争得出租人的同意，以免承担“赔了夫人又折兵”的后果。

如果租赁房屋期间房屋易主，租户也不用担心，房屋租赁合同中有一项重要的原则就是“买卖不破租赁”。也就是说，在房屋租赁期间，如果房主将房屋卖给他人，并不影响原租赁合同的效力，房东换了，承租人仍然有权利根据已经存在的租赁合同规定的期限继续居住，而且新的房主应当按照原来约定的租赁费用收取房屋租金，不得擅自提高租金的数额。

【知识提示】

对于非本集体经济组织成员购买本村民房或是宅基地等违反法律禁止性规定的合同，属于无效合同，且自始无效，自合同成立之初就不具有法律拘束力。我国《合同法》第58条规定，合同无效或者被撤销后，因该合同取得的财产，应当予以返还；不能返还或者没有必要返还的，应当折价补偿。有过错的一方应当赔偿对方因此所受到的损失，双方都有过错的，应当各自承担相应的责任。一般来说，房屋和价款因为合同无效是要互相返还的，对于房屋增值的部分以及区位补偿价，如果对责任分担存在争议，一般是判令出卖方承担的过错要大于买受方，原则上来说是三七分，但也会根据个案具体情况的不同，遵从公平原则进行相应的调整。

租赁民房存在很多风险，房屋租赁合同关系属于民法上的自治范畴，只要双方合意，是真实意思表示，且不违反法律的强制性规定，那么对合同的内容双方可以沟通协商，应尽量写的明确具体，避免发生争议。虽然发生争议诉至法院，合法的权益会得到法律的支持和保护，但诉讼的成本，包括时间成本、精力成本等也是很高的，所以尽量避免引发争议是最划算的维权方式。以他人名义申请建设房屋的情况就很容易引发争议,如果一定要采取这样的方式实现“田园梦”,笔者建议在合同中就建设房屋的出资情况、房屋归属、遭遇拆迁等征地征房情况下赔偿金的分配方式、合同到期后的补偿金额及支付方式等,在合同中进行明确而具体的约定,这样一旦日后发生纠纷诉至法院,也可以作为维权的有力证据。

【法官专业提示】

总体来说,通过购买农村民房及宅基地方式是违反法律强制性规定的行为,并不可取。而租赁农村民房,需要注意以下几点:

一是签订租赁合同前要让房主出具相关的权利证明,农村房屋需出具的主要就是建房批示,确定出租人就是房屋的合法所有权人,以证明承租房屋的确是房主的可支配财产。

二是建房批示中的共有产权人尽量都要在出租人项下签字,避免其他共有人以出租人未经共有权人同意无权处分为由主张合同无效。农村的房屋不同于城市里的商品房,商品房的产权人一般情况下看房产证上房屋登记在谁名下,就可以推定谁是房屋的所有权人。但农村的民房不同,因为没有房产证,实践中主要以上文提到的建房批示来确认产权人。因为农村的民房属于家庭共有财产,包括建设房屋的申请人和同居人口在内,只要建房时年满 18 周岁等能够确定为完全民事行为能力人的,在没有其他反证的情况下,原则上有谁的名字就推定谁是共有产权人。所以如果想要租赁农村民房,建议在出租人一栏,以建房批示为准,让全部共有产权人都在出租房项下签署自己的名字。实践中我们遇到过共有产权人以共有人擅自处分为由要求确认租赁合同无效的情形,当然判决的结果不一,法院要依据个案的证据情况加以裁判,但如果所有共有产权人都签署了自己的名字,也就避免了一个引发争议的理由。

三是租房时最好要签订有期限的书面合同,这样承租人的居住环境才能相对稳定,承租人的利益才有保障。《合同法》规定,租赁期 6 个月以上应当采用书面形式。如果双方仅仅是口头协议，即使双方曾经商量好了期限，如果产生纠纷后房主不认账，法律也只能视之为不定期合同，此时房主就可以随时主张解除合同，要求承租人搬出，这对承租人来说是非常不利的。

四是租赁合同的内容应尽量翔实和具体，对于是否可以转租、对房屋翻建改建装修等情况下出资的情况，物权的归属及相关补偿的数额等作出明确的约定。

法官简介
王　雪

北京市密云区人民法院太师屯法庭副庭长。

主要审理婚姻家庭、继承、排除妨害、农村房屋买卖合同等民事纠纷。《法制日报》《法庭内外》等多家媒体特约记者，发表各类普法类稿件1000余篇。

扫二维码
亲临法官说法现场

获“法院系统2015年度全国网络普法先进个人”“密云区六五普法先进个人”“密云区人民满意政法干警”“全国维护妇女儿童权益先进个人”等荣誉称号，2016年被北京市妇联聘为“巾帼维权 · 送法到家”宣讲团成员。

谁动了我的个人信息

丁宇翔

“喂,A 先生,您好! 我这里是×××贷款公司。请问您需要贷款吗?”“喂,B 女士,您租到房子了吗? 我们这有一套特别适合您。”

在生活中,我们经常接到有关保险、贷款、租房、课后辅导班等各种各样的推销电话。而电话另一头的推销人员,不但知道我们的姓名,而且知道我们的工作单位、住址,甚至知道我们近期有投保、租房等需求。仔细一想,这其实是一件很可怕的事。我们的姓名、电话号码、工作单位、住址等匹配在一起的个人信息,具有很强的个人指向,这些推销人员是从哪里获取这些个人信息的呢? 在未经授权同意的情况下,其他个人和组织可以任意使用我们的个人信息吗? 我们的个人信息被滥用时,我们应该如何维护自己的合法权益呢?

曾经有一个关于个人信息和隐私的百万问卷调研。调研结果显示,26% 的人每天收到 2~3 条甚至更多的垃圾短信;20% 的人每天收到 2~3 个甚至更多的骚扰电话;多达 81% 的参与调研者经历过对方知道自己的姓名或单位等个人信息的陌生来电;53% 的人因网页搜索、浏览后泄露个人信息,被某类广告持续骚扰。在个人信息保护中,我们最为惨痛的教训就是“徐玉玉案”。徐玉玉因其个人的高考信息被人通过植入木马的方式非法获取,被骗学费后郁结而死。由此可见,个人信息的泄露和不当利用问题,已经影响到了我们绝大多数人,应该引起每个人的警惕和注意。

【风险提示】

快递单、旧手机,你可能忽略了这些信息泄露的渠道

个人信息的泄露,有很多渠道。比如,在网购时,虽然电商平台不会轻易地泄露买家的个人信息,但是在整个购物过程中,会经历卖家、仓库、物流等许多环节。每一个环节中的相关主体都或多或少地接触到买家的个人信息,都有泄露的可能。这些环节中,快递单会被大多数环节的工作人员所看到,因此,快递单证上记载的个人信息是最有可能被泄露的。此外,日常购物的购物小票、办理手机卡的业务单、水电费的账单等,这些单据中都包含了我们大量的个人信息,如果随意丢弃,一旦落入不法分子手中,我们的个人信息就会被泄露和利用。当然,现在一些快递企业已经意识到这个问题,其在快递单上已经把收货人的姓名和电话号码做了保护性处理。

个人信息泄露的另一个渠道就是我们的手机。随着科技发展步伐的加速,手机的更新换代也越来越快,人们普遍每隔两三年就会更换一次手机。在购买新手机时,很多人都会把旧手机进行转卖,里面的信息就很容易被泄露。或许有的人会说,我把旧手机恢复到出厂默认设置,甚至将其格式化消除信息不就好了吗?其实,这些措施的作用都不大,因为只要通过技术手段,专业人员还是可以把旧手机里的短信、通话记录甚至是浏览记录等全部恢复。就连支付账号、信用卡信息也可能被还原。这就给了不法分子可乘之机。

还有一种可能被忽视的泄露渠道就是调查测试。我们平时上网时,会经常碰到各种填写调查问卷、玩测试小游戏、购物抽奖,或申请免费邮寄资料、申请会员卡等活动,这类活动一般都会要求填写详细的联系方式和家庭住址,甚至要求填写工作单位。参加这些活动,个人信息就有可能被泄露。在移动 App 高度发达的今天,通过手机 App 开展的一些扫码关注的调查测试活动,往往用上了“填写相关信息就送小礼物”的营销策略。遇到这种活动,如果贪图小便宜,参与活动,就可能泄露自己的个人信息。另外,我们在微信朋友圈,经常会看到

一些被人转发的性格测试。可以告诉你是什么星座,什么性格,还有一些对未来的预测,如什么时候遇到真爱,什么时候结婚等。很多情况下,我们都难免会有参加测试的想法。但是,当我们进入链接后,往往需要填写姓名、出生年月等,于是,个人信息就可能又被泄露了。

再有一种容易被大家忽略的个人信息泄露渠道就是免费 Wi-Fi。我们现在的智能手机在网络设置上有 Wi-Fi 自动连接功能,当手机搜索到可以连接的 Wi-Fi,就会去自动连接,但是 Wi-Fi 的安全防护功能比较薄弱,黑客只需要凭借一些简单的设备,就可盗取 Wi-Fi 上任何用户的信息。所以我们在公共场所尽量不要使用无须密码的免费 Wi-Fi。为了保护自己的个人信息,最好将手机的 Wi-Fi 连接设置为手动。在登录网银或者支付宝时,最好使用自己的手机流量进行访问。切莫贪图“免费”二字而吃了大亏。

随着社会的发展,也常会诞生出一些新型的信息泄露陷阱。一方面,我们呼吁每个人加强自己的个人信息防范意识;另一方面,也呼吁因合法事由掌握大量数据信息的相关单位,应该尽可能采取有效措施,最大限度地防止个人信息被非法窃取。令人欣慰的是,2019 年下半年,中国社会科学院法学研究所研究员、全国人大代表孙宪忠教授就专门制定《个人信息保护法》向全国人大提出了建议案。相信在不久的将来,我们个人信息的保护水平一定会得到进一步的提升。

【预 防 提 示】

拿什么拯救你　我的个人信息

了解个人信息可能的泄露渠道,我们可以更好地预防个人信息的泄露。然而,即使我们非常小心,也难免会泄露自己的个人信息,并造成我们自身的损害,这时就需要我们拿起法律的武器维护自己的权利。从强度、力度、广度等方面综合考虑,个人信息的法律保护可以分为三个层次:首先是民事法律的保护,侵犯个人信息利益要承担民事责任;其次是行政法的保护,违反保护个人信息的行政法律法规应承担行政法律责任；最后当侵犯个人信息的行为构成犯罪时，就要依据刑法追究行为人的刑事责任。个人信息的保护核心是保护公民的私人空间以及私人权益，而民法作为个人信息保护的基础层次，承担着个人信息保护的重要职责。司法实践中，个人信息保护涉及的司法案由比较多，隐私权、名誉权、肖像权是我们常见的个人信息保护涉及的领域。

隐私权纠纷

个人信息包括了可以单独识别或者与其他信息结合识别自然人个人身份的各种信息，包括但不限于自然人的姓名、出生日期、身份证号码、个人生物识别信息（基因、血型、指纹、声纹、虹膜、面部特征等）、住址、电话号码等。在具体的司法实践中，侵犯他人个人信息利益的纠纷主要表现为人格权纠纷。起诉时，最常见的案由是隐私权纠纷。

隐私权纠纷，是指因侵害他人的隐私权而引起的纠纷。最常见的侵犯隐私权的情形有公开他人的私人日记，公开他人私人活动信息，窥探他人的私人活动等等。在我国，关于隐私权保护的立法出现得较晚。我国 1986 年颁行的《民法通则》并未涉及隐私保护问题，在司法实践中隐私权纠纷多归于名誉权侵权项下审理。2001 年最高人民法院《关于确定民事侵权精神损害赔偿责任若干问题的解释》第 1 条第 2 款虽然没有明确规定“隐私权”，但明确个人的隐私利益受到侵害的，可以主张精神损害赔偿，这实际上已经使司法实践中具备了保护隐私权的条件。及至 2009 年 12 月 26 日《侵权责任法》通过，民事立法中才第一次采用了“隐私权”。2010 年之前，鲜有以“隐私权纠纷”为案由的案件。但在此之后，隐私权侵权纠纷案件数量逐年上升。可以说隐私权纠纷，既与立法的完善有关，更与当前科技和网络的迅猛发展密切相关。

案例：

2014 年原告通过一中介服务机构，购买前往四川某地的飞机票。购买之后接到短信：“某某先生，您某月某日几点几分飞往四川某地的某号航班，因机械故障取消，如果要退票的话，可以登录某某网站交 50 元办理退票手续。”于是原告就打电话询问航空公司,结果被告知航班并没有被取消,很可能是诈骗短信。于是原告就心里犯嘀咕:我的姓名、手机号、航班号和航程信息都是很私密的信息,怎么就被诈骗分子得到了呢? 原告初步判断,很可能是航空公司和订票的中介机构泄露了自己的信息,因为自己的姓名、手机号、航班号和航程信息只有航空公司和中介机构掌握。于是,在出差返京后,原告就以自己的隐私权被侵害为由,起诉了航空公司和订票的中介公司,请求在其网站赔礼道歉,并赔偿精神损失。一审法院认为,原告不能证明以上信息是由2被告泄露,因此,判决驳回原告诉讼请求。原告不服,提起上诉。二审法院查明,在本案事件发生前后,涉案的航空公司和订票中介公司被媒体大量质疑存在泄露乘客信息的可能。且就在本案信息泄露事件发生之后,国家民航局曾发文要求各家航空公司将其信息管理中的亚安全模式提升为安全模式。于是,二审经过审理后,根据最高人民法院《关于适用〈中华人民共和国民事诉讼法〉的解释》第108条之规定,认为根据原告提供的证据并结合被告航空公司和中介公司被曝在案发前后被普遍质疑存在泄露乘客信息,以及民航局发文的情况,认定被告航空公司和中介公司存在泄露原告信息的高度可能,因而判决2被告在其官方网站向原告赔礼道歉。

名誉权纠纷

保护个人信息利益的另一种常见案由是名誉权纠纷。名誉权纠纷是指侵害公民或法人的名誉权而引起的纠纷,名誉权是指公民或法人依法享有的维护自己名誉,并排除他人侵害的权利,属于人格权的一种。名誉权的客体是名誉利益,是指对特定民事主体的品德、才干、信誉、商誉、资历、声望、形象等方面的社会评价。任何人不得损害公民和法人的名誉。凡败坏他人名誉,损害他人形象的行为,都是对名誉权的侵犯,行为人应负法律责任。公民的名誉权受到侵害了,有权要求停止侵害,恢复名誉,消除影响,赔礼道歉,从而为人们自尊、自爱的安全利益提供法律保障。任何人有权维护自己的名誉免遭不正当的贬低,有权在名誉权受侵害时依法追究侵权人的法律责任。

表面看来,名誉权好像与个人信息关系不大,实则不然。因为对个人信息利益的尊重还意味着公开有关他人的非私密信息时应该客观全面,不应发布人为剪裁或掐头去尾的信息,以免导致社会公众根据片面信息作出有失公允的判断,使权利人社会评价降低,损害其名誉权。

案例:

本案涉及片面披露他人信息引发的名誉权纠纷。两个同事小莉和小王之间有过节,某一天小莉下班后在单位楼道里偷偷摸摸给每个办公室的门缝里发传单,传单内容大致是说该单位小王经常去我国澳门特别行政区,并且小王曾向多位朋友借款总计30多万元。传单里并没有说小王去澳门特别行政区干什么,但因为传单中把多次借钱和经常去澳门特别行政区放到一起,就很容易让人联想小王是去澳门特别行政区赌博。因此,这些传单给小王造成了很大的精神困扰,在同事中抬不起头。后来查明,小王的确去过几次澳门特别行政区,但是是去探望小王在澳门特别行政区居住的病重住院的姐姐。小王也的确向几位朋友借款30多万元买房,但那是七八年前的事情了,而且早已经还清。根据查明的事实,小莉在传单中的内容虽然确有其事,不是人为杜撰,但小莉把相关信息人为剪裁、断章取义,足以让普通人形成错误认识,从而得出对小王的错误评价,导致小王的社会评价降低,因此,小莉的行为构成对小王名誉权的侵犯,法院最终判决小莉在单位公告栏内书面向小王公开赔礼道歉。本案中,小莉的做法难谓正确。日常生活中发生纠纷,我们应当去合理地化解矛盾,这样恶意发传单,虽然能图一时之快,但最终还是损人也不利己。

肖像权纠纷

除了以上隐私权纠纷和名誉权纠纷之外,还有一些个人信息的侵害可以通过肖像权纠纷的案由主张救济。肖像权纠纷是指未经许可而使用他人肖像引起的纠纷。肖像权就是自然人所享有的对自己的肖像上所体现的人格利益为内容的一种人格权。肖像权虽然是一种独立的人格权,但肖像本身其实也是广义的自然人的个人信息之一,属于我国《网络安全法》第76条所界定的个人信息中的个人生物识别信息,这一信息和自然人的姓名、血型、工作等信息匹配后,就足以定位某一个具体的个人。肖像权为人格权的一种,法律上的肖像为自然人人格的组成部分,肖像所体现的精神利益从某种程度上可以转化或派生出公民的物质利益。法律保护公民的肖像,是基于肖像上多方面体现了公民的精神利益、人格利益。肖像权是公民的基本权利,未经本人同意,任何人不得擅自使用、侮辱其肖像。当然,基于社会公共管理的需要,公安有权依法保留对公民个人肖像的使用权。如果受害者的肖像被擅自使用,可先协商,如拒不撤销者,可依法进行起诉,申请司法保护,维护自己的合法权益。很多人会以为,只有明星的肖像权才可能被侵犯,其实并不是这样。普通人的肖像信息被侵犯的情况也经常见到。

案例:

某女士在孕期为了留下纪念,专门去照相馆拍摄孕妇照。一年后,当她和丈夫逛街时偶然发现,自己的孕妇照被照相馆放大为巨幅照片挂到照相馆的门口,以招揽顾客。该女士认为,照相馆在未经自己允许的情况下,擅自将自己肖像用于广告宣传,侵犯了自己的肖像权,因而向法院提起诉讼。此案后来虽然调解结案,但是,从个人信息利益保护的角度看,照相馆在未经权利主体同意的情况下擅自使用他人肖像,确实构成对肖像权的侵犯,其实也是对他人生物识别信息的擅自利用,构成对个人信息利益的侵犯。在日常生活中,类似的案例还是很多的。比如,某人去整形医院割双眼皮,后来发现自己割双眼皮之前的和之后的对比照片被放到整形医院的宣传彩页中;某人去健身房健身,半年后效果明显,于是被健身房工作人员拍照留念,后来该照片被放大置于健身房门口进行宣传。上述案例中,整形医院和健身房的做法都构成了对其顾客肖像权(生物识别信息利益)的侵犯。

【知识提示】

你的个人信息　这些情形属于合理利用

个人信息利益虽然应该加强保护,但这并不意味着对个人信息的保护是完全的、绝对的。个人信息本身也是一种资源，尤其在大数据背景下，海量的个人信息整合起来，在国防、医疗卫生、人工智能、商业贸易等方面具有重大的公共价值。并且，对于那些以大数据作为主要业务支撑的科技创新型公司，其持有的经过匿名处理的海量个人信息也具有巨大的商业价值，应正视并保护其合法、正当的商业利益。这就需要我们充分地考虑个人信息的合理利用问题。具体来说，主要有如下几种情况。

第一，因科研需要而使用个人信息。在医疗科研方面，医生在对某一疾病进行探讨研究的时候，需要用到患者的医疗个人信息来进行相关讨论，这时就是属于信息的合理利用。比如，某医院为攻克某一皮肤疑难杂症而开展课题攻关，其间收集并分析了大量类似皮肤病的病例。医院只要做到将上述病例涉及的患者的信息进行匿名化处理且不被扩散，则应该属于合理利用。

第二，信息主体自己合法公布的个人信息而被他人正当利用。比如，某知名培训师通过互联网公布了其职业经历信息，潜在的学员通过网络搜索其职业经历，以决定其是否报名参加该培训师的有偿培训。

第三，经过信息主体明示同意而使用其个人信息。比如，在智能手机上安装导航软件，同意软件提供者收集和使用自己的位置信息。

第四，因其他公共利益而使用个人信息。比如，为了通缉犯罪嫌疑人而公布其肖像、民族、年龄、经历及其他详细信息等。

【法官专业提示】

根据以上介绍的个人信息保护的相关案例并结合实践中个人信息泄露的渠道，在日常生活中，我们应积极强化自身的个人信息保护观念，主动做到如下几点。

第一，谨慎使用个人证件。除非确有必要，一般不把自己的身份证号码披露给他人。如果确有必要使用身份证复印件时，应注明“仅用于某某目的”。

第二，不随便在网络空间或公共场所提交个人信息。尤其是将姓名、手机号和工作单位等信息一次性提供出去。

第三,守护好安全密码。自己使用的电脑、手机等电子设备等要使用安全密码,尽量避免使用公共场所的开放式 Wi-Fi 网络。

第四,审慎参与网络调查和投票。在参与各种网络调查或网络投票时尽量避免提供任何可以识别身份的信息。如参加某培训学校组织的网络问卷调查时,可以作答,但不提供任何个人信息。

第五,避免在网络空间晒出个人信息。尽量避免在微信、QQ 等社交工具中发布个人的照片、出行、住所等信息。

第六,商务活动约定保密义务。在商务活动中确有必要披露自己信息时,可与相对方约定保密义务。如申请会员、办理相关证卡时,可与企业约定保密义务。

第七,拿起法律武器积极主动维权。在日常生活中,一旦发现自己个人信息被泄露或不当利用,给自己造成损害的,可以向有关部门投诉,也可以向法院提起诉讼,积极维权。

法官简介
丁宇翔

扫二维码
亲临法官说法现场

北京市第一中级人民法院民二庭副庭长，三级高级法官。中国社会科学院法学研究所民商法学博士。

曾办理“季某与北京大学返还原物纠纷案”、国内首例“‘被遗忘权’案”、北京市首例民事公益诉讼案等多起疑难复杂案件。合著民商法理论著作4部，在《法律适用》《中国应用法学》《人民日报》《人民法院报》等报刊发表专业学术文章、评论40余篇。参加国家社科基金、中国法学会、最高人民法院等部级以上调研课题5项。

获“全国法院首届百篇优秀裁判文书”“全国法院司法统计分析一等奖”“北京市优秀调研成果一等奖”“北京法院模范法官”“首都学习之星”等荣誉称号和奖励，入选“北京市百名法学英才”和“北京市国家治理青年人才”培养计划。

身边的走私行为

张　勇

说起走私犯罪，普通老百姓心中认为，那都是类似于"厦门华远特大走私案"之类的经济犯罪案件，涉及的人员也都是些公司、企业，离我们老百姓的生活很远。但是，随着改革开放的发展，国内人民生活水平的提高，出国旅游或者工作的机会越来越多，一些人看到国外的部分商品比国内的便宜，或者有一些国内很难买到的物品，就想带回国自己使用或者赠送亲朋好友。还有一些人，看到了商机，利用出国的机会为他人购买商品，海外代购也逐渐融入人们的日常生活。在这些看似普通的行为中，却因当事人对法律的无知，往往会触碰到走私行为的红线，在达到一定情节后，还可能会被追究刑事责任，从高高兴兴的旅客转眼变成了"阶下囚"。对于回国人员到底能携带什么物品入境，国家的相关法律法规是如何规定的，很多人并不清楚。本文将讨论离我们生活很近的各种走私行为，以及其涉及的法律问题和风险。

【风险提示】

境外获取的象牙等珍贵野生动植物及其制品　禁止携带入境

出国带一些"新奇"的东西回来，赠送亲朋好友特有面子。但是你知道哪些东西是禁止携带入境的吗？

案例:

李某是被派往非洲海外的务工人员,在国外工作期间,他从当地人手中购买了2件象牙制品、7千克左右的穿山甲片、1张蟒皮等物品,准备回来赠送亲朋好友并自留。因为他听说象牙制品在入关的时候会被海关查,所以回国前,他就将这些东西分别包裹严实,放在薯片盒、奶粉罐或塑料袋中,放入托运的行李箱内。在回国抵达首都机场时,海关关员在对李某的行李箱进行检查时,当场查获了上述物品。经过鉴定,上述物品均属于《濒危野生动植物种国际贸易公约》附录中的物种,也就是说这些都是濒危野生动物制品,属于我国禁止进出口的物品。经价格认证机构作价,以上物品价值人民币16万余元,已经达到追究刑事责任的数额。法院经过审理,认定李某构成走私珍贵动物制品罪,判处有期徒刑3年,缓刑4年,并处罚金3万元。

在境外购买的奢侈品　入境时要如实申报

作为旅客,出国购买一些消费品入境,我国法律是允许的,但是如果携带的物品超出一定的数量,就必须如实向海关进行申报。

案例:

李某系某航空公司的空乘人员。他利用执飞任务的机会,在境外花了近6万欧元帮助家人和朋友购买了2块手表,还有戒指、皮包等物品。回国时,李某将其中1块手表佩戴在自己的手上,另1块手表委托给同机组人员杨某携带,杨某也把手表戴在了自己的手上。结果在入境时,首都机场的海关关员在李某行李箱中查获了2块手表的包装盒,进而将戴在李某和杨某手上的手表查获。经海关关税处计核,手表等物品偷逃税款共计人民币19万余元,已经达到追究刑事责任的数额。法院在审理后认为,李某未经申报携带超量消费品入境,偷逃应缴税额较大,其行为已构成走私普通物品罪,最终判处李某有期徒刑10个月,缓刑1年,并处罚金20万元。被查获的手表等奢侈品均予以没收。而帮助李某携带手表的同事杨某,案发后也因涉嫌犯罪被侦查机关取保候审。

短期内多次代购货物 数量要累计计算

代购在我们日常生活中越来越普遍，我们在微信朋友圈里也会看到一些微商就长期以代购为业。他们频繁出入国（边）境，频繁发布代购信息，以此获取利益。而有的人看到别人这样很挣钱，也利用出国旅游、出差、上学的机会，为他人代购商品，从中获利。但是，根据我国相关法律法规规定，在短时间内，次数过于频繁地往返或出入境，所购货物的价值是要累计计算的。

案例：

杨某是一名职业代购，每个月都要去我国香港特别行政区采购物品，并在微信朋友圈发布一些代购信息，包括化妆品、护肤品、营养品等。每次代购物品都不超过5000元人民币，但一次在入境的过程中，被海关扣留了所代购的物品。杨某觉得很冤枉，此次代购的物品不超过5000元人民币，为什么还要被扣押？

【预防提示】

法律法规要遵守 侥幸心理要不得

无论是出国务工，还是旅游，很多人都愿意带一些“新奇”的东西回国，有的是准备送人，有的准备自用。但是，如果携带的是国家禁止入境的物品，例如，《濒危野生动植物国际贸易公约》（Covention on International Trade in Endangered Species of Wild Fauna and Flora，CITES）附录内的物种，就会违反国家法律法规的规定，如果达到一定的数额标准，还会涉及犯罪，被判处刑罚。目前，由于媒体的广泛宣传，象牙、犀牛角等这些珍稀动物及其制品不允许被携带入境，大部分老百姓都是知道的。在涉外务工人员的岗位培训中、在旅行社的出行安全教育中、在海关出入境的口岸处，都会对此进行提示。从我们审理的案件中来看，几乎所有的犯罪嫌疑人、被告人都知道象牙、犀牛角等珍贵动物制品是不允许被携带入境的,但是很多人就抱着侥幸的心理,认为海关可能查不到自己,有的人甚至把这些东西隐蔽包装,想蒙混过关。还有一部分人想,即使被海关查获,大不了东西就不要了,反正在国外购买这些东西也不太贵,但是他万万没想到,一旦被查获,自己就可能会涉嫌犯罪,成为刑事案件的被告人,受到刑法的处罚。所以出国人员要谨记,携带物品入境时,一定要严格遵守我国海关的法律法规,不要抱有侥幸心理。

赠送亲朋礼物好　超量携带要申报

有些人出国前,会被亲朋好友委托在国外购买一些物品,主要是因为商品的价格相比国内较便宜,也有的是因为某些商品在国内不能买到。这些我们都能理解,但是出国人员到底能带什么物品入境,能带多少量的物品入境,就需要了解相关的法律规定了。在出入境前,"居民旅客携带需复带进境的单价超过人民币 5000 元的照相机等旅行自用物品"等,需要填写《进出境旅客行李物品申报单》,这份申报单就是对旅客出境或者入境时携带超过规定价值的物品进行的申报,以便海关人员掌握是否需要对该旅客携带入境的物品征收关税。

在我们审理的案件中,一些旅客明知海关申报物品的规定,但是为了偷逃税款,变相隐藏在境外获取的商品。例如,将在境外购买的手表戴在手腕上、委托同行人帮忙携带、分批次对行李进行入境查验等。在这些情况下,一旦被海关查获携带了超过规定数量的物品,如果旅客不能提供出境时的海关申报单,或者不能提供相关完税证明的话,就要被行政调查进而可能触犯刑法。在这种情况下,旅客除了接受处罚外,其在境外购买的涉案物品也都是要被没收的,代价不可谓不大。

朋友之间关系铁　帮忙带货需谨慎

在部分案件中,有的人在境外购买了超量消费品后,因为知道海关的规定,所以会让他人帮助自己携带一些物品入境。但有些受托之人虽然是好心帮助他人,但却可能触犯了法律,甚至可能会构成走私罪的共犯。在我们审理的很多走私案件中,有留学生之间、同事之间、朋友之间互相帮忙携带物品入境的情形。这些人往往不好意思拒绝对方的要求,或认为反正东西不是自己的,查到了也没关系等。但是,走私罪是实行犯,只要你携带超量消费品入境,即使这个东西不是你的,你也有可能会构成违法犯罪。所以,大家一定要考虑清楚,什么东西可以帮忙带,什么东西不能帮忙带。而对于路途上临时搭讪认识的人提出帮忙携带物品的,更应当谨慎对待。

代购商品有限额　累计超量仍会罚

根据中国海关发布的《关于暂不予放行旅客行李物品暂存有关事项的公告》,旅客进境携带的行李物品,若超出“自用合理数量”范围,且未办理货物报关手续或其他海关手续的,海关将暂不予放行,并对物品进行暂存。所以,如果在海外购物数量太大,又或者是“人肉代购”,在入关时可能将面临行李被扣暂存的问题。但有人说,法律规定居民旅客携带超过 5000 元的物品需要向海关申报,如果每次不超过这个数额是不是就不用申报了？其实也不是。根据我国海关的管理规定:对短期内多次来往我国香港特别行政区、澳门特别行政区的旅客和经常出入境人员以及边境地区居民,海关只放行其旅途必须物品。在前面的案例中,杨某半个月内出入我国香港特别行政区两次,虽然被查获的这次所代购物品没有超过 5000 元,但是她在短期内多次往返于香港特别行政区和内地之间,并携带若干非旅途必须物品,所以被海关人员扣留代购物品。

【知 识 提 示】

走私罪中的“珍贵动物”

在走私罪中,我国《刑法》不但规定了对武器、弹药、核材料、假币、文物、毒品等物品的禁止规定,而且对珍贵动物及其制品、珍稀植物及其制品出入境也有严格的规定。关于珍贵动物及其制品,最高人民法院、最高人民检察院《关于办理走私刑事案件适用法律若干问题的解释》第 10 条第 1 款规定,《刑法》第 151 条第 2 款规定的“珍贵动物”,包括列入《国家重点保护野生动物名录》中的国家一级、二级保护野生动物,《濒危野生动植物种国际贸易公约》附录Ⅰ、附录Ⅱ中的野生动物,以及驯养繁殖的上述动物。上述名录或公约中的物种繁多,并不只我们了解的象牙和犀牛角,所以如果旅客不确定其所要携带入境的动物及其制品、植物及其制品是否被法律所允许,最好还是不要携带入境为好。

我国《刑法》及其相关司法解释规定,不以牟利为目的,为留作纪念而走私珍贵动物制品进境,数额不满 10 万元的,可以免予刑事处罚;情节显著轻微的,不作为犯罪处理。而数额达到 10 万元以上的就会构成犯罪,数额不满 20 万元的,可认定为“情节较轻”,判处 5 年以下有期徒刑;数额在 20 万元以上不满 100 万元的,应当判处有期徒刑 5 年以上 10 年以下;数额在 100 万元以上的,应当判处 10 年以上有期徒刑或者无期徒刑。

珍贵动物及其制品的价格认定

对于认定珍贵动物及其制品的价格也是有相关标准的。例如,国家林业局《关于发布破坏野生动物资源刑事案件中涉及走私的象牙及其制品价值标准的通知》中规定,一根未加工的象牙价值人民币 25 万元,对于无法确认是否属一根象牙切割或雕刻成的象牙块或象牙制品,应根据其重量来核定,单价为 41,667 元/千克;国家林业局《关于发布破坏野生动物资源刑事案件中涉及犀牛角价值标准的通知》中规定,每千克犀牛角价值为 25 万元。此外即使旅客携带的物品没有达到被处以刑罚的数额标准,但是海关对于查获的任何属于珍贵动物及其制品的物品,哪怕是一个象牙手镯、一双象牙筷子都会予以没收。

走私普通货物、物品罪的相关规定

对于走私普通货物、物品罪,我国刑法及相关司法解释规定,走私货物、物品偷逃应缴税额在 10 万元以上不满 50 万元的,属于偷逃应缴税额较大,处 3 年以下有期徒刑或者拘役;偷逃应缴税额在 50 万元以上不满 250 万元的,应当认定为“偷逃应缴税额巨大”,处 3 年以上 10 年以下有期徒刑;偷逃应缴税额在 250 万元以上的,应当认定为“偷逃应缴税额特别巨大”,处 10 年以上有期徒刑或者无期徒刑;以上各刑档,除了判处主刑外,还要附加并处偷逃应缴税额 1 倍以上5倍以下罚金或者没收财产。

根据我国海关法的相关规定,个人携带进出境的行李物品、邮寄进出境的物品,应当以自用、合理数量为限。进出境物品的所有人应当向海关如实申报,并接受海关查验。进境居民旅客携带在境外获取的自用物品,总值在5000元人民币以内的,海关予以免税放行。所谓“合理个人自用”是指仅供自己个人使用或者馈赠亲友的行李物品,不得在境内二次销售牟利。关于“自用合理数量”目前没有具体数量规定,而是海关根据旅客情况、旅行目的和居留时间所确定的正常数量。也就是说,具体限制的价值、数量及是否征收关税都由海关确定,但是一般会参考两个原则:一是“自用”属于非出售营利,不得作为商业用途进行买卖或出租;二是“合理数量范围”内,通常量不大,不能全部为单一品种规格。

根据我国海关法律法规的规定,对短期内多次来往我国香港特别行政区、澳门特别行政区的旅客和经常出入境人员以及边境地区居民,海关只放行其旅途必须物品,所述“短期内多次往返”和“经常出入境”指的是15日内进境超过一次;“旅途必须物品”是指旅客在本次旅途中直接需用的生活用品。

走私普通货物、物品罪侵害的是国家海关的监管制度和关税征收制度,我国《刑法》还规定,“对多次走私未经处理的,按照累计走私货物、物品的偷逃应缴税额处罚”。“走私货物、物品偷逃应缴税额较大或者一年内曾因走私被给予二次行政处罚后又走私的,处三年以下有期徒刑或者拘役,并处偷逃税款一倍以上五倍以下的罚金。”按照这些规定,海外代购者更需谨慎自己的行为,小心入刑。

【法官专业提示】

通过以上介绍的走私类犯罪的相关案件,我们应当感受到,走私行为其实离我们的生活很近。出国旅游、工作、学习,使我们开阔眼界、增长知识,但是入境的时候,应当严格遵守中国海关的法律规定,让自己的归国行程圆满结束。

一是不要心存侥幸心理,携带明知国家禁止的物品入境。随着安检技术水平的提升,对于再隐蔽藏匿的物品,海关工作人员也能在层层检查中查获违禁品,很多时候,旅客还没有提取到存放违禁品的行李时,行李已经被海关关员列为重点检查的行李了。

二是不要轻易允诺为他人携带价值较高的物品入境。走私普通货物、物品的行为,是以数额来认定是否构成犯罪以及判处刑罚的。即使不是自己购买的物品,也可能使自己构成犯罪。

三是不要在境外为他人代购超量消费品,也不要委托他人为自己在境外购买超量消费品。为他人代购超量消费品,入境时被海关查获,物品被扣押后,之前收取了他人钱款但又给不了朋友商品的,如何赔偿朋友的损失;自己垫付钱款的,又如何向朋友索要货款?而自己委托他人购买的,很有可能失了钱财又失去了朋友。

四是携带超量消费品入境的,要主动向海关进行申报。在申报后,如何缴税则由海关按照法律规定来决定。

五是专业代购的利益虽大,但付出的代价将会更大。代购者有较高的收入,但是一旦被查获,不仅会面临对个人财产的处罚和对携带入境货物的没收,还会面临对人身自由的处罚,所以在境外应理性消费,入境时应遵守国家的法律规定。

法官简介
张　勇

扫二维码
亲临法官说法现场

北京市第四中级人民法院刑事审判庭审判员，三级高级法官。第五届、第六届北京市法院兼职教师。

独立承办2000多件刑事案件，审理“被告人代某某等6人园博园永定塔失火的重大责任事故案”“被告人陈某某吸毒后驾驶车辆在四环主路上连撞21辆机动车的以危险方法危害公共安全案”等重大、疑难复杂、社会影响较大的案件。撰写的《对以手机存储卡为载体复制贩卖淫秽物品牟利案件的调查研究》《惩处醉酒驾驶行为，维护道路交通安全——北京市丰台区人民法院关于醉酒驾驶案件的调研报告》等多篇调研文章被《人民法院报》《北京审判》等刊载。

获“全国模范法官”、“全国五一劳动奖章”、“全国三八红旗手”、“北京市人民满意的政法干警”、北京法院第一届“刑事审判专业标兵”等荣誉称号。

莫让养狗“趣事”变“烦心事”

赵永攀

这些年,养狗的家庭越来越多,2018 年 9 月发布的《2018 年中国宠物行业白皮书》显示,2018 年中国城镇养狗人数已经达到 3390 万人。养狗成为人们日常生活的一个趣事。从个人角度说,这是生活的陪伴、精神的抚慰;从社会角度说,也未尝不是社会文明进步的象征。

但是,狗越养越多,有些人的文明养狗素质却跟不上。人们走在清洁的马路上,一不小心走了“狗屎运”;与朋友家人开心的逛公园时,被突然窜出来的狗咬伤或吓一跳;夜深人静时,被狂吠不止的狗叫声吵得夜不能眠等,不文明养狗的行为导致犬只伤人事件不断发生,甚至酿成恶性事件,引发诉讼严重影响社会和谐。

在这种社会背景下,社会上关于文明养狗的争论愈演愈烈,并出现极端人士在公共场合投放异烟肼(狗立停),用于毒杀犬只,若不及时抢救,狗很容易丧命。多地也相继出台“史上最严养狗令”,加大对文明养狗的规范。立法不可谓不严苛,但效果似乎没有预期得那样好,根源在于不文明养狗已经形成“破窗效应”,即环境中的不良现象如果被放任,会诱使人们仿效。就像一幢有少许破窗的建筑一样,如果那些窗户不被修理好,可能会有破坏者破坏更多的窗户。以司法审判为例,大部分事主在自己的狗伤人后,不能反省自问,反而不以为然,“不就是赔几个钱吗”往往成为这些人挂在嘴边的话,受害者很难得到有效抚慰,以至于双方对簿公堂。

【风险提示】

不文明养犬现象比较普遍

一般在居民区附近的早晨和傍晚，经常有周围的居民在这里散步，其中有不少遛狗的人为了方便，往往不对犬束犬链，而是任由自家犬只随处乱跑，很多路人见状只能远远地绕道走开。

他们讲出了各自不束犬链的理由。

“我们家狗胆子小，见人都躲在我身后。”

“我们家狗特别乖，从来不咬人。”

“出来遛狗还不让它撒欢跑，拴狗绳多憋屈啊。”

几乎在每个养狗的地方，都有这样的情形发生。

对养犬的行政管理严重缺失

事实上，北京、上海、广州等城市都出台过养犬管理规定，然而对这些规定，狗主人常常无视，甚至怀有抵触情绪。不文明养狗行为、其他群体与养狗者之间冲突等现象之所以屡禁不止，根本原因正是由于缺乏明确的法律规定，虽然不少地方出台了相关规定，但基本上都只是设立义务却不涉及惩罚或惩罚力度不足。投放异烟肼毒狗的方法并不可取，但仍然在社会上引起了众多人的共鸣，这足以凸显双方矛盾的尖锐程度。因此，为了彻底解决这种问题，相关立法工作必须抓紧进行。

狗的问题其实是人的问题，解决养狗问题的关键还在于规范养犬人的行为。目前，相关法律法规对养犬人的处罚力度过轻，几十元甚至上百元的罚款显然不会对养犬人造成实质性的打击，因此必须加大对养犬人的处罚力度，提高法律的威慑力。养犬地方规定无法真正落实，源于两个绕不过去的门槛，即执法部门不统一和执法人员不作为。一方面，责任划分不明导致执法部门积极性不高，执法水平受限；另一方面，强制执法容易引发极端事件，执法人员在执法时存在顾忌,导致执法力度偏弱。养狗问题到底归谁管?是公安部门还是城市管理部门?这个问题一直没有明确的说法,而养狗问题涉及千家万户,治理需要配备很强的执法力量,但就目前来说无论是从经费、装备还是人员方面都做不到。而且执法容易引起执法人员和养狗人之间的冲突,因此很多执法者不敢强制执法,索性放任自流。

犬只造成他人损害的行为缺乏惩罚性赔偿

因为不束犬链而导致犬只咬伤他人的现象很常见,但不少狗主人却不认为这是一个违法事件,不愿赔偿或者仅仅赔偿狂犬病疫苗的费用,即便通过法院诉讼获得赔偿医疗费,数额也不高,更没有一起因狗咬死他人而引发刑事诉讼的案件。当事人只有因被咬伤产生大量医疗费用且宠物主人拒绝赔偿的时候,才会选择走诉讼程序。一般情况下,由宠物引发的矛盾不会和法律产生交集,这与当事人的法律意识淡薄有关。

我国的相关法律中也有相应规定,但一方面当事人维权成本太高,另一方面通过诉讼解决主要是补偿当事人的直接损失,缺乏对违法者的惩罚性规定,司法上也没有形成统一的裁判尺度,比如,是否可以对违法者是否能够判处大额的精神损害抚慰金,以达到惩罚和救济的效果。

推进文明养犬不能以暴制暴

“异烟肼事件”能够掀起如此大的波澜,究其根本还是不文明养狗现象太多。部分民众深受其扰却求助无门,在法律缺位的情况下,异烟肼的出现,犹如一粒火星,引爆了这些人早已积蓄多时的不满情绪。大部分养犬户做不到给狗拴绳、打疫苗、登记注册,不文明养犬得不到规范与惩处。长此以往,矛盾不断累积,任何一个冲突点都可能引起大家的焦虑、不安和愤怒,异烟肼事件就像是压倒骆驼的最后一根稻草。此外,部分爱狗人士非法聚集并以极端手段进行社会活动,甚至对他人的生命、财产造成威胁,也是造成社会大众反感养狗的重要原因。

异烟肼并不能从根本上解决恶犬伤人的现实困境。而且,投放异烟肼毒杀犬类是私力报复,需承担法律责任。尽管不束犬链的狗在公共场所逗留、奔跑具有伤人的危险,但饲养犬只的主人对狗具有所有权,亦即狗具有财产属性,毒杀狗的行为侵犯了狗主人的财产权。在狗购买价格不高的情况下,毒杀狗的行为构成民事侵权,需要承担损害赔偿责任;如果狗的价格昂贵,故意投放异烟肼毒杀狗的行为,则可能构成刑法上的故意毁坏财物罪;更有甚者,可能危害公共安全,需要承担相应的刑事责任。

【预防提示】

因养狗引发的纠纷通常有几个特点:一是养狗者均没有按照规定管理;二是受害者举证较为困难;三是司法裁判结果难以弥补受害者精神上的创伤。现实生活中,当事人要意识到违法养狗的危害性,文明养狗,远离危险。发生纠纷时,要积极采取应对措施,除保护自身的健康外,还要敢于和不法行为斗争,避免“破窗效应”愈演愈烈。

案例:烈犬咬死羊与鸡,饲养人举证不能担责

张某的养殖场与赵某的检测场位于同村。赵某饲养了7只烈性犬,均未办理登记手续,场区装有多处摄像头,监测范围涉及整个场区。2016年2月张某发现一黑一黄2犬正在场内,并发现有羊和鸡的尸体,张某遂追赶2犬,追至赵某处发现黑犬静卧场内,于是对黑犬进行拍照。张某报警,民警赶到现场处理期间,赵某并未提供场区录像。后张某诉至法院,要求赵某进行赔偿。

法院查看了原告监控记录,为查明事发前被告是否喂养涉案2犬,法院告知赵某提供场区监控录像资料,赵某以过期没有保存为由未能提供。后法院判决赵某赔偿张某财产损失1400元。

案件争议焦点是,在证据较弱时,能否认定涉案犬只为被告所养,法院应当依举证责任分配规则,结合逻辑推理和日常生活经验作出裁判。该案结合以下因素确定:(1)未办理养犬证的犬只脱离控制致他人损害,受害人在证明犬只所

有人或管理人方面存在困难。被告饲养多只大型犬,均未登记,对他人利益造成隐患。(2)被告距原告养殖场较远。事发时,原告追赶2犬,原告到达被告场内时该犬仍静卧场内,该犬熟悉被告场地,在没有证据证明他人更加可能是该犬的所有人或者管理人的情况下,被告即具有较大嫌疑。(3)被告安装多处摄像头,当其为涉案犬只嫌疑管理人的情况下,有义务对排除自身嫌疑进行举证,否则承担不利后果。由于赵某不能举证排除自身嫌疑,故应承担举证不能的法律后果。

案例:宠物狗咬伤邻居,经调解移送别处

李某与王某是上下楼的邻居,2017年11月李某在楼下被一只白色京巴狗咬伤,此狗原主人为洪某(系被告妹夫),现由王某饲养,已办理了养犬登记证。事发后,王某带李某到医院就诊,李某于当日接种了第一针狂犬病疫苗,后又分别接种了剩余4针,王某为其支付了医疗费。因李某一直对狗有着特别的恐惧感,要求王某将狗送到别处饲养,王某不同意,双方因此发生争议,2017年12月李某诉至法院,要求被告王某支付营养费、精神抚慰金等各项费用1万元,并要求将狗除掉或弄走。

后经调解,双方达成了调解协议,王某向李某支付剩余医疗费500元,并将京巴狗移送至别处。

我国《侵权责任法》第78条规定,饲养的动物造成他人损害的,动物饲养人或者管理人应当承担侵权责任。本案中,原告李某被被告王某饲养的狗咬伤,所以王某应当对原告李某的合理损失承担赔偿责任。原告因被咬伤一事受到惊吓,加上原告对狗有特殊的恐惧心理,经调解,被告同意将狗移送至其他地方。

案例:好心喂养流浪狗,伤及他人惹事端

被告为延庆镇某村村民,该村大部分房屋已经拆迁,被告房屋尚未拆迁。被告房屋周围经常有多只狗流窜,其中包括被告家的狗,被告未对自己的狗办理养犬证。被告在大门外搁置喂狗器皿,对自己狗进行喂食,其他流浪犬也经

常在此觅食。2016 年 9 月原告途经被告家附近，遭到六七只狗围攻，其中有被告家的狗，原告被其中一只黑白相间的小狗咬伤，原、被告为此争执不下，原告报警后，民警处理期间被告房屋周围有多只狗闲逛，肇事小狗围绕被告周围，对被告较为亲近。原告当日到医院就诊。后原告诉至法院，要求被告进行赔偿。最终，法院判决被告赔偿原告医疗费 500 元。

案件争议焦点是，在证据较弱的情况下能否认定涉案犬只为被告所饲养的法律事实。法院结合以下因素确定：(1)被告认可其长期在门外搁置喂养器皿，对自家狗及流浪狗喂养，且被告未对自家狗进行登记，他人难以区分何为被告犬只。(2)原告遭到攻击时被告犬只也在其中，肇事犬咬伤原告后窜入被告家中，且在民警处理时跟随被告多时，明显与被告较为亲近，根据日常生活经验和民事证据的高度盖然性规则，被告即具有较大嫌疑为肇事犬的饲养人或管理人，被告对排除自身嫌疑应当承担举证责任，但被告未对此尽到举证责任；故法院认定被告为肇事犬的管理人，其应对原告的损失承担侵权责任，以示救济与惩戒。

【知识提示】

个人养犬的注意事项

个人养犬，应当具备下列条件：有合法身份证明、有完全民事行为能力、有固定住所且独户居住（住所在禁止养犬区域以外）。

个人在养犬前，应当征得居民委员会、村民委员会的同意。对符合养犬条件的，居民委员会、村民委员会出具符合养犬条件的证明，并与其签订养犬义务保证书。养犬人应当自取得居民委员会、村民委员会出具的符合养犬条件的证明之日起 30 日内，持证明到住所地的区、县公安机关进行养犬登记，领取养犬登记证。养犬人取得养犬登记证后，携犬到畜牧兽医行政部门批准的动物诊疗机构对犬进行健康检查，免费注射预防狂犬病疫苗，领取动物防疫监督机构出具的动物健康免疫证。养犬登记证每年年检一次，养犬人在年检时应当出示有效的养犬登记证和动物健康免疫证。养犬登记证年检时间、地点及要求由公安机关予以公告。

动物饲养人或者管理人承担无过错责任

我国《侵权责任法》第 78 条、第 79 条是关于动物饲养人或者管理人致他人损害的一般规定。饲养的动物造成他人损害的,动物饲养人或者管理人应当承担侵权责任,但能够证明损害是因被侵权人故意或者重大过失造成的,可以不承担或者减轻责任。违反管理规定,未对动物采取安全措施造成他人损害的,动物饲养人或者管理人应当承担侵权责任。可以看出,动物饲养人或者管理人承担的是无过错责任,也就是说,只要饲养的动物造成损害,原则上就要承担相应的侵权责任,除非能够证明损害是因被侵权人故意或者重大过失造成的,可以不承担或者减轻责任。

我国《侵权责任法》第 80 条是对烈性犬等危险动物的特别规定,特意强调了烈性犬饲养人或者管理人的责任承担。禁止饲养的烈性犬等危险动物造成他人损害的,动物饲养人或者管理人应当承担侵权责任。

【法官专业提示】

一方面,作为养狗者要严格遵守相关规定,只要按照规定养狗,消除“怕麻烦”心理,文明养狗,基本上可以避免伤人事件的发生,也避免自己因养狗不当承担法律责任;另一方面,一旦发生纠纷,作为养狗者要积极赔偿受害者,吸取教训,力求让悲剧不再重演。

作为受害者,发生因狗发生侵权纠纷后,一方面要克制、冷静,避免发生二次纠纷;另一方面应及时报警处理,保留相关证据。实践中,狗伤人的纠纷往往事实判断较为困难,许多养狗者在发生伤人事件后不承认,不但容易造成当事人二次纠纷,还给受害者的维权造成证据上的困难。

法官简介

赵永攀

北京市延庆区人民法院八达岭法庭法官，先后担任书记员、助理审判员、审判员、首批员额法官。

从事民事审判工作，有较丰富的民事审判经验。发表过多篇调研文章，有较深厚的法学素养。

荣立个人三等功2次，获“调研能手”“北京市民事审判业务标兵”“北京市模范法官”“北京市法院模范法庭干警”等荣誉称号。

扫二维码
亲临法官说法现场

登山运动中的安全防范

连春祥

我们经常看或听到,某某派出所及救援人员到某某山区对“驴友”进行救援的新闻或传闻。现在登山运动已经成为一种时尚,而且每年参与者都在大幅度地增加,已经成为一项非常普遍的大众健身运动,但每年登山事故频发。

比如,在我们房山区周口店泗马沟山上出现了一起事故。来自河北省涿州市的 20 名驴友相约来泗马沟山,当天下午驴友们发现一位女驴友走失,驴友们赶紧报警,公安局接到报警后,赶紧联系消防支队进行支援,经过 4 个多小时的搜救,找到了该驴友。找到时,天早就黑了,该驴友躺在地上,已经虚脱,幸好搜救及时。

如果该女驴友不掉队就不会发生这次事故。驴友掉队走失的情况时有发生,原因很多,比如,拍照时掉队,盲目自信,暂时离开队伍另走其他路线等。另外,很多事故都是天黑后还没来得及下山引发的,如果该女驴友能够携带夜用设备,方便夜行,对其安全返回也会带来帮助。因此,合理安排时间、天黑前下山、记住返回路线、使用安全标记、遇到体力不支时要及时请求援助、保持手机电量充足等,这些都是非常重要的。

本文想谈的是时下比较流行的登山运动中的安全防范,主要是法律上的安全防范。

【风险提示】

“AA 制”登山可能共担法律风险

登山运动分为很多种形式,本文重点谈的是时下很普遍的 AA 制的组织形式,以及其所存在的法律风险。

“AA 制”是指旅游所需公共费用由参加人平摊,没有营利性。召集人或领队(这里不称组织人,因为称组织人不是很恰当)与其他人一样,平摊费用。一般都是由召集人或领队用微信、QQ、电话等方式召集驴友报名。并由召集人或领队统一安排出行车辆、旅行路线等。

“AA 制”具有花费少、便于组织的特点。属于自助性活动,每一个人都是独立的个体,自我管理、自我约束,不存在管理与被管理的关系、相互之间的平等的,公共事务由大家共同参与。根据“AA 制”的特点,召集人或领队对队员没有支配权,大家都是自愿参加。一般来说,只要召集人或领队不存在故意或重大过失,就不用承担责任。反之就要承担责任。

比如,在上述女驴友走失的案例中,女驴友作为一个具有完全民事责任能力的成年人,其应当预测到掉队的风险,其走失责任在于其本人,其他人并不存在过错。因此之后治疗过程中发生的治疗以及其他相关费用都应当由其个人承担,召集人或领队及其他驴友不承担法律责任。

法院曾受理过领队及队友需要担责的案件。该案情况:有 11 名驴友去登山,登山途中,再向上攀登就是陡峭的山崖,本来驴友们准备返回,但有队员建议继续向上登上山崖,并告知登上山崖后,可以从另一路线返回。其中一人还电话询问当地老乡,老乡说崖顶上有路可以返回。11 人经商量同意后,先由 2 名登山实力较强的驴友登上崖顶,之后将大绳拴在树上放下来,随后又有 6 人登上崖顶。这时一位登上崖顶的陈某不小心踩落了一块石头,正在向上攀登的何某听到上边有人大声喊叫提醒时,惊慌之下失手摔落。后经抢救无效死亡。

在这种情况之下,就存在责任问题。首先陈某应当知道下面还有继续登山的同伴，应该注意不能落石。而其不小心踩落石块，导致何某受惊吓摔落死亡，因此，陈某应当承担较大的民事责任。其他人在商量向上攀崖时，应当预见到攀登这样的峭壁已经超过非专业人员能力，风险是非常大的，但是都没有提出异议，对事件的发生都存在责任。何某自身是具有完全民事行为能力人，其自愿随队一起攀登，且在惊吓之下，自己失手摔到山下，其本人也需要承担相应的责任。最终法院根据每人责任的不同，分担何某家属的经济损失。

【预防提示】

登山运动中的安全防范

登山以前要预先规划好登山路线，也就是驴友们所说的“攻略”，做到心中有数。不要忽略登山装备，要尽量准备齐全（比如，带上水、手杖、医用物品、增加体能的食品、带上夜行装备防止天黑前不能及时下山等）；装备要保证质量（比如，专用的登山鞋比普通的运动鞋在登山时更适宜）。要充分细致地准备好装备，不要怕麻烦；最好找当地人做向导；衡量自身的身体状况，要知道自己的体能能够承受的限度；登山时绝不能逞强；在行进时千万不能掉队，以防走失；不安全的地方不能去，千万不要冒险；尽量不走夜路，如果走夜路，一定要注意保暖及带好夜行装备。

【知识提示】

“AA 制”登山活动是自甘冒险

在“AA 制”登山活动中，涉及的核心法律概念是自甘冒险。受害人自甘冒险，是指受害人已经意识到某种风险的存在，或者明知将遭受某种风险，却依然冒险行事，致使自己遭受损害。

正在编纂的《民法典侵权责任编草案二审稿》第 954 条之一规定：“自愿参

加具有危险性的活动受到损害的，受害人不得请求他人承担侵权责任。”该条规定将“自愿参加具有危险性的活动受到损害”作为免除行为人责任的要件，是十分必要的。自愿，是指受害人并非在他人强迫之下参与了危险性的活动，而是基于自主的意思而参与该活动。参加，通常是指受害人自愿从事某种危险活动，或者使自己陷入危险的境地。受害人自愿参加危险活动，是构成自甘冒险的最本质要件。

自甘冒险中的风险，并非是这些日常生活中一般活动的风险，不能将自甘冒险制度的适用领域过于泛化，否则，受害人参与任何具有风险的活动都要自担风险，显然对其不公平。“具有危险性的活动”应当是指极易发生危险的、具有内在的、固有的危险性的活动。在社会一般人看来，从事此种活动容易引发此种危险。例如，拳击、踢足球、爬野山、冰上空中技巧运动、进入无人区探险等。这种固有的危险造成人身伤害的可能性极大。例如，打篮球也可能会受伤，但是和拳击等运动相比，其造成人身伤害的可能性相对较小。而且，对此种危险活动造成的损害可以为社会一般人所认知。

一方面，在行为人故意或者重大过失的情形下，造成受害人损害的原因已经不完全是受害人所自愿承担的风险，此时，对于超出受害人自愿承担风险之外的原因所造成的损害，行为人仍应当承担责任；另一方面，行为人对其过错行为承担相应的责任，行为人故意实施侵权行为时，表明其具有主观恶意，具有明显的违法性，尤其是行为人具有故意或重大过失的情况下，其行为本身具有可非难性。如果允许行为人免责，显然不利于对其具有可非难性的行为进行惩罚。而重大过失通常等同于故意，此时，即便受害人自愿承受风险，依据我国《合同法》第53条的规定，凡是免除对方人身伤害责任的，该免责条款无效。这主要是因为，生命、健康等利益是最高的法益，受害人无权处分该法益，既然任何当事人都不能通过免责条款处分其生命、健康等权益。因此，在自甘冒险的情形下，如果行为人出于故意或者重大过失，也不能免除其侵害受害人人身权益的侵权责任。

【法官专业提示】

提前签订协议明确责任归属

考虑到“AA 制”登山风险的存在,召集人或领队应当与队友们签订一个协议。一是为了在出现意外发生时,成为解决纠纷的依据。二是可以让驴友们了解协议内容后提高防范意识,对避免事故发生起到积极防范作用。还有一个内容就是召集人在其中应当承担的责任,应当在协议中书写清楚。

协议应当具有的内容:(1)召集人或领队的责任问题。领队承担的组织工作,完全是自愿,不从参加者哪里收取任何组织费用、劳务费等费用。活动的性质属于自由结合,自愿参加,风险自担,责任自负。因此领队不会对任何人承担法律责任。大家应当充分认识到。(2)线路的安排责任。线路安排是大家达成共识的,并不是领队一个人决定的,参加人是同意参加此路线出行的。都认可此路线的风险在可承受的限度之内(此规定是为了防止出现摔伤等事故后,认为领队等选择的路线是危险的,而让领队承担责任)。(3)身体能力。参加人自认为能够达到此路线的行走能力。身体不存在问题。如果出现自身体力不支、疾病、因而出现意外事故,由自己自行承担责任。这些协议内容应当属于责任防范必备内容,驴友们应当达成这样一个协议,以起到防范作用。

当然如果出现驴友体力不支或疾病,队友们一定要全力以赴进行救助,否则应当承担责任。

拼车出行宜签署书面协议

驴友们出游时,如果采取租车的方式,法律关系还是比较清晰的,从法律层面上讲就是一个客运合同关系,出租人按照约定保证将游客运送到规定地点,并保证安全,收取费用。如出现驾驶不当等问题,就应当承担赔偿责任。

拼车出行相对就比较复杂,这虽然与盈利性质的“客运合同纠纷”不同,但驾驶人员如果存在责任,还是需要承担赔偿责任的。只是在解决时,应当考虑到驾驶人员并未盈利的因素。且其驾驶自己的车辆在未获得利益的情形下,还要承担比其他人更大的风险,本身就是件很“吃亏”的事情,如果让其承担过重的责任,显失公平。故应根据公平原则进行解决。

因此,驾驶员与驴友之间签订一个协议是有必要的。一方面,是为了在发生意外后,可以有依据来解决纠纷,即使通过诉讼解决,也便于法院处理解决;另一方面,更是为了提高出行人员出行的防范意识。

协议内容应当有以下内容:(1)写明出行的性质,让大家明了拼车是旅游参与者乘坐的,车辆都是旅游者自己的车辆,大家一起拼车出游活动,属于完全自愿行为,旅游活动完全是所有参与者充分协商后自愿参与的。活动为自由组合,一旦出现事故,任何非事故责任当事人不承担任何责任。当然驴友之间要有互相援助的义务。如果不进行援助,要承担责任。(2)要写明发生意外事件责任的承担,以防发生意外引发纠纷。写明:因不可预见的因素,拼车过程中会发生不限于交通事故、车辆爆胎、摔伤、落水等事故,造成人身伤害、财产损失风险。一旦发生,均由本人负责。(3)要说清楚驾驶员的责任,以避免乘坐人与驾驶员在发生事故时,发生纠纷。要写明:只要驾驶人员具有驾驶资质,且未饮酒后驾驶。无论发生任何人员伤害、致死、车损等事故。无论事故大小,所有乘坐人员和驾驶人员均各自承担除保险公司赔付以外的所有责任受伤人员自行就医并负担治疗费用,驾驶人员自行修车。如果因驾驶员责任,导致人员伤亡等,该条款可能存在是否合理问题。(4)如发生事故,同游人员要在能力限度内积极进行救援。如果因不积极救援产生损害后果,需要承担不积极救援的责任。

当然,出外旅游是非常好的活动项目,大家出行时不能总纠结于安全责任,而影响出游的心情,甚至不敢出游。希望大家出游时能够二者兼顾,一方面要兴致勃勃的游玩,另一方面要有安全防范意识。这样才能够完成一次完美的旅游。

法官简介
连春祥

扫二维码
亲临法官说法现场

北京市房山区人民法院窦店人民法庭审判员，一级法官。

坚守基层法庭近30年，审判工作外，出版《民事案件调解要点与技巧》等系列丛书，并多次受邀为北京市新录用干警授课。

获“2015年度全国法院先进个人”、第九届北京市“人民满意政法干警暨首都政法先锋”、“房山区人民法院审判业务专家”、“北京市法院模范法庭干警”、“五一劳动奖章”等荣誉称号，2018年带领的审判团队被评为“北京市法院先进审判团队”。

旅游纠纷该谁担责

裴小星

近年来，随着社会经济的不断发展，人民群众生活水平的不断提高，我国旅游产业发展迅猛。据国家旅游局数据中心发布的《中国旅游业统计公报》显示，2016年至2018年，我国国内、出入境旅游人次分别达到47亿人次、52.71亿人次、56.88亿人次。产业规模不断扩大的同时，旅游消费的特点也更为鲜明，旅游正向着更加休闲化、个性化、社会化的方向发展，新体验需求、新出游方式、新地方特色凸显，旅游产品呈现出不断创新、丰富、多元的特点。此外，伴随着“互联网+”的发展浪潮，新型网络旅游产品种类、数量迅猛增长，成为旅游市场的生力军。

与产业发展相适应，人民法院受理的旅游类纠纷也呈上升趋势。“某某国旅游巴士遭遇车祸造成人员伤亡”“旅行社擅自变更行程游客敢怒不敢言”等事件频频发生，让有旅游出行计划的人们不禁产生担忧。那么，对于旅游过程中可能发生的各种风险，我们应该如何预防？一旦问题发生，我们又该如何维护自身的合法权益呢？

【风险提示】

纠纷可能发生于旅游活动的各个环节

《基础旅游学》一书中，将旅游六要素归纳为“吃、住、行、游、购、娱”，旅游六要素概括了旅游活动的过程和内容,是迄今为止对旅游业描述最为简洁精准、传播最为广泛的概念。而旅游纠纷可能发生于“吃、住、行、游、购、娱”中的任何一个环节。

第一,行。“行”是指旅游过程中的交通,一个旅游城市的交通可分为外部大交通和内部小交通两个方面:大交通是指连接一个旅游城市与周边以及距离较远的城市间旅游线路的通道、交通工具等配套组织,包括铁路、公路、飞机、轮船等方式。小交通则更为具体,是指按照一个旅游城市的道路交通规划,形成联结各主要景区、景点之间的交通环线,形成固定的旅游线路及旅游交通工具。因飞机晚点滞留机场、动车延误影响行程、发生交通事故受伤等,都是在“行”这一环节可能发生的问题。

第二,住。因旅游合同约定不同,旅游过程中的住宿规格也有较大差别,既有星级酒店、商务会馆一类高档宾馆,也有快捷酒店、家庭旅馆等中低档休憩场所。因住宿标准与旅游合同的约定存在差异(如没有独立卫生间、没有提供热水)、在宾馆中发生意外(摔伤、行李被窃)等情况,都可能引发纠纷。

第三,食。餐饮文化是一个城市旅游文化的有机组成部分,品尝有地方特色的旅游食品也是旅游活动的重要内容之一。旅游食品既包括旅游过程中的一日三餐(团餐),也包括旅游者在导游或领队安排的商店购买的用于自用或送人的具有一定保质期的食品礼盒。因食用不洁食物导致身体不适(腹泻、呕吐等)、食品礼盒超过保质期等,都是在“食”这一环节可能出现的问题。

第四,游。“游”是旅游活动的重点,但是旅行社临时改变旅游路线、随意减少旅游景点,或临时增加景点要求旅游者补票等,都极有可能引起旅游者对旅行社的不满,进而导致诉讼纠纷。

第五,购。在旅游“六要素”中,“购”在旅游业中占有的分量最重,对旅游城市经济的拉动作用最大,许多旅游城市不仅拥有综合性的旅游购物中心,更建设了旅游购物中心或旅游商品街,形成了旅游工艺品、旅游保健品、旅游日用品等产业集群。但是“购”也是旅游活动中问题多发的环节,强制旅游者购物、购买的商品质量与描述严重不符涉嫌欺诈等都是常见的问题。

第六、娱。旅游过程中的娱乐活动通常由旅游者的互动、参与类项目和夜间娱乐项目两部分组成。但上述娱乐活动既有一些民族集体舞表演、篝火晚会等危险性较小的项目,也有一些诸如蹦极、浮潜、漂流等危险系数较高的项目。旅游者在娱乐活动中发生意外受伤也是旅游纠纷高发的环节之一。

【预防提示】

维权要以合同为依据,以法律为准绳

了解到旅游纠纷可能发生的情境,我们或许可以更好地防患于未然。但是即使非常谨慎,也可能百密一疏,在旅游过程中遭遇意外事故,导致我们人身或财产上的损失。如果事发后无法与旅行社达成和解,那么我们就可能需要拿起法律的武器维护自身的合法权益。旅游纠纷主要包括单纯的违约纠纷和混同了违约及侵权责任的纠纷。其中既包含违约责任又包含侵权责任的纠纷,就会涉及民事法律责任竞合这一概念,即因当事人一方的违约行为,侵害对方人身、财产权益的,受损害方有权选择依照我国《合同法》要求其承担违约责任,或者依照其他法律要求其承担侵权责任。因此,如果旅行社只是存在违约行为,那我们就只能选择以旅游合同纠纷为由提起诉讼,而如果我们在跟团旅游中遭受人身损害或财产损失的,既可以选择提起旅游合同纠纷之诉,也可以选择提起侵权责任之诉。下面将结合具体的案例进行具体说明。

仅有违约行为的旅游合同纠纷

2014 年 9 月冯女士与某旅游公司签订《团队出境旅游合同》,约定冯女士与韩先生参加某旅游公司组织的“日本六日游”,旅游费用为每人 3980 元,两人合计 7960 元;出发时间为 2014 年 10 月 27 日,返回时间为 2014 年 11 月 1 日,旅游者在出发前 30 日内(含第 30 日)提出解除合同的,由于旅行社业务需要先预定,签订合同后旅行社将会预订机票、酒店、车辆等地接服务,如解除合同会发生业务损失费,旅游者应当按下列标准向旅行社支付业务损失费:出发前 3 日至 1 日,按旅游费用总额 85%,出发当日,按旅游费用总额 90%。后韩先生和

冯女士向某旅游公司支付了旅游费用 7960 元。出发前一天,韩先生突发疾病并就医治疗,医院出具诊断证明建议其休息 3 天。韩先生和冯女士因此未能成行。2014 年 11 月冯女士出具《退团协议》,显示经过双方协商,某旅游公司扣除损失后退还游客冯女士和韩先生团费共计 2100 元,原合同解除。

后韩先生与冯女士将某旅游公司诉至法院,主张某旅游公司故意隐瞒了机票款已经全部退还的事实,其无理由扣除该部分款项,故要求撤销《退团协议》,某旅游公司退还机票款 5396 元并支付利息。某旅游公司称机票是从票务代理处购买,但该票务代理所在的门市部已不存在,故无法核实机票款是否退还。庭审中,经法院与航空公司核实,韩先生和冯女士的机票系按照病退申请退票,符合病退条件全部票款包括税费均予以退还。

法院经审理认为,当事人对自己提出的诉讼请求所依据的事实或者反驳对方诉讼请求所依据的事实,应当提供证据加以证明。在作出判决前,当事人未能提供证据或者证据不足以证明其事实主张的,由负有举证证明责任的当事人承担不利的后果。韩先生和冯女士提供的证据可以证明机票款已经全部退还,《退团协议》的约定显失公平,韩先生和冯女士要求撤销《退团协议》的诉讼请求,合理合法,法院予以支持。某旅游公司以票务代理所在门市部已不存在、相关工作人员离职为由辩称未收到机票退款的辩解意见,缺乏事实依据,法院不予采纳。最终,法院判决撤销《退团协议》,某旅游公司退还韩先生和冯女士机票款 5396 元并支付相应利息。

上述案例涉及的是旅游者因自身原因单方解除合同应承担的违约责任的问题。我国《旅游法》第 65 条规定,旅游行程结束前,旅游者解除合同的,组团社应当在扣除必要的费用后,将余款退还给旅游者。我国《合同法》则规定,对于订立合同时显失公平的,受损害一方当事人可以要求撤销合同。虽然旅游合同对成行当日旅游者解除合同应承担的违约责任有明确约定,但是旅游者在订立旅游合同时无从知晓因疾病发生无法按时出行的情况,作为非业内人士,旅游者对因病退票可以退全款的情形也不甚了解。因此,《退团协议》的订立显失公平,损害了旅游者的利益,旅游者可以申请撤销《退团协议》,并按照旅行社的实际损失承担违约责任。

因违约行为引发财产损失的旅游合同纠纷

2015年11月北京某公司与某甲旅行社签订《合作协议》，约定某公司委托某甲旅行社为其员工及客户安排组织国内及出境旅游线路行程，某甲旅行社根据某公司提供的出行人员名单、联系方式等通知协调客人出行时间，并安排国家规定的旅游规范合同执行安排客人出行。2015年12月邓某基于与某公司的客户关系，接受某甲旅行社的安排，由某乙旅行社实际负责提供了游览法国、瑞士、意大利的境外旅游服务。旅游过程中，邓某在瑞士当地商店购买真力时牌手表一块，花费8796瑞士法郎。消费当日，邓某所在旅行团在离开瑞士进入意大利境内时，因邓某未申报所购买的手表，致该手表被意大利海关没收。

后邓某诉至法院，称其手表被没收是因为导游在过海关的时候并未告知其需要申报所购买的物品，仅是收取了其购买手表的税单帮助其办理退税手续，故要求某甲旅行社和某乙旅行社连带赔偿手表损失。某甲旅行社辩称，虽然旅游路线是该旅行社和某乙旅行社合作的项目，但其和邓某并未直接签订合同，故不应承担责任。某乙旅行社辩称，其和某甲旅行社是合作关系，某甲旅行社为组团社，其负责为游客实际提供境外旅游的服务，和游客之间并无合同关系，且其提供的旅游服务均是依照合同约定完成，没有违约和违法之处，申报缴税应当是邓某的义务，导游只是帮助邓某办理退税手续，但没有义务，故不同意赔偿。

法院经审理认为，当事人应当按照约定全面履行自己的义务。本案中，邓某基于与案外人的利益关系，接受了某甲旅行社与某乙旅行社的旅游服务，两家旅行社负有完整履行义务以保证邓某完整享受到旅游服务的责任。在旅游服务过程中，邓某因过海关时未申报所购买商品而导致商品被罚没，由此产生的损失，应当结合旅游服务合同的相关约定来确定责任承担。邓某作为具备完全行为能力的境外购物人，属于申报行为的直接责任人，其未依法申报，应当承担因此违法行为而产生的不利后果，故其要求旅行服务的提供者来承担由此产生的全部损失，显然不妥。而某甲旅行社和某乙旅行社作为熟知当地法律和风俗的旅游服务者，应当对邓某在购物及通关过程中可能产生的潜在财产损失的风险进行必要的提示和有效的帮助，但两家旅行社显然没有履行该义务，故应对邓某因所购手表被罚没而产生的财产损失适当赔偿。法院最终判决某甲旅行社与某乙旅行社连带赔偿邓某经济损失 40,000 元。

旅行社作为旅游业经营者，其义务包括法定义务、约定义务与附随义务。旅行社与旅游者在旅游合同中直接约定的义务，双方当事人应该作为约定义务履行；法律以及行政法规中的强制性规定不能被当事人排除适用，任意性规范如果未被当事人约定排除，当事人也应该作为合同义务加以履行；附随义务则是基于诚实信用原则，为了保障旅游合同的主义务顺利实现而产生的，包括安全保障义务与瑕疵担保义务。

上述案例中，北京某公司与某甲旅行社签订的《合作协议》中，虽未明确将旅行社工作人员对旅游者购物及通关过程中可能产生的潜在财产损失的风险进行必要的提示和有效的帮助作为合同条款加以明确，但从旅游者选择某甲旅行社及某乙旅行社提供旅行服务的行为来看，其合同目的显然是希望旅行社能够在境外对其行为进行合理提示和必要保护，以促成其平安完成整个旅游，故此项义务应当作为《合作协议》的附随义务，旅行社应当履行，否则需承担违约责任。

【知 识 提 示】

旅行社和旅游者需根据各自过错程度担责

在一般情况下，旅游者在签订旅游合同后，会接触到两类旅行社：一类是组团社，另一类是地接社。组团社是指与旅游者订立包价旅游合同的旅行社；地接社则是指接受组团社委托，在旅游目的地接待旅游者的旅行社。此外，为旅游者提供旅游服务的还有履行辅助人，是指与旅行社存在合同关系，协助其履行包价旅游合同义务，实际提供相关服务的法人或者自然人。相较地接社，履行辅助人提供服务的内容更为单一，只提供住宿、餐饮、交通等服务中的某一项。如果组团社未按合同约定提供相应的服务，则旅游者可要求组团社根据合同的约定承担责任。因为地接社和履行辅助人并非旅游合同的签订主体，故旅游者无权要求地接社和履行辅助人承担合同义务。但是组团社、地接社和履行辅助人都应当承担法定义务，法定义务包括保障旅游者的人身和财产安全、投保旅行社责任险等。

虽然旅行社和履行辅助人负有法定责任和约定义务，但这并不意味着一旦旅行社和旅游者之间发生纠纷，旅游者产生损失，旅行社和履行辅助人就必须承担全部的法律责任。因为，在某些情况下，旅行社和履行辅助人的责任是可以被减轻甚至免除的，具体包括以下三种情形。

第一种情形是，因不可抗力引发的纠纷。我国《合同法》第117条规定：因不可抗力不能履行合同的，根据不可抗力的影响，部分或者全部免除责任，但法律另有规定的除外。我国《旅游法》第67条则规定：因不可抗力或者旅行社、履行辅助人已尽合理注意义务仍不能避免的事件，影响旅游行程的，按照下列情形处理：(1)合同不能继续履行的，旅行社和旅游者均可以解除合同。合同不能完全履行的，旅行社经向旅游者作出说明，可以在合理范围内变更合同；旅游者不同意变更的，可以解除合同。(2)合同解除的，组团社应当在扣除已向地接社或者履行辅助人支付且不可退还的费用后，将余款退还旅游者；合同变更的，因此增加的费用由旅游者承担，减少的费用退还旅游者。(3)危及旅游者人身、财产安全的，旅行社应当采取相应的安全措施，因此支出的费用，由旅行社与旅游者分担。(4)造成旅游者滞留的，旅行社应当采取相应的安置措施。因此增加的食宿费用，由旅游者承担；增加的返程费用，由旅行社与旅游者分担。不可抗力，是指不能预见、不能避免并不能克服的客观情况。不可抗力通常被认为包括战争、自然灾害、罢工、骚乱、政府行为等情况。

第二种情形是，第三人侵权造成的损失。我国《侵权责任法》第37条第2款规定：因第三人的行为造成他人损害的，由第三人承担侵权责任；管理人或者组织者未尽到安全保障义务的，承担相应的补充责任。在有第三人侵权的情况下，旅行社承担的是一种补充责任。比如，旅行社安排旅游者入住的宾馆没有完善的安保措施或者保安没有认真履行职责，导致住宿的旅游者被外来人员殴打致伤。这种情形下应由打人者承担侵权责任，在无法找到打人者或者打人者没有赔偿能力时，才由旅行社或宾馆承担责任。

第三种情形是，旅游者自身原因造成的损失。以旅途中的人身意外伤害事件为例，我国《侵权责任法》第 26 条规定：被侵权人对损害的发生也有过错的，可以减轻侵权人的责任。第 27 条则规定：损害是因受害人故意造成的，行为人不承担责任。如果相对于旅游者的过错，旅行社和履行辅助者的过错对损害结果发生的影响是轻微的，那么旅行社和履行辅助者可能只需承担次要责任。这在一些危险系数较高的项目中较为多见。例如，旅游者在参与海岛浮潜、高空蹦极等旅游活动时，应该预料到活动中会有一些磕碰，即可以预判此项活动可能发生一定的危险，同时旅游者对自己的年龄和健康状况是最为清楚的，其应当对自己的能力是否足以去很好地体验此项活动有一定的判断。因此，如在旅行社已充分告知旅游者项目的具体细节并进行安全提示的情况下，旅游者仍执意为之，由此造成损害的，旅游者需要自行承担主要责任。

【法官专业提示】

为了避免旅途中各种不必要的纠纷和麻烦，也为了更好地维护自身的合法权益，建议旅游者在计划旅游时，要具备“四个意识”。

一是强化合同意识。旅游者在签订合同之前，应当仔细阅读合同条款，对不理解或理解上与旅行社存在分歧的条款要求旅行社解释清楚或签订补充协议，避免旅行社利用格式合同误导旅游者，推脱责任。为以防万一，在旅行社提示是否投保人身意外伤害保险时，尽量根据自身需求选择购买适合的人身意外伤害保险。

二是提高安全意识。旅游者应当听从旅行社和导游的合理安排，避免脱团单独活动，如确需独自行动，一定要事先征得导游或者领队的许可。在选择高风险的旅游项目时，不能盲目追求新鲜刺激，而应当从自身实际情况出发，在认真了解项目详情后再确定是否参与。

三是树立证据意识。旅游者要妥善留存或及时向旅行社索要旅游合同及付款凭证。对于旅行社和履行辅助者的违约或侵权行为，通过照片、视频、录音等方式及时固定相关证据。一旦发生纠纷，积极通过与旅行社等协商、向旅游行政主管部门或消费者协会投诉、提起诉讼等方式解决，对于可能涉嫌犯罪的行为，应当及时向公安部门报案。如发生群体性权益受损事件，旅游者也可以选择集体诉讼或公益诉讼的方式维护合法权益。

四是具备公民意识。旅游者在旅游活动中应自觉维护个人、集体及国家的良好形象。遵守国际准则、社会公德，遵守目的地法律法规、社会文化风俗，尊重他人合法权利。树立开放、包容、理性、诚信的旅游风尚。

法官简介

裴小星

北京市朝阳区人民法院南磨房人民法庭审判员，一级法官。北京理工大学法理学硕士。

办理“杨某与宋某离婚纠纷”“刘某与彭某赠与合同纠纷”等多起重大案件。撰写《跨国文物追索的法律困境》《暑期“国际游学”须防法律风险》《海外代购不再是法外之地》等数十篇调研性文章，并在《国家检察官学报》等核心期刊发表数篇文章。多篇调研性信息被北京市高级人民法院采用，并有案例入选《中国法院年度案例》。

获“第二届人民法庭建设高层论坛一等奖”“北京市优秀调研成果二等奖”。

扫二维码
亲临法官说法现场

警惕理财陷阱

蒋怡琴

最近的朋友相约、邻居会面，你有没有发现总有一个很熟悉的场景出现？有一些人会非常热烈地分享、推荐他们的理财经验，什么"P2P"、炒股票、预期年化20%、零风险、1元起投、0元手续费……

的确，随着中国股票债券市场的扩容，商业银行、零售业务的日趋丰富和市民总体收入的逐年上升，大家不再满足于把钱存进银行，理财市场越来越火爆。然而，日趋丰富的理财产品在为投资者带来便捷和盈利的同时，理财纠纷也越来越多。

【风险提示】

经调研发现，市面上有很多不规范的理财产品，误导性销售、中介服务行为失范、虚假宣传、恶意欺骗等情况时有发生。有的投资人被高额投资利润吸引，最终却并不能拿到理财公司承诺的高额利润，有的投资人因此陷入诉讼旋涡，为追讨资金付出了大量的时间和人力成本，还有的投资人因为理财而涉及违法犯罪行为，甚至触犯刑法。不少理财公司"拆东墙补西墙"，利用新投资人的钱来向老投资者支付利息和短期回报，以制造赚钱的假象进而骗取更多的投资，形成"庞氏骗局"。投资人本想通过理财实现高收益，可一旦理财公司资金链断裂无法兑付，投资者将血本无归。很多理财产品奇葩而粗糙，却骗了一波又一波的受害者。本文通过真实案例,介绍理财过程中的风险和注意事项,分享相关风险防范的建议。

【预防提示】

根据审判实践,笔者将现实生活中常见的高风险理财产品归纳为以下七类:民间借贷型、保底型、债权转让型、传销型、购买产品型、金融交易型、分红型。

民间借贷型

民间借贷型的理财产品,一般是由理财公司作为中间方,为投资人和借款人牵线搭桥,以高息吸引投资人投钱放贷。

案例:

蒋女士经人介绍,听说某理财公司有一项高息理财项目,年息达12%,遂与公司签订了《委托理财协议》,约定:理财公司作为中介方接受蒋女士的委托,蒋女士作为资金提供方出借款项,期限为一年,借款人定期将利息支付给中介方,再由中介方支付给蒋女士。随后,蒋女士将282万元理财款投入理财公司,再由理财公司分别出借给丁某、张某等4人。然而,4位借款人均未偿还借款。无奈之下,蒋女士只好分别向法院提起四次诉讼,要求借款人还款。最终,经过一审、二审程序,法院分别判决4位借款人偿还借款及利息。

蒋女士的官司看起来是打赢了,但是她因为一次理财行为,却陷入了4场诉讼,诉讼成本非常高。有些理财产品虽然裹着委托理财的外衣,但本质上就是民间借贷。在选择理财产品时,我们应当全面了解交易性质及法律关系、履行期限和方式等信息。近两年来,网络上还有一种理财产品非常流行,听起来很高大上,叫“P2P”。实际上,“P2P”的本质也是民间借贷,它是指个人与个人之间,通过借助电子商务专业网络平台确立借贷关系并完成交易手续。它和民间借贷一样,都存在借款人无法及时清偿贷款的风险。

当然,民间借贷并非不合法,它是我们国家自古以来民间资金融通的一种重要形式,但是,过分的高息是违法的。最高人民法院《关于审理民间借贷案件适用法律若干问题的规定》第26条规定:“借贷双方约定的利率未超过年利率24%,出借人请求借款人按照约定的利率支付利息的,人民法院应予支持。借贷双方约定的利率超过年利率36%,超过部分的利息约定无效。借款人请求出借人返还已支付的超过年利率36%部分的利息的,人民法院应予支持。”也就是说,约定24%以内的利息,法院会保护。24%到36%之间的利息属于自然之债,如果你支付了是无权要求返还的。超过36%的利息是无效的,借款人有权要求返还这部分利息。

保底型

保底型理财产品是很常见的一类理财产品,有些理财公司会向投资者许下美好诺言,保证本金和高收益,如有亏损,由理财公司补足。

案例:

在张某起诉某投资公司要求返还理财本金的案件中,双方约定由张某投资7万元,委托投资公司代理有偿专户理财,每月收益3%,但是也不说这个专户是哪个账户,是操作股票还是期货,投资公司还承诺若他代理操作的账户出现亏损,由投资公司自行承担。这份合同看起来很美好,万无一失。但是等合同到期了,张某却找不着这个投资公司了。法院经审查认为,虽然合同名为《委托投资理财合同》,但双方未就委托事项、投资品种和投资规模等内容作具体约定,且委托人缔约的目的在于纯粹追求固定的本息回报,而对受托人管理资金的行为及收益的分成并无预期。最终,经过释明,法院确认原、被告之间不构成委托合同关系,应按照其实际构成的民间借贷法律关系处理,判处投资公司返还张某投资本金。

保底型理财产品的风险主要有两点:第一,很多保底型理财合同实际上并不构成委托理财法律关系。不是说标有“理财”两个字的合同就是理财合同,委托理财合同的法律性质应当结合当事人主体身份、委托资产的权属转移、理财收益和风险承担方式等，对委托理财合同是否构成委托合同法律关系作出认定。对名为委托理财合同，但合同约定的权利义务关系不构成委托合同关系的，应按照其实际构成的信托、合伙、借贷等法律关系处理。第二，在司法实践中，除商业银行依照金融监管机构的规定开展保证收益理财计划外，理财合同中的保底条款并不能得到法律保护，很多法院在处理委托理财案件上都确认了保底条款无效，因为它违背了民法的公平原则以及委托关系中责任承担方式的规则。作为合同核心的保底条款无效，将直接导致整个理财合同无效。合同无效后，虽然理财公司需要返还投资本金，但投资者期待的高收益很可能作废。

很多人总觉得理财合同和投资手册如同天书、无法消化。其实，无论何种理财产品，文本多复杂，其本质都是合同，投资者应该静下心来，把它最核心的权利义务读懂了、吃透了，就能明白这类理财产品到底是什么，是否合法，是否可行。比如，我们很多人在网络上购买理财产品，上面写的“预期年化收益率”多少多少，这并不是保底条款保证收益多少，事实上，当你点击它的“产品说明书”的时候，里面很清楚地写着“本产品为非保本”“预期收益不等于实际收益，最不利情况，投资者可能遭受本金损失”。所以，我们应该仔细阅读理财产品说明书、风险揭示书等，确认自己具有相应的风险认知和承受能力。

债权转让型

债权转让型理财产品，是指理财平台将借款需求和投资需求进行打散组合，由债权人将资金出借给借款人，然后理财平台将获取的债权进行分割，通过债权转让形式将部分债权转让给其他投资人。

案例：

有的理财公司虚构一个虚假的债权，比如，一个假的借款合同，或者拿着一个借款人已经还清的借款合同，让理财人去购买这笔债权。还有的拿着一个房屋抵押的他项权利证书，告诉理财人，这房子有抵押，特别安全。等理财产品到期了，投资人去向借款人索要还款，却发现根本没有这笔债权，或这笔借款已经偿还了，所谓的他项权利证书，上面写的债权人根本不是投资人，而是理财公司或其他人，债务人早就把他项权利证书对应的欠款还清了，抵押登记也解除了。可见，对于债权转让型理财产品，投资者很难核实基础债权是否真实，款项是否借出，是否偿还，债权转让是否通知到债务人等。因为在购买债权时，债务人是不在场的。这些不确定因素将直接影响投资者的资金安全。

传　销　型

传销，是指组织者或者经营者发展人员，通过对被发展人员以其直接或者间接发展的人员数量或者销售业绩为依据计算和给付报酬，或者要求被发展人员以交纳一定费用为条件取得加入资格等方式取得利益。在实践中，传销形式五花八门，一些传销包着理财产品的外衣，很不容易让人察觉。

案例：

姜某与某公司签订了《房屋认购分销协议》，约定：姜某成为该公司的房地产楼盘分销商，她经过推广销售或自愿缴纳购房意向认购金达 6 万元，有权按照公司指定的绩效薪资与补助标准享受相应薪资待遇；姜某通过组织推广意向购房客户所得购房基金累计达到购房标准时，所交购房意向认购金将可充抵为实际购房款，并完成购房。签订合同后，姜某陆续缴纳购房意向认购金 44 万元。但该公司既未兑现与姜某签订购房合同的承诺，也没有支付姜某薪资。当姜某提出要求返还认购金后，公司便再无法联系。故姜某诉至法院，要求公司返还认购金。法院经审理查明，该公司的几位工作人员以签订房屋分销协议为名，实际上进行传销活动，已被法院判处组织、领导传销活动罪。最终法院认为，传销行为是我国法律明令禁止的、非法的经营活动和方式，不受国家的法律保护，该案涉及传销活动，应由相关部门处理，姜某的起诉不属于民事纠纷，也不属于法院民事诉讼的受理范围，故裁定驳回姜某的起诉。

传销型理财产品的投资风险非常大，因为领导、组织传销活动本身是犯罪行为，传销组织通常以投资项目为幌子，把层层分销情况作为计酬依据，投资人参与传销所缴纳的投资款，极有可能作为违法活动的经营资金而被法院直接罚没。如果投资人直接组织传销活动,甚至有可能触犯刑法。

购买产品型

有的理财公司会以销售某种产品为基础,进行宣传推广,声称只要购买该产品,就可以获得高额返利。

案例:

理财公司向李某宣称一次性消费13,800元可获得一套保健品组合,并成为公司会员,还有分期返利。李某遂投入资金购买了该套产品,但并未获得预期返利。在追索投资款的过程中,李某发现,该理财公司的设立者刘某已被刑事追诉。经法院查明,刘某以理财公司的名义与多人签订了《委托理财协议》,非法吸收被害人投资款共计38.6万元。法院认为,刘某违反国家金融管理法规,在不具备吸收公众存款资格的情况下,以代为理财的名义,向社会不特定公众吸收资金,变相吸收公众存款,构成非法吸收公众存款罪,涉案赃款应予以追缴退赔。

购买产品型的理财产品很容易成为理财公司"圈钱跑路"的工具。这些理财公司可能既没有实际销售其宣传的理财产品,也不具备吸收公众存款资格,只是打着销售产品的旗号,行非法集资之实。

金融交易型

金融交易型理财产品,一般约定委托人将其资金、证券等资产委托给受托人,由受托人在证券、期货等金融市场上从事证券等金融工具的组合投资、管理活动。简单来说,就是投资人提供证券账户与资金,委托理财公司或理财人员进行证券交易。有一些理财公司为了吸引客户,会签署保证条款承诺证券账户的获益率,并保证如发生亏损,由理财公司补足。有的会因为没有签订书面合同,最后理财人员否认委托合同关系,或者否认承诺高收益。

案例：

周某与罗某签订《证券投资委托理财协议书》，约定周某将在某证券公司开立的资金账户中存入资金170万元交由罗某操作理财，期限半年。罗某保证周某账户盈利不低于8%，否则罗某需按照8%补齐。后因该证券账户产生亏损，周某诉至法院向罗某索赔。最后，法院认定该合同涉及保底条款整体无效，并根据双方当事人的过错，判定了赔偿数额。

这类理财产品引发的争议非常多，如果投资人碰到的并不是什么专业操盘手，理财公司也没有相应的从业资质和经验，证券市场风云变幻，他们有什么把握能保证投资人的账户稳赚不赔？一旦发生资金亏损，他们可能跑得比谁都快。所谓的零风险，只是挂在嘴上。

分 红 型

分红型的理财产品经常出现以下两种模式：一是理财公司宣传某利润雄厚、市场广阔的企业要发行内部股，然后吸引投资者购买该公司股份成为隐名股东，并承诺投资者可以定期领取公司红利；二是专门设立一个有限合伙企业，吸引投资者成为有限合伙人，享有固定收益。

案例：

裘某与某投资公司签订了《入伙协议书》，约定投入200万元投资基金共同设立一个有限合伙企业"某投资管理中心"，用于开发南充的一个商业区，该基金投资存续期为12个月，预期年化收益率为11%，裘某为该企业有限合伙人，有限合伙人以其认缴的出资额为限，对合伙企业债务承担有限责任，投资公司承诺本金及收益在期限届满后一次性支付给裘某。该入伙协议书特别厚，条款非常之多，显得非常专业。北京某担保公司也同时出具了《担保函》。然而裘某对有限合伙企业的具体情况并不了解，也没有参与其经营活动。在投资期限届满后，投资公司并没有还款，裘某发现这个公司根本没钱。无奈之下，裘某抱着一线希望千里迢迢奔赴北京起诉了担保公司。最后，法院也根据担保函判决担保公司承担相应的还款责任。然而在执行过程中,法院发现担保公司也没有可供执行的财产,执行困难重重。

分红型理财产品与实体企业结合显得非常有投资前景,很多投资人盲目信赖企业的美好前景,最后却和裘某一样,不仅不能得到分红收益,甚至连投资本金也很难追回。

【知识提示】

安全、稳健的理财产品的重要标志之一就是配有安全、有效的担保。担保方式的约定,将直接影响到投资本金及收益是否有保障。我们在投资理财的时候,要学着去辨别担保方式是否是有效安全。那么,究竟哪些担保方式可以称为安全、有效?

现实中的担保方式主要包括理财公司自行承诺、人的担保和物的担保 3 种。第一种理财公司承诺的保底理财条款,合同效力如前述,可能无效,风险较大。第二种人的担保,好的理财产品为了保证投资人的资金安全,会由国内大型担保机构联合担保,如果遇到坏账,担保机构应及时把本金和利息打到投资人账户,相对比较安全。然而,有些理财产品只是拉一些没有担保牌照的小公司出具保函,这种担保既无监管约束又无杠杆限制,容易产生虚假担保和资金不足的情况,投资人很容易面临欺诈和信用风险。第三种物的担保,房产抵押、实物质押一类担保模式相对安全,但也存在一定风险。因为在实现担保物权的过程中,可能会遇到权属争议,无法立即优先受偿,而且通过诉讼实现担保的周期也较漫长。在物的担保中,有一种风险系数较高的担保方式叫作“应收账款质押”,就是把委托理财合同中债务人对第三方享有的债权,质押给投资人。应收账款质押的风险在于,如果没有进行质押登记,那么质权就没有设立,担保没有实质意义;即使登记了,对第三方债权的真实性也很难查证,而且如果质押对第三方的通知不到位,第三方直接向债务人清偿了欠款,那么质押财产就可能直接缩水了。现在新类型的担保方式越来越多,在选择理财产品的时候一定要挑选科学、可靠的担保方式。

【法官专业提示】

“理想丰满，现实骨感。”想要安全稳健理财，风险确实不小，需要特别说明的是，笔者所说的这些理财产品，并不是说他们都是违法的，只是在人们眼中，其风险系数容易被误解，从而可能作出错误的投资决定。在此，向大家作出几点专业提示。

一是仔细甄别理财产品内容。投资者不仅应当关注理财产品的收益，更重要的是了解理财产品的具体内容，全面了解资金流向和用途。比如，传销型、购买产品型等理财产品涉及违法犯罪行为，理财公司的违法所得会被追缴退赔或直接罚没，投资款必然难追回，约定收益再高也是“竹篮打水一场空”。对于分红型理财产品，我们应该深入考察投资企业的发展实力，可以去国家企业信用信息公示系统、中国裁判文书网或者一些专门的 App 去查询他的公司股东、股权结构、对外投资情况、企业年报、关联诉讼等。签订合同时，投资者有权要求理财人员对合同的主要条款和不明确的内容作出说明，千万不要轻信理财人员的口头承诺，对那些信誓旦旦声称高收益、有内幕消息的，要保持足够的警惕。要以审查理财公司的合法性和书面理财合同为主，必要时通过法律咨询后再决定是否投资理财。

二是选择正规、合法的理财平台。理财的时候，应当选择正规的理财渠道，全面考察理财公司的资质和实力。有些理财公司并不是金融机构法人，也未取得经营许可，却违反国家金融管理法律规定，以理财为名进行集资诈骗。有些理财公司会驻扎在银行里，打着银行的旗号推销理财产品，投资者信以为真购买了该理财产品，结果等亏损的时候才发现购买的只是第三方机构的理财产品。所以，签订合同的时候一定要认真审查理财公司的名称、资质和实力，是否是合法注册的法人机构，是否取得委托理财业务经营许可，经办人有无委托手续、员工证明等，不能只图收益而忽视了投资理财的合法性。

三是理性维权,及时“止损”。理财纠纷具有一定的潜伏期,一旦发生兑付困难,短时间内极容易爆发大量群体性同质类案件。刚开始只有零星一两个案子,理财公司还可能出庭应诉或者调解、赔付,等到理财公司不规范的操作让越来越多的人察觉,诉讼越来越多,这时候,有的理财公司就跑路了,不出庭、不应诉,这时候,在法院穷尽送达途径找不到理财公司的情况下,只能选择公告送达,那么这一等又至少是 3 个月。所以,在此提醒社会公众不能陷入“连环受损”的困境,在委托理财合同到期的情况下,已经知道本金及利息不能按约给付,还轻信理财公司的再次承诺,又续签延期给付本金、利息的补充协议,使损失不断扩大,等到理财公司人去楼空,才提起诉讼,判决生效后很可能无法执行,投入的本金、利息很难要回来。投资者应当在发现理财公司不按合同履行时及时提起诉讼,依法保护自己的合法权益才是良策。

总之,大家投资理财时要足够谨慎和理性,不要被高额利益回报蒙蔽双眼,不加思考地盲目跟风理财,否则势必带来高风险和极大损失。再次提醒社会公众,“高额利益有风险,投资理财需谨慎”!

法官简介

蒋怡琴

扫二维码
亲临法官说法现场

北京市大兴区人民法院民一庭副庭长、审判员。

审理民商事案件近2000起，包括企业改制、合伙清算、消费者维权、股权转让等多件疑难复杂案件。曾发表30余篇生动有趣的法律实务文章。《论标准在民事裁判中的适用》发表于人文核心期刊《行政与法》；《解除待履行合同的溯及力研究》入选“第六届中国破产法论坛”优秀成果，并收录于《破产法论坛》；《借名买车情形下所有权的认定》等20余篇案例分析发表于《人民法院案例选》《中国法院年度案例》《人民法院报》等；撰写《大兴法院消费者权益审判参考》《刑法禁止令的现实困境与解决》《二审和解协议的效力困境与程序架构》等8篇论文获全国法院系统、北京市法院系统学术讨论会二等奖、三等奖、优秀奖以及中国调解高峰论坛主题征文活动三等奖。

荣立个人三等功3次，获“北京市法院党建工作先进个人”、“北京市高级人民法院‘百天百件骨头案’化解活动先进个人”、大兴区人民法院“优秀共产党员”等荣誉称号。

防范移动支付风险

晋　怡

随着移动支付的场景不断延伸，手机早已成为消费者的“移动钱包”，出门只需拿出手机，一扫一刷就能轻松完成各种消费。“手机在手，支付不愁”的支付观念，早已渗透我们生活的方方面面，但我们在享受便捷的同时，也需要关注移动支付带来的风险。

【风险提示】

移动支付的风险主要包括错误转账追逃难、账户资金被盗刷、遭受电信网络诈骗、个人信息和隐私泄露四方面风险。

错误转账追讨难

在面对面的现金交易中，给错钱是很少出现的，但在移动支付中，因账号输错或者错误操作而错误转账的情况时有发生，此时，要找到这位收错钱的当事人十分不易。

案例：

孟某想给自己的爱车购买车辆保险，经过与保险业务员沟通，决定以支付宝转账的方式缴纳保险费，业务员给孟某提供了 QQ 邮箱式的支付宝账号，但是孟某由于操作失误，输错了支付宝账号，误将5500元的保险费转到一个陌生人的支付宝账户，因为支付宝转账无须收款人点击收款，转账时只要存在这个支付宝账号，钱就自动转账成功了，支付宝平台也无权撤回。孟某通过QQ号和支付宝聊天与这位陌生人联系，但是对方没有回应，孟某也寻求了支付宝客服的帮助，但是客服联系对方也不回应，无奈之下，孟某只能向法院提起诉讼，要求陌生收款人还钱。虽然最终法院认为这位陌生人没有合法依据获得5500元，属于不当得利，判决陌生人返还5500元。但是孟某在追讨款项的过程中存在很多障碍，比如，孟某要起诉这位陌生人，首先，要查清楚其真实姓名和相关信息才能起诉，最起码要知道身份证上的名字，光知道其账号或者网名是不行的。其次，关于起诉地问题，按照我国《民事诉讼法》的规定，因不当得利纠纷提起的诉讼，由被告住所地人民法院管辖，如果这位陌生人与孟某不在同一省市，孟某还要到陌生人所在地法院起诉，诉讼成本也会很高。最后，关于款项能否执行回来的问题，即便胜诉，还存在后续不能执行到款项的风险。

账户资金被盗刷

移动支付借助移动网络和智能手机进行支付，一旦手机被盗、中病毒或者被他人擅自操作，很可能造成资金被盗的情况。

案例：

盗用他人支付宝，自发自收红包盗窃4万余元。A和B是好朋友，A拿B的手机玩，过程中发现B的支付宝可以自动登录，然后A就想到了用B的手机给自己的支付宝账户发红包的方法盗取资金。刚开始时，A试了一笔大数额的，这时系统提示他需要输入支付密码，A就查看B的支付宝支付设置，发现B的支付宝开启了小额免密支付功能，于是他开始从10元发起，50元、100元……他发现免密支付的最高金额是200元。于是当晚他用B的手机，给自己的支付宝账户发了200多个红包，从B的支付宝里盗取4万多元。

案例：

盗用他人信息注册支付宝，盗走卡内1万余元。某天早上，A被3条银行提醒短信惊醒，信息显示她在昨晚消费了 1 万多元人民币。A 纳闷了：自己昨晚明明是在睡觉，什么也没干，银行卡怎么会消费了 1 万多元呢？她随后意识到自己的卡可能是被盗刷了。A 随后赶到银行查询，被告知自己的银行卡绑定了一个其并不知道的支付宝，报警之后，经过警方侦查发现，这个支付宝账号预留的电话竟是 A 的室友 B 的。原来，B 是用 A 的身份证信息注册了一个支付宝账号。她又假装要用 A 的银行卡给自己充话费，毫无防备的 A 将自己的银行卡号告诉了 B，随后，B 又让 A 把银行发送到她手机上的验证信息告诉自己，A 没有多问就照做了。得到了银行卡号、验证码，B 就通过把支付宝账号和银行卡绑定的方式，从 A 卡里转走 1 万多元。

案例：

手机遗失被盗刷损失数千元。A 在前一天晚上醉酒后不慎将手机遗失，早晨起来补卡后登入自己的微信，发现自己里微信的 6600 元全部被转到一个叫"花好月圆"的账户内，于是报警。经过警方侦查，民警也将嫌疑人 B 抓获了，B 称，他在一条小巷子里捡到一部手机，手机没有设置锁屏码，可以直接进入手机页面，而 A 的微信也是自动登录的状态，犯罪嫌疑人正好手机话费没了，就想试着用 A 的微信余额充话费，因为不知道密码，就随便试了一个"123456"，没想到就成功了，于是，B 将 A 全部的微信余额都转到自己的账上。

遭受电信网络诈骗

2018 年 1 月 17 日中国银联发布《2017 移动互联网支付安全调查报告》，这份报告是通过对 34 个城市，超过 10 万人进行调查的结果。报告显示，移动支付在给人们带来便利的同时，也有着相应的风险。这份报告主要有 4 项调查内容，包括 2017 年移动支付市场总体情况、安全行为、网络诈骗现状以及网络诈骗受损情况。根据报告显示，使用过移动支付的受访者已超过 9 成；相比刷卡支付，7 成受访者更习惯使用移动支付；8 成以上受访者通常使用二维码扫码支付。数据还显示超过 6 成受访者在使用手机时，存在一些不安全行为，对个人信息或支付账号的安全产生威胁。

说到网络诈骗，在《2017 移动互联网支付安全调查报告》中，对常见的诈骗手段排名，第一位是社交账号盗用，有 65% 的受访者遭遇过；第二位是短信木马链接，有 45% 的受访者遭遇过；第三位是钓鱼链接诈骗，有 41% 的受访者遭遇过；第四位是骗取验证码，有 39% 的受访者遭遇过；第五位是扫描不明二维码，有 30% 的受访者遭遇过；第六位是连接不明 Wi-Fi，有 13% 的受访者遭遇过。

移动支付时的不安全使用行为，也有调查和排名，第一位是有优惠的促销二维码都会扫，49% 的受访者存在这种行为；第二位是删除 App 之前不解除银行卡绑定，49% 的受访者存在这种行为；第三位是上网时会如实填写各类支付信息，44% 的受访者存在这种行为；第四位是会看有链接的短信和邮件，39% 的受访者存在这种行为；第五位是会安装跳出的不明文件，39% 的受访者存在这种行为。

根据数据显示，在受骗人群的分布中，女性以及 50 岁以上的人群受骗比例高。曾遭遇网络诈骗的女性受访者有近 3 成。50 岁以上的人群中，遭遇过网络诈骗的将近 6 成。50 岁以上人群容易受优惠信息吸引，对于不明二维码的防范意识较差，这种见码就想“扫一扫”的行为，十分不安全，而且受损比例高，这个年龄段的人群被诈骗后，进行挂失以及选择报警的不足 3 成。

个人信息和隐私泄露

移动支付带来便捷的同时，也增加了个人信息和隐私被泄露的风险。在 2018 年年初，支付宝增加晒个人年度账单的功能，因可能泄漏用户个人信息，使蚂蚁金服陷入了“服务协议”风波。笔者也晒了自己的个人年度账单，查询年度账单时，笔者也没有注意到“我同意芝麻服务协议”的那行小字，更没有点开去看它的具体条款，也是事件发生后，才又回去看他的那些条款，才知道根据协议，他们可以直接向第三方提供用户的相关信息、可以将用户的全部信息进行分析并推送给合作机构，有权不支持用户撤销对第三方的信息查询授权等内容。这个事件告诉我们，在享受网络便捷的同时，我们的个人信息和隐私很可能遭到泄露。

根据 2018 年中国互联网协会发布的数据显示，63.4% 的网民通话记录、网上购物记录等信息遭泄露;78.2%的网民个人身份信息曾被泄露,包括姓名、家庭住址、身份证号及工作单位等。而从近年来电信和金融诈骗的发展趋势看,随着人们防范意识提高,广撒网式的随机诈骗手段已经很难得逞,依靠个人信息实施精准诈骗成为主要手段。这也导致个人信息尤其是个人金融信息有很大的购买市场,被大量的非法买卖。一边是不法分子集中火力,寻找漏洞,非法盗取和买卖个人信息,另一边是第三方支付平台、运营商本身计算机系统的技术存在漏洞,还有就是互联网服务提供商事无巨细地、过度地收集用户个人信息。比如,前几天笔者安装了一个拍照软件,在安装的过程中,会跳出来一个提示,内容是允许读取个人通信录信息、允许读取短信、通话记录等,如果不点否定,就授权该软件读取上述信息了,而这些信息和拍照功能并没有什么关联的必要性。以上因素使我们的个人信息和隐私有随时被泄露的风险。

案例:

2016年发生了一起盗窃案,5名被告人预谋利用手机木马程序窃取手机用户信息后,盗刷用户银行卡。为实施犯罪,5人共同出资购买作案使用的笔记本电脑、手机、移动电话卡和木马程序软件,有人负责编辑和发送带有木马程序链接的短信,有人负责提供手机号和收集感染手机病毒用户的信息,有人负责买手机卡和放哨,有人负责组织和销赃。其中,被害人陈某在收到带有木马程序的手机短信后,点击了链接,随后他的资金账户信息被盗取。法院经过对恶意代码木马程序进行司法鉴定,显示这个木马程序运行后将在用户无法察觉的方式向指定号码发送短信,激活设备后隐藏自身进程,拦截用户短信,获取用户短信内容、联系人信息并通过邮件的方式发送给恶意代码作者,造成严重的隐私泄露。后来,这5名被告人均因犯盗窃罪,被判处刑罚。

【预防提示】

手机不仅是消费者的"移动钱包",更是资金账户的"安全阀门",合理谨慎使用移动支付工具，可有效避免移动支付风险发生。

把好信息核对关　避免错误转账发生

因错误转账导致的不当得利纠纷时常发生，要想避免此类纠纷发生，就需要我们在转账时认真核对对方的账号信息，转账成功后及时向对方核实款项是否收到，并且保留转账凭证。

合理进行手机设置，降低资金被盗刷风险

使用手机时要开启锁屏功能，使用密码解锁或指纹解锁；带有支付功能的软件不要设置自动登录，并且取消记住用户名的设置，随时用随时登录；尽量不要使用免密支付功能，设置移动支付密码和验证方式；设置支付密码时，不要设置像“123456”等过于简单的密码，且支付密码最好不要用自己的生日、手机号码等容易被破解的密码；建议关闭小额免密支付功能，设定支付限额，防止损失扩大；更换手机号码时，及时解除微信、支付宝等网上支付平台与手机号码的绑定，最大限度地预防移动支付账号被盗取盗刷的风险。

强化心理防线　免遭电信网络诈骗

不因贪图小便宜而受不法分子诱惑，在任何情况下，不向对方透露自己及家人的身份信息、存款、银行账号和密码等；不轻信优惠信息、促销信息和抽奖信息；扫码时分清收款码与付款码；不轻信来历不明的电话或短信，如不能判断真伪应及时报警；微信或 QQ 好友要求转账时，跟本人电话核实。一旦遭遇网络诈骗，第一时间挂失银行卡并报警。根据报告显示，拨打银行客服挂失卡片的受访者，遭遇诈骗但没有损失的比例将近 5 成，而通过第三方机构挂失等其他止损方式的受访者，遭遇诈骗但没有损失的比例也将近 3 成。因此，遭受诈骗后及时挂失对于防止损失发生很重要，也很有效。

提高防范意识　防止个人信息和隐私泄露

移动用户应该对网上的支付操作多加谨慎，不要随意点击来历不明的网站

和网页;安装手机 App 时,要认真阅读授权条款,凡是涉及个人信息和隐私,切记不可随便授权;少做微信朋友圈来历不明的小测试,以防个人信息和隐私被提取;使用网络聊天工具或网上银行时,尽量按照账户的类型,分类管理,不同场景应用不同密码,比如,普通的一套,邮箱类一套,资金交易类一套。

【知识提示】

在移动支付中,钱款的交付是利用手机支付软件,所以证明付款事实的证据多为电子证据。妥善保存、合理使用电子证据,可有效挽回移动支付风险造成的资金损失,但因电子证据保管使用不善,也会产生举证困难的风险。

电子证据是指通过电子邮件、手机短信、电子数据交换、网络聊天记录、微博、电子签名等产生或者保存在电子介质中的信息。电子证据保管使用不善的风险主要体现在两个方面:一是移动支付会存在不能确认对方真实身份的情况。与线下的真实交易不同,移动支付在线上的身份往往与线下真实身份无法对应,也就是说,很多人的移动账户使用的都是“网名”,比如,支付宝需要实名认证,万一发生纠纷,可以通过一定途径查询到对方真实信息,但像微信就不是实名的,如果微信绑定了银行卡还好些,可以通过查询绑定的银行卡信息查询对方真实身份信息,但如果没有绑定银行卡或者绑定了他人的银行卡,就很难获取到对方的真实身份信息。二是电子证据容易丢失,无法证明支付过程的问题。比如,删除了聊天记录或者手机损坏、丢失等情况都会导致相关电子证据丢失,造成维权时举证困难。

案例:

赵某自己有家公司,公司有个大院,于是就想买只藏獒看家护院。赵某在同城网上联系了一个叫曹某的男子买狗,两个人电话联系后约到狗厂见面,然后曹某就把赵某带到江某的店里,店员就给她推荐了一只所谓的“藏獒”,协商之后售价是 4000 元。赵某通过支付宝将购狗款 4000 元按照曹某的要求转给了一个叫"小静"的支付宝账户，转款成功后，赵某就抱着狗回家了。到家之后，经朋友提醒，赵某发现买的狗根本就不是藏獒，自己上当受骗了，遂抱着狗回到狗厂，协商之后，赵某把狗退了，店员说会支付宝退款，过程可能需要几天。但是过了很多天款都没退回来。赵某又找到曹某和店员，曹某和店员都不承认有买狗这回事，赵某无奈只能起诉，但是在诉讼过程中，江某和曹某互相推诿，都说"小静"这个支付宝账号和自己无关，自己没收到钱。法院经向支付宝公司调查取证，获得了"小静"的支付宝账户信息，但也联系不到这位"小静"。可想而知，赵某的这次维权必定是曲折的。

【法官专业提示】

移动支付的风险无处不在，需要使用者实时实地提高警惕：一是交易时尽可能地保留书面凭证，例如，合同、发货单、借据、收据等，避免因电子证据举证困难带来的资金损失无法追回；二是在需要支付的时候，要支付给交易者本人账户，尽可能选择银行支付，因为银行对收付款人及交易记录都是实名且可以调取；三是如果必须选择移动支付，建议让收款人当面打一个收条，如果不是面对面的交易，一定要注意核实对方的支付信息，并且让对方提供真实的身份信息，保存好支付的证据。在纠纷发生时，及时报警或向法院提起诉讼。

法官简介

晋 怡

扫二维码
亲临法官说法现场

北京市通州区人民法院民三庭负责人，一级法官。

长期从事民商事审判工作，审理了大量涉北京城市副中心建设的疑难复杂案件。撰写的《物业公司以业主共有停车位获取的利益应当返还全体业主》《北京毛世恒源厨房设备有限公司诉戴龙飞加工合同纠纷案——发起人为适格被告的认定》发表在《最新房地产典型案例评析》《人民法院案例选》。合作撰写的论文《论基层法院审判团队建设的检视与重构》获2019年“百名法学家百场报告会”首都法学家专场报告会优秀奖。作为执笔人参与2017年度北京市法学会重点调研课题“北京城市副中心建设法治保障问题研究”。

获“北京市审判业务标兵”“北京市法院模范法官”“北京市三八红旗奖章”“首都劳动奖章”“首都政法先锋”“全国法官办案标兵”“全国优秀法官”等荣誉称号。

预防移动支付犯罪

蔡　秀

“先生您好，我们正在创业，这是我们的微信，请您关注，支持我们创业，谢谢！”你是不是也在坐地铁时遇到过这种情形？“我是××，这是一份文件，请你看一下，http/×××.××××××××”，“老同学你好，这是同学聚会时的照片，http/×××.××××××××”，你是不是也曾收到类似的短信？“扫码关注可以获得一个礼品”，你是否曾经被“熊孩子”缠着不得已扫码？微信付款、支付宝付款、小额免密支付、网上购物……有没有觉得离开手机支付寸步难行？为了浏览信息，你是不是经常注册浏览一些小网站、小程序？

进入移动互联网时代以来，人们对于支付交易的便捷性有了更高的要求，移动通信技术发展提高了支付行业的信息化水平，深入到人们社会生活的方方面面，改变了传统的支付方式，移动支付行业也应运而生，大有向无现金时代发展的趋势，甚至有人说“手机在手，走遍天下”，“出门可以不带钱包，但绝对不能不带手机”。数据显示，2018 年年底，中国网民规模突破 8.29 亿人，手机网民规模达 8.17 亿人，互联网普及促进了中国电子商务行业的强势崛起，中国电子商务交易总额已达 31.63 万亿元，其中，网络零售交易额达 9 万亿元。从中国银联《2017 移动支付安全调查报告》中的调查数据来看，8 成以上的受访者经常使用二维码扫码付款，近 5 成人群即使在二维码来源不明的情况下，也会因为有优惠信息而去扫码。移动支付给人们带来便捷的同时，也成为不法分子觊觎的目标，给人民群众的财产安全带来了较大威胁。移动支付犯罪，是指行为人利用移动支付的交易规则、技术漏洞、监管缺位等实施的侵犯公私财产、破坏金融管理秩序等违法犯罪行为。

【风险提示】

移动支付须谨慎

二维码、小程序、网购……人们在享受便利的同时,也可能误入陷阱。二维码收款、扫码关注送礼品等活动,在给我们的生活带来便利的同时,也存在安全隐患,不法分子通过在二维码、链接中植入病毒劫持手机短信,获取被害人的支付宝账户、密码等信息,窃取钱款。

为了生活、工作方便,大家会在很多网站、小程序注册账户,浏览信息,为了方便记忆,许多网站账户的用户名和密码往往是相同的。犯罪分子就是利用了这一点,攻破其中一些安全防护功能比较弱的小网站,利用"爬虫"程序爬到这些小网站的用户名、密码,然后再批量尝试登陆微信、支付宝、淘宝等网站,登陆成功后实施侵财犯罪。

当前很多移动支付应用都是通过手机号来注册的,犯罪分子一旦复制了手机卡就可以通过验证码的方式修改密码。同时,绝大多数移动支付应用都有快捷支付模式。在这种支付模式下用户只需要输入与银行卡、移动支付软件绑定的手机号收到的验证码即可完成支付。一旦手机卡丢失或者其中的信息泄露,犯罪分子就可以通过手机号接收验证码来窃取我们的财产。

现在很多移动支付应用都有小额免密功能,开通这一功能后,一些小额交易无须密码就可以完成。别有用心的犯罪分子借助这一功能,趁人不备使用他人手机给自己的微信、支付宝转账、发红包。

上述几种情况,都是我们在享受移动支付、互联网购物等带来的便利的同时所面临的风险。

【预防提示】

直接盗窃型

通过近年来的审判实践,我们发现利用移动支付进行侵犯财产类犯罪可以概括为以下3种类型。

第一类是直接盗窃型,即通过微信、支付宝账户直接转账获得他人财物。这类犯罪多系熟人作案,通过获取原支付密码或利用小额快捷支付或私自设置面容ID、指纹等支付密码的方式,偷偷使用受害者的手机操作转款。

案例:

被告人林某和被害人高某是同事,2人在同一个宿舍居住,案发当天,被告人林某趁高某洗澡的时候,使用高某的手机,利用微信小额免密的功能,给自己转账,窃取高某银行卡内钱款2000余元。被害人高某发现后报警,警察将林某抓获,最终林某以盗窃罪被追究刑事责任。

在此提醒大家一定要保管好自己的手机,尽量不让他人使用,且最好不要开通小额免密功能。同时,要将微信、支付宝等移动支付工具里保障支付安全的功能全部打开。以微信为例,在"钱包"中可以打开"支付安全",建议将里面的安全功能全部开启。

案例:

被告人王某和被害人李某在玩游戏的时候认识,后二人发展为男女朋友并同居,王某发现李某的支付宝内有钱,趁李某睡觉之机,将其支付宝内的2万元转至自己的支付宝,后又从李某的支付宝内通过蚂蚁借呗向自己的支付宝转账5万元。李某发现其支付宝存在异常后,被告人王某告诉李某钱是他转走的,并给李某打了个欠条。最终,被告人王某被以盗窃罪追究了刑事责任。

以上两个案例都是熟人作案,都是直接利用被害人的手机实施犯罪,被害人一般对自己的手机疏于管理,加之双方关系密切,使犯罪分子有了可乘之机。随着移动支付技术的发展和普及,手机已经不仅仅是一个通信工具,手机上承载着我们的个人信息,安装有第三方支付软件、绑定着银行账户,关系着我们的财产安全,因此,大家务必提高警惕,确保手机处于安全、可控的范围,不给犯罪分子可乘之机。如遇手机丢失,应第一时间联系相关软件运营商冻结账户,必要时挂失所绑定的银行卡。

冒用他人银行卡型

第二类是冒用他人银行卡型,即通过获取身份证、银行卡等个人信息,将他人银行卡与移动支付软件绑定,然后再冒用信用卡骗取他人财物。该类型犯罪行为方式多样,有通过私人信息补办原手机卡,通过手机快捷支付骗财的;有通过挂失信用卡后将新卡与移动支付软件绑定再盗刷新卡的;也有利用移动支付软件绑定他人银行卡侵财的。有些中老年人不熟悉移动支付应用,需要别人帮忙完成注册账号等操作,在此过程中必然会提供自己的全部个人信息,留下了安全隐患。

案例:

被告人胡某与被害人郑某是合作伙伴,二人合伙开了一家中介公司,平时两个人关系比较好,相互之间没有防备,胡某经常玩郑某的手机,被害人郑某年龄比较大,对手机的操作不熟练,曾经让胡某帮忙注册支付宝,在此过程中,胡某记住了他的身份证号、银行卡号等个人信息。被告人胡某利用郑某的手机号注册了微信,并绑定了郑某的银行卡,通过微信红包、微信转账等窃取郑某银行卡内钱款5万元。最终被告人胡某因犯信用卡诈骗罪,被判处有期徒刑5年,并处罚金5万元。

大家应保护好身份证、银行卡等重要证件及其中的个人信息,不要轻易将上述信息泄露给他人,即使需要他人帮助自己注册账号,也要尽量由自己操作。注册之后要留意银行卡的扣费信息,若发生自己不知情的消费信息,一定要及时联系银行。

案例：

被告人韩某非法获取被害人张某的个人信息，在电信营业厅补办其手机卡，利用伪造的被害人张某的身份证补办了张某的银行卡，通过注册支付宝等网上快捷支付账号并使用补办的手机卡接收验证码，进行消费和转款，窃取被害人张某银行卡内钱款共计20余万元。被告人韩某利用非法获取的被害人个人信息复制电话卡，并将被害人的银行卡与复制的电话卡关联，通过网上购物等方式骗取银行卡内的钱款，构成信用卡诈骗罪，被判处有期徒刑6年6个月，并处罚金15万元。

因此，大家一定要保护好自己的手机卡及其中的个人信息，当手机出现莫名停机、手机卡突然无效或停止服务等情形时，应当及时与运营商核实情况，并第一时间联系移动支付商家。有些手机号绑定了银行卡或第三方支付平台，停用后并不会自动解除上述绑定关系，如不能及时解除绑定关系，不仅会给继用者带来不必要的麻烦，而且对自己的财产安全也是一个巨大的安全隐患。因此，建议大家一方面不要随意处置废弃的手机卡，另一方面应及时清理停用的手机号的绑定关系。

案例：

被告人张某与被害人聂某是朋友，张某到聂某家中玩的时候，说自己的手机没电了，要借聂某的手机登录一下微信。后其使用聂某的手机登录了聂某的京东账户，开通京东金条业务，并提现15,000元到聂某的银行卡，他告诉聂某说有朋友给他汇款15,000元，他不方便，需要先转到聂某的银行卡上，让聂某将这笔钱转给他。聂某在不知情的情况分三次将15,000元转给被告人张某。后来，聂某收到京东的还款通知，才知道有人利用他的名义贷款。

这个案例其实就是冒用他人的名义在移动支付平台上进行贷款，这类犯罪的实施既可以像本案一样，直接利用被害人的手机进行操作，也可以是通过掌握被害人的个人信息进行。因具体的行为方式不同，侵犯的法益不同，触犯的罪名也会有所不同。可能会涉及盗窃罪、信用卡诈骗罪、合同诈骗罪或贷款诈骗罪。

冒用他人银行卡型的移动支付犯罪,凸显了被害人对手机及个人信息保护不力,给犯罪分子留下可乘之机的问题,希望大家能够从上述案例中吸取教训,防患于未然。

利用第三方软件或技术手段盗窃型

第三类是利用第三方软件或技术手段盗窃型。犯罪分子编造各种理由骗受害者扫描带有病毒的静态二维码或点击携带病毒的短信、邮件,使被害人的手机处于被监测、信息被截取状态,再利用截获的信息如支付宝密码等窃取他人财物。

案例:

被告人陆某以非法占有为目的,在家中通过网络实施盗窃。他通过电脑或手机向不特定的手机号码发送包含木马病毒的短信,内容为"我是××,这是一份文件,请你看一下,http/×××.××××××××",这个链接其实是一个木马病毒,若被害人点击该链接,手机就会中木马病毒,手机中的联系人及验证码短信可以传到由陆某控制的邮箱和手机中。陆某获取短信后,通过手机网上营业厅获取被害人的个人信息,并将被害人手机绑定的银行卡的密码进行修改,控制被害人的银行卡或者网上银行,通过消费或转账的方式窃取被害人的钱款20余万元。后以盗窃罪被判处有期徒刑5年,并处罚金10万元。

案例:

被告人黄某等人利用非法获取的淘宝用户购物信息及联系方式,电话联系被害人,冒充淘宝客服,以购物不成功需要退单退款等理由要求被害人在钓鱼网站输入银行卡号、密码等信息,在获取银行卡的相关信息后,盗取被害人银行卡内资金,被告人黄某等人通过类似的方法先后窃取多名被害人的钱款。黄某等人最终被以盗窃罪追究刑事责任。

在此提醒大家,看到手机短信或其他社交软件的私信中出现链接或二维码时，务必提高警惕，千万不要轻易打开或识别。二维码本身技术门槛低，编译和发布都较为简单，容易被钓鱼网站和恶意软件利用，类似通过二维码链接钓鱼网站或植入病毒劫持用户信息，进而将用户账户内财产洗劫一空的案例时有发生。网上购物时，如果遇到异常情况都可以直接在正规的购物网站上操作，对于任何自称是客服的人所发送的链接都要十分小心，必要时可以主动和网站的客服取得联系，千万不能贸然点击，更不能输入自己的银行卡密码。对于各种扫码付款、扫码注册会员送礼品的活动等也务必要提高警惕，在不能确定二维码来源正规的情况下，谨慎扫码。

案例：

被告人钟某下载了一个“撞库”软件，用来获取“本来生活”App 的账户信息，同时，他还向别人购买了大量的账户登录信息，批量的尝试登录“本来生活”网站，并成功获取了几十余条用户登录账号、密码，此后，被告人钟某登录这些账户，利用里面的礼金卡进行消费，被盗用的礼金卡价值 1 万余元。被告人钟某被以盗窃罪追究刑事责任。

在此提醒大家，不要轻易在不正规的小网站、App 上使用手机号、身份证号注册账号，也不要使用微信、支付宝、手机银行的用户名、密码在其他网站注册账号，不同的网站应尽量使用不同的用户名和密码，同时也要养成定期更换密码的好习惯，不给犯罪分子留下可乘之机。要做到这一点其实还是很难的，账户名和密码多了难免会记不住，建议大家养成好习惯，不注册浏览小网站，定期更换密码，也可以对不同的用户名和密码做专门的记录，但绝不要记在手机上。

【知识提示】

利用移动支付所实施的犯罪有 3 个典型特点：

一是犯罪主体呈现出低龄化趋势。移动支付是一种新生事物，对于年轻人而言有较大吸引力，很多年轻人都能熟练掌握。移动支付所涉及的通信、金融等领域也都是年轻人聚集、不断开拓的领域。大多数年轻人都能遵守使用规则，然而，也有一些不法之徒利用自己所掌握的移动通信技术实施违法犯罪活动，从审判实践来看，实施该类犯罪的被告人基本上都是年轻人，且低龄化的特点日趋明显。

二是犯罪手段呈现智能化特点。身处互联网时代的行为人可以足不出户的在互联网的任一终端实施犯罪行为，如利用木马病毒实施盗窃犯罪，利用支付交易规则实施诈骗犯罪，利用支付平台交易特点实施洗钱犯罪等等，犯罪手段呈现出更加智能化的趋势。比如，利用移动支付所实施的盗窃，就不再是对他人财物的物理性窃取，而是利用计算机技术对用户账户内的资金进行窃取。

三是侵犯的法益多、牵扯的罪名复杂。利用移动支付进行犯罪不同于传统的直接盗窃、诈骗犯罪，而是在犯罪的过程中会伴随着非法侵犯他人个人信息、非法窃取他人隐私等犯罪行为的存在，案件审理中经常发现犯罪分子在整个犯罪活动中涉及两个甚至三个犯罪行为，并且移动支付犯罪存在于不同的领域，侵犯的有可能是被害人的财产权、隐私权，也有可能是国家对信用卡的管理秩序甚至金融市场管理秩序等，侵犯的法益不同，罪名亦不相同，因此，该类犯罪处理起来难度也会比较大。

就社会危害性而言，利用移动支付所实施的侵财犯罪，与传统的侵财犯罪相比，对被害人带来的危害会更大。

一是该类犯罪具有隐秘性。传统的侵财犯罪多是直接对被害人的财物进行物理性的窃取、骗取，被害人容易发现和防范，而利用移动支付实施的犯罪的手段具有智能化的特点，不法分子通过技术手段窃取被害人银行卡或电子账户内的钱款，被害人不易发现、不易防范、不易挽回损失。

二是该类犯罪的涉案金额比较大，会给被害人造成更大的财产损失。传统的盗窃等侵财犯罪侵害的一般是被害人随身携带的钱款，是现金，数额有限。而通过移动支付进行的侵财犯罪，犯罪的对象是被害人的银行卡、电子账户内的钱款，涉案金额一般会比较大，给被害人造成的财产损失也比较大。

三是该类犯罪的社会危害性大、维权困难。传统的侵财犯罪一般是一对一的犯罪，而该类犯罪只需一台联网的电脑就能实现一对多的犯罪，且犯罪分子不需要直接实施有形的犯罪，而只需躲在暗处操作电脑就能完成，犯罪的成本低、案件的侦破难度大，被害人维权困难。

利用移动支付通过网络实施的这类侵财犯罪，行为人不需要像传统的犯罪那样直接面对被害人实施犯罪行为，只需要一台联网的电脑即可完成，这种隐蔽性会让行为人在实施犯罪时有更大的安全感，更加肆无忌惮，但是这类犯罪同传统的犯罪一样，同样会受到法律的严惩。并且这类犯罪因为犯罪数额比较大、触犯的罪名比较复杂，可能会受到更加严厉的处罚。因此，也提醒一些不法分子不要心存侥幸，法网恢恢，疏而不漏，互联网给你带来“丰厚利润”的同时，也必将会让你付出更加惨痛的代价。

【法官专业提示】

利用移动支付进行财产犯罪的手段有很多，但总结起来基本上都是获取了我们的个人信息，随后再利用这些信息进行犯罪。因此，预防这类犯罪的招式也可以归结为一条，即提高警惕，尽量保护好自己的个人信息。

一是谨慎开通免密支付。在绑定第三方支付平台，开通免密支付功能时，务必仔细阅读相关的条款，明确责任和风险，对其中的风险点、防控措施做到心中有数。同时，建议大家将免密支付设置为较低的额度，避免造成不可挽回的财产损失。

二是妥善保管、处理手机。以手机为代表的移动设备在为我们的生活带来便利的同时，也存在诸多安全隐患。提醒大家务必保管好手机，不要轻易借给他人使用。妥善处理废旧的手机，不要随意丢弃或卖给回收旧手机的人，在处分之前一定要删除所有的应用，并恢复出厂设置。

三是利用手机、电脑等移动终端使用支付宝等第三方移动支付平台时，尽量不要默认自动登录或保存用户名和密码，以防遗失或被木马病毒侵入后危及资金安全。如果绑定银行卡的手机丢失或突然出现故障，建议大家立即致电运营商，挂失、冻结手机卡，并及时到营业厅补办手机卡，冻结微信、支付宝、手机银行等账户,必要时冻结绑定的银行卡,以防扩大损失。

四是支付机构应尽到提醒、保障义务。一方面,支付机构应切实保障用户的知情权,在签订合作协议时,做好规则指导和风险提示,通过签署风险提示书等形式确保用户已知情。另一方面,支付机构应要求商户妥善保管二维码,避免二维码被不法分子破坏、更换。同时,提醒商户关注并保护好自己的二维码,避免被他人恶意更换。

最后,和大家分享一个应对该类犯罪的小妙招——专卡专用,小额存储,即开通一个专门的银行卡用于移动支付,在该卡内不要存储大额资金。

法官简介
蔡　秀

扫二维码
亲临法官说法现场

北京市顺义区人民法院，刑事审判庭副庭长，一级法官。毕业于北京师范大学刑事法律科学研究院。

撰写的多篇案例被《审判前沿》《中国诉讼法判解》等采用。撰写的学术论文分别获全国法院第二十九届学术讨论会二等奖、北京法院第二十七届学术讨论会优秀奖，撰写的裁判文书分别获2016年北京法院优秀裁判文书百佳奖三等奖、2017年北京法院优秀裁判文书百佳奖优秀奖，撰写的司法建议获评北京市法院司法建议二等奖。

荣立个人三等功3次，获“北京市模范法官”“全国法院办案标兵”“先进工作者”“优秀共产党员”“优秀公务员”等荣誉称号，带领的“扫黑除恶”审判团队党小组被评为“北京市法院优秀党小组”。

为了孩子我们可以做得更多

李　娜

近年来，未成年人犯罪案件愈发受到社会的广泛关注，人们对这一群体产生很多质疑和讨论，也对涉罪未成年人在法律上的处罚有很多争论。本文通过未成年人犯罪的特点、典型案例、相关法律规定，针对“教育、感化、挽救”涉罪未成年人给出相关提示。

【风险提示】

常见的未成年人犯罪类型有盗窃、抢劫、故意伤害、寻衅滋事、聚众斗殴等。近年来，这些案件呈现出以下特点：

一是低龄化。我国《刑法》第 17 条规定的承担刑事责任的最低年龄是 14 岁。近年来，十四五岁的孩子犯有抢劫、强奸、故意伤害致人重伤的案件时有发生。

二是暴力化。以往盗窃是未成年人犯罪中的常见简单犯罪类型，现在暴力性犯罪案件逐渐增加，如故意伤害、聚众斗殴、寻衅滋事、抢劫等，多人结伙实施的情况下暴力化程度会更高。

三是性犯罪增加。随着生活水平的提高，未成年人身心发育较早，而信息化手段的发达又使社交渠道更加多样化，强奸、猥亵等性犯罪案件有增多趋势。

四是女性犯罪增加。一些女性未成年人由于涉世未深、与社会不良人员交往、倚强凌弱、虚荣心强、好逸恶劳等原因，不能很好地把握自己而触犯法律，尤以校园欺凌为典型代表，出现寻衅滋事、强制侮辱、协助组织卖淫、敲诈勒索等犯罪行为。

五是与网络有密切关联。比如，有的是从网络上掀起骂战然后现实生活中约架、有的被害人受到校园欺凌被拍摄裸照发到网上、有的在社交软件上交友进而实施性侵等。

在这里给大家讲几个真实的案例。

案例：

小荣是个16岁的女孩，在一所民办学校读书。同学小芳买了一部新手机，小荣艳羡不已，于是趁小芳不备将手机偷走自己使用，后小芳发现报警。法院以盗窃罪判处小荣拘役6个月，并处罚金。小荣因为贪慕虚荣，为了满足自己的欲望铤而走险，证实了那句话“莫伸手，伸手必被捉”。

案例：

小张、小华是同一所职业高中的学生。一次学校召开运动会，因组织观众入场等一些琐事，高年级的小张与低年级的小华发生了口角，双方都非常生气并“约架”。当晚在学生宿舍楼门口，他们各自纠集自己的老乡、同学、朋友等20多人，手持砍刀、木棍等凶器进行械斗，致旁观者2人轻伤、2人轻微伤，参与打架的人员中有多人受伤。事发后，所有参与打架的人都被追究了刑事责任。该案反映出处在青春期的男孩子容易冲动、讲“哥们义气”，不计后果行事。

案例：

提到不计后果，还有件令我印象深刻的未成年人抢劫案件。有3个孩子都是初中就辍学了，来到北京打工，因为年幼且无一技之长，他们找不到合适的工作，平时无所事事，饥一顿饱一顿。为了挣点钱花，几个人预谋后于夜间来到一过街天桥上，持酒瓶对一路人进行殴打，当场抢走现金200元及1部旧手机，随后这3个孩子横穿高速公路逃跑，跑在最后面的那个孩子不幸被疾驶而来的车辆撞伤,后送医不治身亡。一个美好的生命就这样转瞬消逝了,为他的错误付出了生命的代价,让人非常痛心!他们的出发点只是单纯图财,事实上,当选择走上犯罪这条路,就有各种可能会发生,很多不是人为能控制的,常出现更为恶性的后果。

案例:

小英和小丽看不惯同学小佳,2 人预谋后将小佳骗出学校进行殴打,后将小佳带入一厕所内,强迫她脱光衣服,给她拍摄裸照,又将裸照在同学之间传播。之后小佳不能正常上学,心理状态呈现重度抑郁、焦虑状态。在校园欺凌案件中,被害人不仅身体受到侵害,心理上的打击更为严重,常出现恐惧、消沉、抑郁、焦虑,甚至自残、自杀等恶性后果。

【预防提示】

在审理案件过程中,笔者感到震惊、痛惜之余,更深思这些案件发生的背后原因,是什么让未成年的孩子们有恃无恐、胆大妄为,置道德与法律于脑后,笔者认为,总体来说有三个层面的因素,即家庭、学校及社会。

家庭是第一因素。家庭是每个人成长的摇篮,是人生出发的开始,是内心温暖的依靠。然而,并不是每个孩子都能在一个幸福的家庭环境中长大,小亮的故事就是这样。小亮因琐事被同学小白误会,双方产生矛盾。在一家网吧门口,小白与小亮言语不和,小白遂伙同另两人对小亮进行殴打。小亮回到住处后心里越想越气,于是拿刀返回网吧门口。双方再次相遇后,小白等人继续挑衅小亮,小亮持刀将三人扎伤,造成一人重伤,二人轻微伤的严重后果。经法庭调查了解,小亮是非婚生子,母亲在其刚刚出生不久就离家出走,父亲也不抚养他,爷爷奶奶含辛茹苦地将他抚养长大,家庭经济条件较差。虽然小亮有爷爷奶奶的疼爱和叔叔姑姑的照顾,但严重缺乏来自父母的关爱呵护,成长过程中经常受到他人欺负,内心缺乏安全感,非常自卑,缺乏基本的人际沟通和处理冲突的能力,受文化水平所限,人生观、价值观不成熟。这次伤害事件他把长年压抑的情绪释放了出来,最终冲动行事,以致本案发生。这是一起典型的从校园暴力的受害者转变为校园暴力的施害者的案例,我们遗憾小亮的冲动选择,更愤慨小亮父母生而不养,不履行监护职责的不负责行为。

每个孩子背后都有一个家庭,每个家庭都有自己的故事。我们还遇到过很多孩子,有的是父母离异或者一方已经去世或者离家出走多年,有的是父母都外出打工,这些家庭中家长角色长期缺位,有的家长过于溺爱孩子、疏于管教或者过于严苛,教育方法简单粗暴甚至施以家庭暴力等,亲子关系极不融洽,有的父母关系紧张,感情失和,孩子时刻紧绷着神经,较为敏感脆弱,亲子关系疏离。各种家庭原因都在影响着孩子。我们知道,父母是孩子成长过程中的第一任老师,家庭在孩子心目中的位置是最为重要的。在为人处事方面,父母首先要作出榜样,才能培养出好的孩子。孩子的身心能否健康发展,与家长对家庭的责任感、亲子关系、对子女的教育投入以及家长自身的言行举止有着密切关系。如果父母的负面行为较多,子女受到的负面影响就会比较大,实施犯罪行为的可能性就大,甚至直接引发犯罪。因此不可小看父母对孩子的教育和影响,正如心理学家阿德勒所说"幸福的人一生都被童年治愈,不幸的人要用一生治愈童年",家庭所做的一切努力都是为了给孩子培养健全的人格,在之后成长的过程中,能够把握正确的方向前进,而不会轻易误入歧途,付出惨痛的代价。

学校是第二因素。在笔者承办的未成年人犯罪案件中,有很多学历为初中二年级的孩子,这让笔者产生了好奇:为什么初中二年级会成为这些孩子的人生转折点?经过调研和查阅,笔者发现初中二年级学生已进入青春期,身心急剧发展变化,这个阶段的孩子存在种种发展的可能性。美国心理学家霍林沃斯称初二阶段的学生处在"心理性断乳期",是青少年成长过程中的一个必经阶段。初二学生具有叛逆、盲目、易受外界影响、情绪容易激动、暴躁、成绩两极分化普遍、违纪违规频繁、存在心理障碍等特征,又具有可塑性、主动、追求独立等特点。这个阶段是从童年向成年发展的过渡期,既是发展的危险期,同时也不可避免地成为教育的关键期。也就是说,其实是他们生理和心理发育的原因,再加上周围环境的影响,容易导致这些孩子做出过激的行为甚至是违法的行为。

学校是影响未成年人身心发展的一个重要场所,当学生间发生纠纷或者学生们产生负面情绪时,老师没有深入了解、有效介入;当这些孩子表现出厌学、抽烟、迟到早退、与校外人员来往密切、出入游戏厅等不良行为时,学校只是一味地报告给家长,只会升级孩子和家长乃至与校方之间的矛盾,让孩子产生强烈抵触情绪;当孩子对学校产生厌恶感,对校外的刺激生活充满向往时,当学校及家长方面的工作力度较为薄弱,没有采取有效措施把孩子拉回课堂上时,最终只会让孩子过早辍学步入社会。放弃一个孩子就可能增加一份社会不确定因素,增加违法犯罪概率。近些年,学校方面加大教育力度,非常重视学生道德与法制教育。在性教育、安全教育等方面更加开明、注重实效,取得了良好的效果。

社会是第三因素。相同经历、背景的人群聚集,根据我们对案件的延伸调查,很多失足孩子辍学后来北京打工,他们将外面的世界想象得过于理想化,年纪小,没吃过苦,无一技傍身,有的连身份证都没有,年纪轻又爱玩,缺乏吃苦耐劳精神,工作都不长久,慢慢就到了网吧、游戏厅这些地方,在这些地方遇到的也都是差不多经历的孩子,大家聚集在一起无所事事又无生活来源。所以在吃喝成问题的时候,他们不愿意诉诸父母,常常铤而走险,采用非法手段实现谋财的目的。

我们要看到,孩子个体的因素只是一方面。大的社会环境,如文化环境,对青少年的引导并非全是阳光、积极、正面、向上的。文化市场上充斥着一些不良诱导的文化作品,潜移默化地影响着正处于生理、心理发育期的孩子。再如,网络环境的影响,网络是把“双刃剑”,它既打开了孩子们了解外部世界的通道,但也存在一些负面影响,比如,网络诋毁、“人肉搜索”、钓鱼网站、借助网络实施贩毒、卖淫、赌博等违法犯罪,是非辨别能力弱的孩子接触到这些,会给孩子们的心灵造成很大毒害,诱发他们实施犯罪或被犯罪侵害。在现实生活中,网吧、游戏厅、迪厅等娱乐场所需严格执行禁止未成年人进入的规定,对这类从业机构的行政监管更需到位,都还需加强。

归根结底,未成年人犯罪的根源离不开这三个层面的因素,而这些因素之间又在互相影响。虽然自身素质的好坏是决定是否违法犯罪的关键,一些孩子自身素质不高,包括不正确的世界观、人生观和价值观,游手好闲等不良嗜好等,抵御能力差,一旦受到外界因素的不良影响、刺激,很容易走上犯罪道路。但是外部条件的作用力不容忽视,如果家庭、校园好好引导,社会监管到位,就能够大大减少这些孩子犯罪的概率。

【知识提示】

目前,我国法律法规中有关未成年人犯罪的重点知识主要有以下内容:

关于刑事责任年龄,我国《刑法》第 17 条规定:“已满十六周岁的人犯罪,应当负刑事责任。已满十四周岁不满十六周岁的人,犯故意杀人、故意伤害致人重伤或者死亡、强奸、抢劫、贩卖毒品、放火、爆炸、投放危险物质罪的,应当负刑事责任。已满十四周岁不满十八周岁的人犯罪,应当从轻或者减轻处罚。因不满十六周岁不予刑事处罚的,责令他的家长或者监护人加以管教;在必要的时候,也可以由政府收容教养。”

关于免除报告义务,我国《刑法》第 100 条规定:“依法受过刑事处罚的人,在入伍、就业的时候,应当如实向有关单位报告自己曾受过刑事处罚,不得隐瞒。犯罪的时候不满十八周岁被判处五年有期徒刑以下刑罚的人,免除前款规定的报告义务。”这项机制的设立对失足少年非常重要,符合条件的人员在人生重大事项时可免除前科报告义务,给悔过的孩子们敞开了回归之路的大门。

关于犯罪记录封存,我国《刑事诉讼法》第 286 条规定:“犯罪的时候不满十八周岁,被判处五年有期徒刑以下刑罚的,应当对相关犯罪记录予以封存。犯罪记录被封存的,不得向任何单位和个人提供,但司法机关为办案需要或者有关单位根据国家规定进行查询的除外。依法进行查询的单位,应当对被封存的犯罪记录的情况予以保密。”犯罪记录封存制度的出台,就是考虑让轻刑的失足少年能够无痕化回归社会,回归家庭。

关于是否构成累犯,我国《刑法》第 65 条第 1 款规定:“被判处有期徒刑以上刑罚的犯罪分子,刑罚执行完毕或者赦免以后,在五年以内再犯应当判处有期徒刑以上刑罚之罪的,是累犯,应当从重处罚,但是过失犯罪和不满十八周岁的人犯罪的除外。"

关于通知合适成年人到场,我国《刑事诉讼法》第 281 条第 1 ~ 3 款规定:"对于未成年人刑事案件,在讯问和审判的时候,应当通知未成年犯罪嫌疑人、被告人的法定代理人到场。无法通知、法定代理人不能到场或者法定代理人是共犯的,也可以通知未成年犯罪嫌疑人、被告人的其他成年亲属,所在学校、单位、居住地基层组织或者未成年人保护组织的代表到场,并将有关情况记录在案。到场的法定代理人可以代为行使未成年犯罪嫌疑人、被告人的诉讼权利。到场的法定代理人或者其他人员认为办案人员在讯问、审判中侵犯未成年人合法权益的,可以提出意见。讯问笔录、法庭笔录应当交给到场的法定代理人或者其他人员阅读或者向他宣读。讯问女性未成年犯罪嫌疑人,应当有女工作人员在场。"

该规定是在法定代理人不能到场的情况下,比如,父母在外地确因客观原因无法到场,或者是同案犯,也有可能是侵害该未成年人的施害者,由合适成年人替代性地到场,同时也监督法律程序地有序进行,同时还可以配合法庭一起对被告人进行帮教。

关于未成年人社会调查,我国《刑事诉讼法》第 279 条规定:"公安机关、人民检察院、人民法院办理未成年人刑事案件,根据情况可以对未成年犯罪嫌疑人、被告人的成长经历、犯罪原因、监护教育等情况进行调查。"

社会调查就是在案件进入刑事诉讼程序后,从公安机关开始启动,由社会调查机构,现在一般是专业的社工事务所对涉罪未成年人的家庭背景、性格特征、成长经历、犯罪成因以及悔罪表现、监管条件等进行一系列的调查。如有必要,检察院、法院还可以进行补充社会调查。社会调查报告不是证据,但它是区别于成年人犯罪案件的特色机制之一,有助于对未成年被告人进行全面的了解和把握,在建议量刑和最终裁决时提供参考。

上述法律规定和机制设置体现了刑法对未成年人犯罪的宽宥性,确保了未成年人诉讼权利的保障,保证了轻刑犯能够最大限度回归社会和家庭。这是几代少年审判人不懈努力的实践结晶,是司法体现人文关怀的现实写照,是在中国法治建设征程中书写的浓墨重彩的一笔!

【法官专业提示】

要切实有效地预防青少年违法犯罪,需要从家庭、学校乃至整个社会的层面重视并加强青少年素质教育,夯实德育和法治建设,尤其应重视以下三个方面的培养:

1. 培养自律意识。自律意识对于一个人能否遵规守纪的重要性毋庸赘言。从我们审理的案件中不难发现,很多涉罪未成年人体现出情绪波动大,做事易冲动不计后果,不能有效自我约束的性格特征,以至于遇到矛盾纠纷时未能妥善处理,走上违法犯罪道路,这在一些聚众犯罪中体现得尤其明显。还有一些孩子,从小偷小摸开始,不能正确认知和及时改正,逐渐发展成惯偷惯摸,甚至于暴力劫财,由此可见自律意识养成的重要意义。在青少年成长过程中要高度重视自律能力的培养,这个过程中父母的以身作则非常重要,帮助孩子形成正确的人生观、世界观和价值观,教导其自觉控制负面情绪,改正不良习惯,克制无理欲望,抵制偏差行为,不让陋习任其发展,告诫“勿以恶小而为之”,才能防患于未然。同时,就自律而言,青少年要重视对自身行为的检视和反思,正所谓“君子博学而日参省乎己,则知明而无过已”,控制唯私利的想法。

近年来性犯罪案件有所增长,在我们审理的案件中占据一定比例,涉案人员年龄越发低龄化。随着电子产品普及率不断提高,社交软件层出不穷,网络环境尚有待进一步净化,加之青少年性观念还没有成熟,强化抵御不良网络环境侵蚀的能力也越发重要。在这里特别呼吁家长、学校要重视对青少年的性健康教育,直面问题,让青少年通过正常的渠道学习相关知识,加强自我保护意识。同时要督促相关企业履行社会责任,主管行政部门要积极履行监管职责,为青少年的健康成长创造绿色网络环境。

2. 强化规则意识。“法律意识淡薄”是出现在涉罪未成年人社会调查报告中的高频词汇。我们曾审理一起寻衅滋事案,几个学生酒后无端踢踹路边停放的汽车,不仅造成了被害者的财产损失,也形成了较为恶劣的社会影响。还有多起聚众斗殴案件,涉案的未成年学生们在冲动与理智之间,最终选择了“哥们义气”。近些年,经常有发生在未成年人之间的恶性暴力事件见诸报端,许多犯了罪的少年缺乏基本的规则意识,而错误的背后是血的代价。“无规矩不成方圆”,我们需要教导广大的青少年树立正确的是非观,筑起思想防线之墙。在这个过程中,要将家庭教育、学校教育和社会教育有机结合,净化和提升青少年的成长环境,深入挖掘不同年龄段、不同身心特点和成长经历青少年的具体特点,不断升级制度,打造合力,强化对青少年学生道德底线和法律红线的教育。

3. 呵护青少年心理健康。现代生活节奏不断加快,青少年在适应升学、人际交往等诸多方面压力也在增加。由于未成年人心理发展不完善,生活阅历浅,抗压能力和抵御挫折的能力均有限。我们审理的案件中出现过很多有心理问题的孩子,就像前面提及的小亮故意伤害案就是比较典型的例子,还有一些刑事案件被害人,受到侵害后也有多个出现心理问题的情况。一些刑事案件,从犯罪手段的选择以及暴力程度等方面来看,都暴露出施害者或多或少存在心理问题。预防和减少青少年心理问题需要家庭、学习和社会的共同应对。从家庭的层面来看,建立积极、健康的家庭氛围对孩子来说极为重要,尽可能保持家庭完整性,形成良好的家庭成员关系,即使家庭解体了,父母也应避免用极端的方式处理矛盾,避免给孩子造成过大压力,多报以支持、鼓励的态度,都有利于孩子的心理健康发展。如果孩子犯了错误,要区分错误性质,及时积极引导。从学校的层面看,在完成教学任务的同时更应强化对学生心理素质的培养,缓解其焦虑情绪,尽可能地提供高质量的心理健康教育,对出现心理问题的学生要充分关注,对学生间的矛盾纠纷及时妥善化解,避免冲突升级。从社会层面来看,要注重营造良好、正面的社会氛围和价值引导。即以家庭为堡垒,以学校为平台,努力营造正能量的整体社会氛围,给孩子们的身心健康成长缔造“丰沃土壤”。

回头看,我们做了很多工作,向前望,我们还有更多工作要做。青少年的法治教育是一项系统工程,任重而道远,需要家庭、学校、全社会的共同参与。让失足少年找到回家的路,让更多的孩子沐浴在法治的阳光下,朝着梦想的方向奔跑前行!

法官简介
李 娜

扫二维码
亲临法官说法现场

北京市昌平区人民法院刑事审判庭（未成年人案件审判庭）副庭长，一级法官。国家三级心理咨询师、北京市第十四次妇女代表大会代表、首都法官“以案释法”宣讲团成员。

坚守少年审判工作，并长期从事青少年法治教育宣传工作。以“青春灯塔”为品牌引领，到院校、社区进行法律宣传 70 余次，听众数万人。率先开通个人职务微博、出演儿童权益保护微电影，发起设立“驻校法官工作室”，开辟在线法治课堂，录制网络公开课，用自身行动切实肩负起“法官妈妈”的社会责任。

获“北京市法院模范法官”、“北京市未成年人保护工作先进个人”、“北京市‘三八’红旗奖章”、“北京青年‘五四’奖章”、北京市 2011～2015 年“法治宣传教育先进个人”、昌平区“十佳法治人物”等荣誉称号。

校园嬉戏藏风险

罗　兰

校园安全与每个师生、家长和社会都有着密不可分的关系。近年来，“校园安全”入选民生热词榜，被关注度持续提升。到底是哪些因素让校园安全成为社会热点，又该如何避免校园安全事件频发？让我们先从真实的案例来看看校园中的风险。

【风险提示】

案例：

在某高中的一次体育课上，一位同学在打篮球的过程中不小心踩到了另一位同学小帅的脚，2人发生了争吵，小帅情急之下，朝踩他的同学脸上猛挥了一拳，把该同学的鼻子打成骨折，构成轻伤二级，由于小帅已年满16岁，到了故意伤害罪的刑事责任年龄，因此被追究了刑事责任，法院判决小帅犯故意伤害罪，判处有徒刑1年。

案例：

男生张某、女生丁某系某小学二年级同班同学。课间在操场休息时，张某正和其他同学在操场边花坛旁聊天，此时丁某从张某身后跑过，并推了张某肩膀将其推倒。张某倒地后正巧碰到花坛墩子，致使张某头部受到碰撞。当时张某正常返回教室，在快放学的时候告诉老师说头很疼，当天放学后学校老师及张某家长陪同张某就医。北京军区总医院诊断张某为头部外伤、头部软组织损伤、头外伤后神经反应，此后张某陆续在北京儿童医院、东城中医医院治疗。

案例：

沈某和张某系某学校初一年级同班同学且系好朋友，课间2人到校内自动售货机买水。返回教室时，沈某开玩笑，伸脚去绊紧随其后的张某。张某被绊倒地后发现不能站起且疼痛难忍，学校通知家长并陪同将孩子送往医院。经北京积水潭医院诊断，张某系胫腓骨骨折（左）并进行石膏固定及复位和外固定手术。后经鉴定，张某为十级伤残。

案例：

安某与杨某课间追跑，杨某在前，跑到楼道西侧的两扇对开门处，将门反推，安某随后躲闪不及，用手挡门，造成门上玻璃破碎，致安某右手腕受伤。经北京积水潭医院诊断，安某的右手腕部肌腱断裂。

案例：

两位同学在一起嬉戏打闹，不小心将对方绊倒，导致对方门牙折断，最后法院判决绊倒对方的同学赔偿受伤同学的医药费等费用。

案例：

2位同学抢东西，抱在一起，均摔倒，其中一位同学的耳朵撞到椅子，当场流血，就医后进行了耳郭缝合手术。

案例：

2位同学借口琴，因两人中间隔着另一位同学，口琴扔歪了，砸到中间同学的脸，至该同学左眼内眼睑上下臂骨骨折，下眼骨错位，后经鉴定为九级伤残。

案例:

胡某与董某系小学六年级的隔壁班学生,课间董某与他人在教室楼道内打闹玩耍并在边奔跑边回头张望过程中,与从教室正常走出的胡某左侧相撞,致胡某受伤倒地。事发后,胡某被送至学校医务室检查,并被学校老师送至北京军区总医院救治,当日被诊断为头皮血肿,脑外伤后神经官能症性反应。

【预 防 提 示】

根据上述案例,我们发现校园伤害案例多种多样,风险无处不在,根据侵权人主观状态不同可以区分为四种类型,本文通过进一步分类分析预防校园伤害行为的重要性。

双重主观故意型

是指未成年人对自己的行为及行为可能造成的损害后果都存在故意和放任的状态。此种类型体现为不能正确处理矛盾进而引发伤害,如风险提示中的案例类型一,小帅对自己打人的行为,和打人之后会让同学受伤的行为后果都是明知的,都有主观故意,所以我们把这种伤害类型称为双重主观故意。

同时,双重主观故意还包括现在社会上广泛关注的校园欺凌、校园暴力案件。

校园欺凌又称校园暴力,是发生在校园内外、学生之间,一方单次或多次蓄意或恶意通过肢体、语言及网络等手段实施欺负、侮辱,造成另一方身体伤害、财产损失或精神损害等的事件。校园欺凌也是典型的既对自己的行为存在主观故意,又主观追求损害后果出现的行为。

单纯行为故意型

单纯行为故意型致伤案件就是指侵权人的行为本身是有意而为,比如,不适度玩笑、恶作剧等，但是侵权人并不期待损害后果的发生。如风险提示中的案例类型二的3个案例。

这3个案例，无论是推同学的丁某、绊倒同学的沈某还是将门反推的杨某所做的推、绊的行为都是有意而为，在行为的层面都有主观故意，但是他们并不期待甚至没有预料到会产生损害的后果。

无主观故意型

是指未成年人之间嬉戏打闹等不恰当的行为产生的校园伤害案件，侵权人不仅没有希望同学受伤的主观故意，就连自己的致伤行为都是无意间作出的。

这几个案例，无论是一起摔倒的同学、丢口琴的同学还是董某，他们在致他人伤害的行为上均不具有主观故意，并非故意要去让对方摔倒、砸到同学、撞倒同学，同时更没有预料到对方会受到伤害，但却因为不恰当的行为，即使是在无主观故意的状态下，也造成了客观的伤害后果。

单方受伤类型

除了同学们之间行为引发的伤害，校园伤害还包括单方受伤的案例。如篮球练习不认真做热身活动，鞋带开了却懒得系，导致运动过程中踩到鞋带后摔倒，致脚踝骨折造成十级伤残；跳绳时跟其他同学说话、玩笑，结果被跳绳绊倒，磕掉数颗门牙；被防滑垫绊倒致伤；体育运动前不做准备扭伤等。这些情况均无直接侵权人存在，系单方受伤案件。

【知 识 提 示】

有些家长认为只要孩子在学校出事，受伤了或者打了别人，学校就有责任，这其实是个误区。

我国《侵权责任法》第38条、第39条规定了未成年人在幼儿园、学校、教育机构受到人身损害的，学校在一定的条件下，应当承担责任。但同时第40条亦规定,如果有学校以外的侵权人的,由侵权人承担侵权责任;学校只有在未尽到管理职责时,才承担相应的补充责任。结合具体案例,可以区分为学校全责、学校承担部分责任、学校无责任三种情形。

学校全责的情形

案例:

贾某案发时7岁半,系某学校二年级学生,无民事行为能力人,上体育课期间坐在地上按照老师的要求进行体前屈“摸摸小脚丫”项目,体育老师按压贾某双肩辅助体前屈过程中,贾某腰疼并哭泣,后贾某被送往首都儿童医院就医,诊断为腰部外伤,L4椎体压缩骨折。此案中,并没有学校以外的侵权人存在,体育老师职务行为的后果应直接归属于学校,根据我国《侵权责任法》第38条的规定,无民事行为能力人也就是本案的贾某在校受伤,以学校承担责任为原则。本案中因老师授课中未保证学生做足够的准备活动,没有根据学生的身体状态和承受能力安排训练,致学生受伤,学校亦未能举证证明其已经尽到教育、管理职责,故法院判决学校承担了全部赔偿责任。

学校承担部分责任的情形

案例:

傅某系某小学五年级的学生,案发时为限制民事行为能力人,学校组织歌咏比赛并在音乐阶梯教室排练,傅某站在第二排最左侧,排练中晕倒摔伤眼睛,经北京同仁医院诊断为急性闭合性颅脑损伤,颅底骨折(前、左),视神经损伤(左侧)。后经鉴定为八级伤残。该案不涉及学校以外侵权人,根据我国《侵权责任法》第39条的规定,限制民事行为能力人在学校或者其他教育机构学习、生活期间受到人身损害,学校或者其他教育机构未尽到教育、管理职责的,应当承担责任。根据法律规定,限制民事行为能力人也就是本案的原告傅某应当先举证证明学校未尽到教育、管理职责,学校才需承担责任,此系过错原则,即举证责任在原告，原告要举证证明学校存在过错，学校才需要承担责任。本案中，因学校未及时发现学生异常情况，且傅某系在学校组织的活动中受伤，说明学校管理存在瑕疵；同时傅某已经是限制行为能力人，具备一定的自我认知能力和自我保护能力，所以法院最终判决学校负主要责任，傅某负次要责任，就责任进行了分配。

前述丁某在操场推张某的案例，根据我国《侵权责任法》第40条的规定，无民事行为能力人或者限制民事行为能力人在学校受到学校以外人员人身损害的，由侵权人承担侵权责任；学校未尽到管理职责的，承担相应的补充责任。该案中，丁某系直接侵权人，首先应由丁某及其监护人共同承担侵权赔偿责任，但同时因学校没有第一时间救治并通知家长，未尽到足够的管理职责，法院判决学校承担了补充责任，即10%的赔偿责任。

另外就是刚才我们说的体前屈"摸摸小脚尖"这个案例，如果受伤的同学是8岁以上，那么在与刚才案子同样的情形下，可能法院就会判决学校承担部分责任，因为8岁以上，属于限制行为能力人，应该对自己的身体状态和行为后果有一定的预判，所以对自己受伤的行为也需要承担一定的责任。

学校无责任的情形

此类案件正逐渐增多，这些案件都存在直接侵权的未成年人，直接侵权人是第一责任人。如前述胡某出教室被在过道追跑的董某撞倒案、沈某绊倒张某致胫腓骨骨折案、杨某故意推门致安某手腕肌腱断裂案。

同时，根据我国最高人民法院《关于适用〈中华人民共和国民事诉讼法〉的解释》第67条的规定，无民事行为能力人、限制民事行为能力人造成他人损害的，无民事行为能力人、限制民事行为能力人和其监护人为共同被告。一般是侵权人的父母作为校园伤害案件的共同被告，对受伤的同学承担赔偿责任，学校在已尽到管理职责的情况下，无须承担责任。

【法官提示】

结合前述案例,我们可以从三个维度展开思考,共同努力形成合力,共建平安校园。

给孩子的建议

一是牢记权利,适时维护权益。知道校园中人人平等,人格尊严和身体都受到同等保护,同学们之间要相互友爱共同进步。这里重点强调一下校园欺凌问题。《小学生日常行为规范》要求大家友好相处,不欺负弱小,不讥笑、戏弄他人,不拉帮结派,共同抵制校园暴力。所以,对校园欺凌说“不”是每一个同学的权利。

我国《未成年人保护法》规定,未成年人的合法权益受到侵害的,被侵害人及其监护人或者其他组织和个人有权向有关部门投诉,有关部门应当依法及时处理。因此,同学们要提高自我保护意识,如果遇到自己被欺负,要勇敢及时向老师、家长、社区、司法机关求助,遇到同学被别人欺负要勇敢而机智地帮助他们,传播校园正能量,共同抵制校园暴力。在这也一起呼吁学校和老师,当然还有家长,请不要对被欺负的孩子视而不见,也许你的一次伸手相助、一次重视,会挽救孩子的一生!

二是知晓规则,预判行为结果。很多校园伤害案件都是因为未遵守校园安全规则导致,如慢步轻声靠右行,课间不追跑打闹,体育运动要热身。因此,案例的分享就是想告诉大家,首先要知道有什么规则才能进一步遵守它们。一方面,要多学多看,通过各种途径了解法律、规定,通过讲座、电视、电台、报纸……通过看别人的故事,来知晓规则,来警醒自己,少走弯路。另一方面,知道法在身边,能够预判行为的结果。其实我们的学校安全规则,都是积累了实践经验后制定的,每一个规则背后都有它的道理也有它的教训,希望同学们多学多看,这样就会知道某种行为可能导致什么后果,同学们和家人将要承担什么法律责任，知道为什么国家要制定这样的法律、学校和父母要制定这样的规则。其实法律和规则就在我们的身边，离我们很近，只有多学多看多了解，才会避免因为无知而犯错。

三是遵守规则，避免他伤自伤。知晓法律、校园守则、安全歌谣、警示标语之后就是遵守它们。遵守这些规则，我们就可以最大限度地避免伤害他人，也是最大限度地避免自己受到伤害。如在学校嬉戏玩耍要适度，动作不要过大，不要疯跑。不带危险性文具、玩具，如削铅笔的刀片、仿真枪、剑等到学校。无论在家里、学校还是社会，在事与愿违或遇到不顺心的时候，我们要先思考再行动，不能作出莽撞的行为，不要盲目讲义气，不要以暴制暴，要培养自己接受挫折的能力，培养自己的意志力和耐心，明白现在的克制是为了今后的长远。比如，想发脾气、想打架时，先冷静下俩下来，过一小时、明天或者下周的这个时候再看，当时的想法对不对，三思而后行。

四是灵活应变，智斗人身伤害。首先，同学们要知道，这个世界上，没有比父母更爱你的人，也没有人能比父母更可靠。当你受到欺负时，应告诉父母，父母是经历过很多风雨的。也许在你看来很大的事情，在父母眼里都是容易解决的小事。如遇到被欺凌，父母会用正确的方法来保护你，帮你渡过难关。其次，同学们要知道，学校是有公信力的地方，老师也会保护你。当你受到欺负时，请老师和学校用他们的威严和威慑力来帮你解决。最后，同学们要知道，父母即使再爱你，老师即使再公正，也总有你独自面对的时候。这个时候，请让自己拥有更强健的体魄、灵活应变的技巧、处理问题的能力，进行自我保护。

也请记住遇到人身伤害危险时，切记人身安全最重要，不能为了保护财产不顾及人身安全。遇事保持镇定，灵活应变，伺机而动，并及时告知父母、老师、警察，向他们求助。

对家长和老师的建议

家长和老师不仅是孩子们的长辈，更是孩子们的良师益友，在参与孩子成长的过程中，不仅需要爱和耐心，还需要有智慧讲方法去陪伴孩子健康长大。如何让孩子愿意与我们分享学校的事情，分享自己的心情，如何更好地引导孩子的情绪和行为,根据对案例的分析,我们发现与孩子进行有效沟通十分重要。现在重点与大家分享“有效沟通”这个话题。

一是理解对方。有效沟通的前提是理解对方,这要求父母和老师先不去评判对错,而是通过语言或者非语言的方式让孩子感受到父母能够理解自己的情绪和行为,知道孩子这样是有原因的。带着关注、倾听去理解孩子,注意孩子情绪、行为上的变化。在理解的基础上,再去与孩子进一步沟通是非曲直,如何调整情绪和控制行为,告诉他们什么是正确观念,应该遵守规则等。

二是积极关注。积极关注是心理学中的一个咨询技巧,也可以运用到日常的人际沟通交往中。积极关注告诉我们不仅我们自己要去关注孩子的正面、阳光的方面,鼓励孩子,还包括引导孩子积极关注周围的人和事,引导孩子换位思考,欣赏他人的优点和发现身边的美好。有一句俗话说,这个世界不缺少美,而是缺少发现美的眼睛。积极关注会让我们觉得这个世界原来这么美好,从而更加珍惜现在的幸福生活,自觉地遵守规则,为自己的健康成长保驾护航!

其实沟通的方法有很多,比如,阳性强化法、合理情绪法、共情,等等。这些方法不仅家长和老师可以运用,从事与未成年人相关工作的人员都可以适用。

三是建立完善的社会支持体系。沟通不是简单的灌输、命令甚至打骂,而是在理解的基础上,运用正确的方法帮助孩子建立完善社会支持体系。孩子和我们一样,需要充当不同的社会角色,既是父母的子女、又是老师的学生、和同学之间还是朋友关系,等等,这就包括和父亲的亲子关系、和母亲的亲子关系、和老师的师生关系、和志同道合朋友的关系、自身的兴趣爱好,等等。如果家长和老师帮助孩子认识到这一点并帮助孩子建立了多元、健康的社会支持体系,在某个角色发生中断、失败,或者有角色发生冲突的时候,比如,父母离异、老师批评、与同学发生冲突等等负面时间时,他就可以在其他角色和社会关系的支持下尽快恢复到正常状态,从而避免出现伤害他人或者自伤的极端行为。

社会合力共建平安校园

未成年人的平安成长离不开社会各界形成合力。在我们审理的案件中,涉及一些特殊的未成年人,我们也会尽可能地整合社会力量。

案例：

在校园伤害类型的案件中不仅包括民事案件，还包括刑事案件，我们曾审理过一起聚众斗殴案件。校内学生认识了社会青年，在学校门口打架，其中有一个孩子宁某，经公安侦查、法院最终认定其系被害人，是前去劝架无辜被伤，被告人须赔偿宁某医疗费等900余元，但宁某的同学并不了解案件情况，误认为其参与打架，且判决执行过程中被告人无力赔偿。为此，法院联系中国人权基金会提供司法救助，向未成年人保护委员会申请了小额爱心救助基金，联系学校召开宁某见义勇为表彰大会，弘扬正气。

一方面，对未成年人公、检、法、司形成司法保护体系，惩治犯罪，教育、感化、挽救未成年被告人；同时我们也会尽可能地整合社会力量，形成保护未成年人被害人的合力，对侵害未成年人的行为“零容忍”。另一方面，我们在肯定见义勇为、提倡乐于助人的同时，还应重点强调自我保护。尤其是我们希望未成年人要在保护自己的前提下帮助他人，只有这样才能把善的风险降到最低，把善的价值发挥到最大。

另外，针对近年备受关注的校园欺凌事件，2016年11月教育部、中央综治办、最高人民法院、最高人民检察院、公安部、民政部、司法部、共青团中央、全国妇联联合印发了《关于防治中小学生欺凌和暴力的指导意见》，强调全社会应当切实形成防治学生欺凌和暴力的工作合力，遏制、预防校园欺凌和暴力。

此外，在普法宣传、预防校园安全事件中，家长也是社会资源的发动者。比如，从事司法工作的家长可以到学校开展法律知识教育，提高师生的遵纪守法意识；从事交通管理、消防工作的家长可到学校开展交通安全、消防知识教育，提高师生安全出行和消防意识；从事安全生产监督管理工作的家长，可以到学校协助学校进行校园安全隐患排查治理等。

总而言之，安全无小事，希望在大家的共同努力下，让未成年人在校园中、校园外都能平安、快乐的学习和成长。

法官简介
罗　兰

扫二维码
亲临法官说法现场

北京市东城区人民法院刑事审判庭庭长助理，一级法官。国家二级心理咨询师、北京市第十四次妇女代表大会代表、首都法官“以案释法”宣讲团成员、北京市法官兼职教师。中国政法大学民商法学硕士。

长期从事普法宣传工作，积极参与新媒体普法，参与策划并拍摄普法微电影6部，2019年录制“中国梦　法治兴”小学生法律常识系列网络课程。受中央电视台、《法制日报》、人民网等新闻媒体多次专题采访、报道。撰写的文章多次在《中国审判》《中国法院年度案例》等国家级刊物发表。

获院“优秀党员”、“优秀公务员”、“新闻宣传先进个人”、东城区“未成年人思想道德建设创新案例奖”、东城区“巾帼建功标兵”等荣誉称号。

如何避免亲人对簿公堂

张　爽

俗话说："清官难断家务事。"作为一名家事法官，每天面对的都是当事人的家庭矛盾。家务事真的那么难解决吗？冷战、吵架甚至打架是家庭生活的日常吗？家人之间发生矛盾有必要去法院解决吗？今天，就跟大家聊聊家长里短，为你讲述如何避免亲人间对簿公堂。

【风险提示】

财产纠纷、家庭暴力均会影响家庭和谐

家事纠纷不同于其他民事纠纷，因其中糅合了许多复杂的感情因素，而更容易激化矛盾，也往往导致当事人因情感因素而作出不理智的行为，进而产生诸多风险。这种特点在离婚案件中尤为明显。离婚案件在家事纠纷案件中数量最多、占比最重。从结婚前恋爱，到因感情破裂离婚，乃至离婚后子女抚养与探望，每个环节都可能产生相应的问题与风险。

两人相爱，感情日浓，步入婚姻殿堂，并按照当地习俗给付了大额现金彩礼，却在同居后不久就矛盾频发，面临"闪离"。但大额彩礼却是男方家东拼西借才凑够的，此时男方面临损失财产的风险。

在婚姻关系存续期间，一方实施家庭暴力，对另一方造成伤害。在这种情况下，对法律知识不甚了解的人或许会认为，只有受害方有被伤害的危险。其

实,施暴者也要承担遭到法律禁止暴力行为的后果,甚至离婚时要面临少分财产的风险。

夫妻共同生活多年,在相互扶持下生活条件逐步改善,“男主外女主内”,男方掌握全部财产,女方操持家务并对财务状况一无所知。当有一天双方决定离婚,男方坚称没有其他财产可供分割,女方面临“净身出户”的危险,此时女方面临权益被侵害的风险。另外,如男方隐匿、转移财产,也将面临少分或者不分夫妻共同财产的风险。

【预防提示】

返还彩礼有条件

婚姻家庭生活中总会发生不同的故事,有的情形看似平常,却是家庭矛盾累积渐至不可调和的本源,而不适当的行为则可能给当事人带来风险,只有了解基本的婚姻家庭法律知识,才能够预防风险,既保护自己,也避免侵害他人的合法权益。下面我们就结合案例加以说明。

案例:举办婚礼后登记结婚前男子主张返还彩礼

本案原告是男方张某;被告是女方王某甲和王某甲的父亲王某乙。张某起诉称,2012年2月中旬,经媒人介绍,与被告王某甲自愿订下了婚约。随后,王某甲向张某索要彩礼约11万元,其中现金10万元、金首饰价值1万元。2012年4月20日张某借资2万元与王某甲举行了结婚仪式,但没有在婚姻登记机关办理结婚登记手续,随后2人同居生活1个月。2012年6月王某甲与张某母亲发生争吵并伴有肢体冲突,王某甲便跑出家门回到娘家,张某上门想接回王某甲,却遭到辱骂。

张某认为,王某甲的行为给他们一家在精神上带来沉重打击,在经济上造成了巨大的困难,所以起诉要求王某甲与其父王某乙返还彩礼等共计13万元,并承担本案的诉讼费。王某甲与其父亲在答辩时均不认可收到过10万元现金彩礼,在张某提交当天的录音证据后,才承认收到了10万元现金彩礼,但认为张某与王某甲是自愿订婚,订婚时张某所给付的财物是赠与王家的,不应返还,金首饰仍存放在张某家,没有必要返还,张某借钱举办婚礼与王家没有关系,借款也不应由王家返还,张某还应返还王家的陪嫁品。

法院经审理查明如下事实:张某与王某甲经他人介绍在未办理结婚登记手续的情况下举行婚礼,后来以夫妻名义同居生活。同居前,张某送给王某父母10万元现金以及价值1万元的金首饰3件作为彩礼。后张某与王某甲因家庭琐事产生矛盾,王某甲于2012年6月搬离双方的共同居所。法院经审理认为,原告张某与王某甲未办理结婚登记手续以夫妻名义同居生活时间较短,张某甲给付的彩礼数额较大,王某甲及其父理应返还,但张某所称的为举办婚礼花费的2万元不应返还。法院最终判令,王某甲与其父王某乙返还给张某彩礼10万元现金以及金首饰3件,驳回张某的其他诉讼请求。

给付彩礼是很多地方的风俗,虽然法律并不禁止,但目前一些地区存在的给付高额彩礼的风气,不仅给当事人的生活带来负面影响,还可能产生法律风险。筹备彩礼往往是举全家之力,甚至要通过借贷填补,这就使这种特殊的给付行为背上了整个家庭的负担和期望,使男女双方更加敏感,而一旦处置不当,特别容易激化矛盾,因此加重两个家庭的经济负担。因此,在给付彩礼时应量力而行,适度给付。社会上仍然存在借婚姻索取财物的不法行为。给付高额彩礼时还应注意留下给付的凭据,一旦发生纠纷,可以作为证据以还原客观事实,减少家庭的损失。另外,一旦向法院提起诉讼,在要求返还财物时也可以考虑增加被告,比如,向接受彩礼一方的家人等主体同时主张返还。由给付彩礼引发纠纷起诉至法院是有诉讼时效限制的,但法律并没有作特殊规定,所以应当适用普通的3年诉讼时效。如果双方还没有登记结婚,给付方想要回彩礼的,应及时行使权利,并主张返还,对方拒不返还的,诉讼时效开始计算。如果已经登记结婚,自解除婚姻关系之日起,给付人就应当知道自己的权利受到侵害,诉讼时效开始计算。

人身安全保护令临时阻断家庭暴力

案例:妻子不忍丈夫家暴申请人身安全保护令

一对结婚6年的夫妻感情一直不错,可自从孩子出生后,家庭的气氛开始发生改变。因为孩子被诊断为患有脑部疾病,智力残疾,她的出生不仅没给家人带来欢乐,还给原本经济不宽裕的家庭增加了沉重的负担,夫妻2人开始不断因为家庭琐事发生争吵,丈夫也时常对妻子辱骂、推搡,甚至家暴妻子,妻子被打后回到娘家,最终在父母的要求下向法院申请人身安全保护令。丈夫对法官说,自己是打了妻子,但本意并不是真的想打人,孩子的脑部疾病无法逆转,自己曾认为可能因为妻子的疏忽大意导致孩子失去了健康,对妻子有过抱怨,为孩子康复治疗产生的高额费用和日后的生活也是自己的心病,不明白为什么原本平静幸福的生活就这样被摧毁了,自己情绪不好的时候没有发泄途径,经常与妻子吵架,情急之下才打了妻子,主观上没有恶意;而且在很多家庭中,吵架、打架是经常发生的,也没有影响家庭正常生活,更不影响婚姻关系,自己向妻子道歉,事情就可以了结,没有必要通过法院解决。法官在询问妻子时,发现妻子认可双方感情没有完全破裂,自己也不愿离婚,但还是担心丈夫施暴,希望法院可以保护自己不受到伤害。经审查,承办法官认定本案具备发出人身安全保护令的条件,当日将禁止丈夫再次实施家庭暴力的人身安全保护令裁定书送达双方,同时充分利用法院与公安机关、司法局、妇联以及街道社区共同构建的"反家庭暴力联动机制"搭建的平台,将裁定书抄送2人住所地派出所及社区。

近年来,家庭暴力呈多发态势,严重侵犯家庭成员的合法权益,破坏家庭和谐。针对此种情况,我国出台了《反家庭暴力法》,推行人身安全保护令。有遭受家庭暴力或者面临家庭暴力现实危险的当事人,应固定证据,可以根据面临的危险情况,向法院申请作出人身安全保护令,禁止被申请人实施家庭暴力、责令被申请人迁出申请人住所、禁止被申请人骚扰、跟踪、接触申请人及其相关近亲属等。

离婚期间隐匿转移夫妻共同财产要不得

案例：丈夫隐匿财产，妻子申请调查

原告李女士与被告程先生原系夫妻关系，2人经民政局协议离婚。因离婚时未对夫妻共同财产进行分割，李女士起诉要求分割程先生名下的存款。程先生辩称，其全部存款已用于夫妻共同生活，没有存款可以分割。经询问，李女士不清楚程先生的银行卡信息，更不了解其存款情况。

鉴于李女士未能提供程先生的财产线索，财产清查难度较大，案件受理后，法院在立案和送达过程中向程先生送达了《人财产申报表》及《财产申报告知书》，要求其如实填写财产状况，从而固定本案需要处理的夫妻共同财产的范围，同时明确告知程先生要诚信诉讼，以及不如实申报财产可能产生的法律后果。经程先生申报，其名下3个银行账户在离婚当日均无存款余额。李女士遂申请法院对上述3个银行账户的交易流水进行查询。经查，上述账户在2人离婚前均有非正常大额支取行为，而程先生虽主张支出用于家庭生活消费，却未能提供证据证明。据此，法院认定程先生存在转移夫妻共同财产的行为，在分割夫妻共同财产时依法对其予以少分以示惩戒。判决后，双方当事人服判息诉。

家事案件财产价值高、类型复杂，当事人瞒报、虚报、隐匿、转移财产或虚构共同债务的情况较普遍，财产清查难度大。当事人应注意留存证据，掌握家庭财产线索。在诉讼中诚实申报财产，如发现对方未诚实申报，则应向法院提供尽量详细的财产线索，供法院调查取证，从而查明财产状况。

【知识提示】

彩礼返还的条件

彩礼是基于当地习俗，以结婚为目的，由男方给付女方的金钱或物品，又称

聘礼、纳彩等。在特定情况下,给付彩礼的一方可以主张对方返还。最高人民法院《关于适用〈中华人民共和国婚姻法〉若干问题的解释(二)》第10条规定,当事人请求返还按照习俗给付的彩礼的,如果查明属于以下情形,人民法院应当予以支持:(1)双方未办理结婚登记手续的;(2)双方办理结婚登记手续但确未共同生活的;(3)婚前给付并导致给付人生活困难的。适用前款第2、3项的规定,应当以双方离婚为条件。

向家庭暴力说不

家庭暴力,是指家庭成员之间以殴打、捆绑、残害、限制人身自由以及经常性谩骂、恐吓等方式实施的身体、精神等侵害行为。我国《反家庭暴力法》是为了预防和制止家庭暴力,保护家庭成员的合法权益,维护平等、和睦、文明的家庭关系,促进家庭和谐、社会稳定而制定,2016年3月1日起施行。家庭暴力受害人及其法定代理人、近亲属可以向加害人或者受害人所在单位、居民委员会、村民委员会、妇女联合会等单位投诉、反映或者求助。有关单位接到家庭暴力投诉、反映或者求助后,应当给予帮助、处理。家庭暴力受害人及其法定代理人、近亲属也可以向公安机关报案或者依法向人民法院起诉。单位、个人发现正在发生的家庭暴力行为,有权及时劝阻。

当事人因遭受家庭暴力或者面临家庭暴力的现实危险,可以向人民法院申请人身安全保护令。人身安全保护令可以包括下列措施:(1)禁止被申请人实施家庭暴力;(2)禁止被申请人骚扰、跟踪、接触申请人及其相关近亲属;(3)责令被申请人迁出申请人住所;(4)保护申请人人身安全的其他措施。人身安全保护令的有效期不超过6个月,自作出之日起生效。人身安全保护令失效前,人民法院可以根据申请人的申请撤销、变更或者延长。

在离婚案件中,对于存在家庭暴力的一方认定为严重过错,依法支持受害者提出的损害赔偿要求,并在财产分配、子女抚养权归属、探视权行使方式等方面予以充分考虑。在子女抚养权归属确定上,对未成年子女实施家庭暴力或让其目睹家庭暴力将对其身心造成极大的伤害,故家庭暴力加害方即使其经济条件和收入水平明显高于受害方,也不宜直接抚养子女。抚养权的归属应以有利于子女身心健康为原则，抚养能力和条件仅是参考因素而非决定因素。此外，考虑到加害方的家暴行为，为防止其假借探望子女进行施暴，必要时指定加害方探望权在白天和公共地点行使。

如实申报夫妻共同财产

财产申报制度是为平等保障家事案件当事人正确行使诉讼权利，防止当事人隐藏、转移涉诉财产，有效提升案件办理的质量、效率和效果，顺利推进家事审判方式和工作机制改革，而推行的家事诉讼当事人向法院申报财产的制度。在家事诉讼中任何一方当事人请求处理涉诉共同财产的范围有争议的，各方必须如实、按期、诚实申报争议财产和个人财产，以便法院明确争议财产范围，否则承担不利的法律后果。

如逾期申报、不实申报将承担以下法律后果：(1)对于诉讼延迟申报、不完整申报等情形，可能构成妨害民事诉行为，面临罚款、训诫等制裁措施。(2)离婚案件、离婚后财产纠纷案件的当事人应如实申报夫妻共同财产，当事人蓄意作出不真实陈述(包括但不限于隐瞒、虚构财产)，法院经查证属实故意隐瞒、申报不实者，法院在分割共同财产时，对拒不申报或者逾期不申报的财产可以少分或者不分；对隐藏、转移、变卖、损毁共同财产，或伪造债务企图侵占另一方财产的，可依情节给予罚款、训诫等民事制裁措施，对伪造证据进行虚假诉讼构成刑事犯罪的，法院将依法对其判刑。(3)如一方发现对方在该案中未申报的财产时，可另行起诉要求分割，在处理该财产时，未申报方可能面临不分或少分财产的不利后果。

【法官专业提示】

随着社会经济结构发生变化，伦理观念转变，男女双方未办理结婚登记或仅举行婚礼而未办理结婚登记即以夫妻名义共同生活等同居情况普遍存在，在身份关系、子女抚养、财产分割等方面纠纷频发。同居关系与合法婚姻关系不同，虽然法律规定当事人因同居期间财产分割或者子女抚养纠纷提起诉讼的，人民法院应当受理，但在财产分割方面二者适用的法律规则不同。所以，男女双方应慎重考虑，建议选择合法的婚姻登记方式；在未办理婚姻登记前，必要时签署协议，一旦发生纠纷有据可依。

反家庭暴力是国家、社会和每个家庭的共同责任。家庭暴力不是“私事”，是全社会共同抵制的暴力行为。家庭暴力行为损害的不仅是受害人的身体健康，更重要的是会损害受害人的人格尊严。虽然从生理因素上来看，女性和儿童属于家庭成员中的弱势一方，因是家庭暴力的主要受害一方，但是男性也可能成为家庭暴力的受害者。另外，一些患病的家庭成员、残疾人以及年龄较大者也可能遭受家庭暴力。任何主体受到家庭暴力行为侵害，都可以依照《反家庭暴力法》的规定向人民法院主张权利，无论年龄、性别、身份地位而平等的受到法律的保护，施暴方无论出于何种动机实施了暴力行为，终将受到法律的制裁。

遇到家庭暴力行为后，受害人应当第一时间报警或者到附近的社区求助，如实向民警或社区工作人员陈述自己受侵害的过程，并配合派出所或社区签署询问笔录，及时固定证据。如果伤情较重需要马上就医的，务必如实向医疗机构陈述受伤原因，并请医生在病历中进行记载，同时需要妥善保管检查报告单、病历手册、处方及医疗费单据等材料，为日后寻求法律救济做好准备。受害人可以到人民法院申请人身安全保护令，携带本人的身份证明，照片、视频、录音等能够证明家暴行为发生的材料以及可以证明伤情的医疗机构记录等材料，同时可以申请人民法院到派出所或者社区调取报警记录、求助记录等材料。

离婚时，夫妻双方除对解除婚姻关系与子女抚养问题达成一致外，还可以对夫妻共同财产如何分割进行约定。现实中，由于双方各自持有自己的收入等情况普遍存在，互不掌握对方名下财产的情况时有发生，离婚时如一方故意隐藏或者转移夫妻共同财产，则可能导致另一方的合法权益得不到保护。按照法律规定，离婚后，另一方发现有上述情形的，可以向人民法院提起诉讼，请求再次分割夫妻共同财产。社会经济结构已发生变化，家庭财产形式以银行存款、有价证券、房产、车辆、保险等为主，房屋、车辆所有权登记制度完善，金融资产的取得、转移等处处留痕，虽然夫妻一方无法直接查询对方名下的财产，但法院在处理离婚及离婚后财产纠纷等家事案件可以依据当事人的申请调取证据，隐瞒财产将面临依照民事诉讼法的规定予以制裁不利后果。

法官简介

张　爽

扫二维码
亲临法官说法现场

北京市西城区人民法院民二庭副庭长，四级高级法官。北京市第十二届党代会代表。中国政法大学法学硕士。

2010年至今审理3000余件民事案件，2014年起至今专门负责审理离婚、继承、赡养、扶养等家事纠纷案件，率先将心理疏导、诉前调解、判后回访等家事审判创新机制运用于实践，并率先尝试“3+2”模式（法官、法官助理、书记员、人民调解员、心理咨询师）组建新型家事审判团队。撰写《农民打工维权实例说法》，担任《道路交通事故纠纷诉讼指引与实务问题解答》执行主编。

获“北京市‘三八’红旗奖章”“北京市法院先进法官”“北京市青年岗位能手称号”“北京市政法系统群众心目中的好党员”等荣誉称号。

处理好家庭矛盾促进夫妻感情

朱　政

日常生活中,你的身边可能会有人说:婚姻是爱情的坟墓。也会有人说:男怕入错行,女怕嫁错郎。那么,当大部分人发现自己的选择不合适时,通常会想到"离婚"。

随着经济的发展,人们对婚姻的社会观念逐渐发生了改变。日益开放的生活观和宽松的婚姻观,使离婚率在我国逐年上升。据民政部不完全统计,2017年全国有185万对夫妻离婚,2018年全国有193万对夫妻离婚,平均每天超过1万对,而且离婚率还在上升。无论是谁的婚姻,每个人对于婚姻的理解都不一样,也会遇到各种各样的问题,问题发生后,我们又该怎样维护自己的合法权益?离婚时,我们的财产应该如何分割?

【风险提示】

家庭利益分配不均　波及婚姻关系稳定

婚姻产生隔阂,通常与家庭利益的分配息息相关。如何在家庭利益中平衡每个个体的利益,往往关系家庭的稳定和睦。婚姻看似是两个人在过日子,但在日常生活中掺杂了太多群体利益分配引发的家庭矛盾。

多子女家庭中的"重男轻女"思想引发利益分配矛盾。在家庭财产的分配上,父母对子女是否可以做到同等对待?在处理离婚案件中,发现因父母存在

“重男轻女”思想,导致家庭财产分配及家庭责任承担明显失当,让儿子获得了家庭主要财产的选择权和分配权,而由女儿承担主要的父母日常照料义务,导致女儿家庭利益没有得到合理的考量,引发“女儿家庭危机”。

“黄昏恋”问题引发利益分配矛盾。人们把“老伴儿”解释为“老来有伴儿”。老年人为了晚年生活幸福,也为了不给子女添负担,独身老人会选择在晚年为自己寻找一个伴侣,在相互帮扶中安度余生。在离婚案件中,有很多案件都涉及“黄昏恋”家庭。这类家庭,两位老人一般都有自己的成年子女,老人的财产分配、医疗赡养问题都是家庭成员关注的重点。由于各成年子女对家庭利益的分配问题引发老两口离婚的案件时有发生。

“再婚家庭”利益平衡问题。再婚家庭的特殊性决定了家庭利益分配的复杂性。特别是各自带有未成年子女的重组家庭,在各未成年子女中如何分配家庭利益,直接影响夫妻感情。对于亲生子女与非亲生子女在家庭财产分配上是否可以同等对待直接关系家庭的稳定性。再婚家庭中,父母双方都会关注自己所带未成年子女能否适应新的家庭生活,能否在新的家庭中得到均等的利益分配权利。如果在家庭中出现任何形式的利益分配不均,都有可能导致夫妻之间的感情失和。

【预防提示】

面对婚姻危机　如何保护自身合法权益

了解了婚姻关系中家庭利益分配引发的矛盾点,我们可以对症下药,更好地预防危机出现。当然,在家庭生活中,面对各种各样的日常琐事,在遇到不能调和的矛盾后应该选择何种处理途径保护自身权益?面对的矛盾不同,选择的处理途径也有所不同。根据我国《婚姻法》的规定,人民法院审理离婚案件,应当进行调解。这明确了离婚案件以调解为原则,在分析矛盾原因后,对于因家庭琐事产生的离婚纠纷案件,应当进行调解。在调解无效的情况下,根据双方感情是否破裂,确定是否准许双方离婚。如果确定离婚,将对双方的财产问题进行处理。下面结合案例进行具体说明。

因房屋拆迁问题引发家庭利益分配矛盾

家庭利益分配是家庭内部的敏感问题，也是导致夫妻失和的主要原因之一，特别是家庭成员较多时会遇到此类情况。比如，多子女家庭会导致父母在多个孩子中产生偏袒或者抉择，进而引发家庭内部矛盾加剧，会因各自子女利益问题快速导致夫妻感情失和。

案例：

王某与孙某系夫妻关系，2 人共生育一子、一女，现子女均已成家并单独居住生活。2014 年，某村进入城市整体规划拆迁项目。确定拆迁安置补偿方案为：每一处农村宅基地院落可以换购两套单元楼房。王某夫妇有两处农村宅基地院落，共计置换 4 套单元楼房，其中一居室一套、两居室两套、三居室一套。王某认为，虽然女儿已经出嫁，但对老两口日常照顾得很好，所以置换的楼房应该给女儿分一份。孙某却认为，女儿已经出嫁，儿子长期和老人一起生活居住，按照地区风俗房产分给女儿就是证明儿子不孝顺，儿子对此也会有意见，坚决不同意王某的分家主张。老两口为此产生隔阂，王某起诉被告孙某，请求离婚并依法分割置换楼房。庭审中，因为财产利益分配问题，子女随之产生倾向性意见，儿子作为孙某委托诉讼代理人，认为离婚责任完全在王某。而女儿作为王某的委托诉讼代理人指责孙某对家庭不负责任。一审法院经审理后认定，双方结婚已 30 余年，婚后感情较好。现因家庭利益分配问题产生矛盾应通过充分协商、沟通的方式处理，子女对老人更应从情感上理解与包容，当家庭出现矛盾时，更不能因家庭财产分配问题影响老人多年来的夫妻感情。因此，一审法院驳回原告的离婚诉讼请求。一审判决后，原告未上诉。

再婚家庭中利益分配引发矛盾

再婚家庭成员结构相对复杂，出现利益分配矛盾的概率会更大、更直接。特别是，双方再婚后未生育子女，各自所带子女与对方并无血缘关系。双方在家庭利益分配时,都会将焦点集中在自己所带子女是否获得了更好的利益分配权利。

案例:

王某与黄某均系再婚,2人婚后未生育子女。王某与前妻共生育子女2人,黄某与前夫共生育子女2人。2017年王某所在村集体重新调整口粮田。村分地小组考虑到王某家庭人员较多等实际情况,将王某口粮田予以调整,将原有的5分面积土地,增加到7分。同时,将部分三等地调整为二等地。土地面积增加了,土地等级也提高了,但家庭成员在内部利益分配上出现了严重分歧。在王某的主持下,家庭成员第一次对相关利益进行分配,按照实际丈量的尺寸的黄某的小儿子获得的土地承包经营权面积比王某子女的面积略小。黄某提出反对意见,坚决要求王某在分配利益时一视同仁,不能偏袒。王某则认为,土地利益分配系基于自己所在村的集体经济组织成员身份,黄某与自己结婚后实际享受了自己所在村分配的利益,如果平均分配对自己子女不公平,应该适当有所差别。在多次沟通协商无果的情况下,王某与黄某开始分居生活。一年后,王某起诉黄某离婚。经法院调解,双方对家庭利益分配均不作让步,导致夫妻感情破裂,法院判决双方离婚,并对夫妻共同财产一并进行分割。

案例:

1971年赵某与杨某登记结婚,2人均系再婚,且婚后未生育子女。再婚前,赵某与前夫生育子女3人,杨某与前妻生育子女4人,赵某与杨某结婚时,2人各自婚前子女均未成年,且均与2人共同生活。赵某与杨某婚后生活感情很好,虽然生活很艰辛,但双方的共同心愿就是把孩子们抚养成人。当赵某的儿子成年准备结婚时,杨某主动提出要出钱为赵某之子购买楼房,一家人在街坊邻居看来非常幸福。2016年赵某、杨某均已是耄耋老人,两人的身体也不像以前硬朗,且先后生病住院。双方子女在两位老人住院期间,因如何确定老人的照料义务及相关费用产生争议。赵某子女认为,杨某应履行夫妻间的辅助义务,故赵某的医疗费用、护理费用应由杨某从退休工资中支付。杨某认为,自己与赵某感情很好,但自己年事已高且身患重病,无力支付赵某的相关费用。赵某子女作为赵某的委托诉讼代理人起诉杨某离婚。一审法院经审理后认定,赵某与杨某因看病费用分摊问题产生纠纷,赵某与杨某年事已高,相互照顾、辅助能力较弱,而双方子女对老人均有赡养义务,赵某的生活需要应更多从子女赡养方式获得。因此,驳回赵某的离婚诉讼请求。判决后,赵某未上诉。

"黄昏恋"家庭中因利益分配引发纠纷

现代社会,生活节奏快。独居生活的老年人内心的孤独、恐惧会被子女忽视。老人担心与子女一同生活不便,又担心自己一人居住无人照料的矛盾心理始终得不到释怀。"黄昏恋"是很多老年人选择自己晚年生活的一种方式,但如果不能处理好家庭利益分配问题,就会在生活中给自己添堵。

案例:

李某是独居老人,老伴去世后自己独自生活。李某的独生女长期在外地工作,虽然经常电话联系,但还是没有办法满足老人的日常照料需求。李某通过婚介公司介绍与赵某相识,并很快办理了登记结婚手续。李某的女儿考虑到父亲晚年生活,对父亲的再婚决定也没有反对。李某与赵某再婚后,赵某提出要解决自己的户口问题,并要求李某承诺,如果户口问题不能解决,要将李某的婚前财产赠予给赵某,双方对此签订了协议书,李某女儿对这样的协议坚决反对。

【知识提示】

夫妻财产如何确定所有权

第一,婚前财产不属于夫妻共同财产。一方的婚前财产归一方所有,无论该财产是否进行婚前财产公证,只要有证据证明该财产系婚前个人出资购置即可确定该财产为个人财产。一般来说,比较容易举证的财产是不需要婚前财产公证,如婚前购买的房屋,因为实行所有权登记制度、产权明确,就不需要单独进行婚前财产公证。比较难举证的财产,可以考虑进行婚前财产公证,如玉器、金银首饰、古董等贵重物品。

第二,个人财产在婚前关系存续期间的收益属于夫妻共同财产。如婚前个人出资购买的股票虽属于婚前个人财产。但婚后该股票升值,就增值部分应认定为夫妻共同财产。当然,夫妻双方可以进行单独的财产约定,以书面方式明确约定该部分股票所产生的收益亦属于个人财产。

第三,关于房产所有权确定问题。夫妻财产形式多种多样,包括房产、投资性财产、银行存款、知识产权收益、个人投资收益等,还包括夫妻共同债权债务清偿等问题。但标的额最多、确定难度最大,也是大家最关心的问题就是房屋财产如何确定所有权。日常生活中,房屋购买出资构成较复杂,特别是“婚房”的购买,通常不仅是由个人出资,很多情况是个人支付首付,夫妻共同偿还贷款,或者一方或双方父母出资协助购买。

最高人民法院《关于适用〈中华人民共和国婚姻法〉若干问题的解释(二)》中规定,当事人结婚前,父母为双方购置房屋出资的,该出资应当认定为对自己子女的个人赠与,但父母明确表示赠与双方的除外。当事人结婚后,父母为双方购置房屋出资的,该出资应当认定为对夫妻双方的赠与,但父母明确表示赠与一方的除外。

最高人民法院《关于适用〈中华人民共和国婚姻法〉若干问题的解释(三)》中规定,婚后由一方父母出资为子女购买的不动产,产权登记在出资人子女名下的,视为只对自己子女一方的赠与,该不动产应认定为夫妻一方的个人财产。由双方父母出资购买的不动产,产权登记在一方子女名下的,该不动产可认定为双方按照各自父母的出资份额按份共有,但当事人另有约定的除外。

最高人民法院《关于适用〈中华人民共和国婚姻法〉若干问题的解释(三)》中规定,夫妻一方婚前签订不动产买卖合同,以个人财产支付首付款并在银行贷款,婚后用夫妻共同财产还贷,不动产登记于首付款支付方名下的,离婚时该不动产由双方协议处理。依前款规定不能达成协议的,人民法院可以判决该不动产归产权登记一方,尚未归还的贷款为产权登记一方的个人债务。双方婚后共同还贷支付的款项及其相对应财产增值部分,离婚时应根据婚姻法规定的原则,由产权登记一方对另一方进行补偿。

婚姻法有一个特点,就是在财产制度方面,法律均规定了一些原则,同时在原则下又规定了例外的情况下,就是当事人可以对财产问题尽可能的协商,法律尊重当事人自己协商的结果。

【法官专业提示】

根据上述婚姻家庭常见问题分析,如何给婚姻“保鲜”,我们总结了两点经验。

第一,不要把自己的家当作是发泄脾气的“垃圾场”。很多当事人,坐在法庭与法官说话的时候,可以看得出最基本的礼貌都是有的,有些人甚至是很有素养、很有礼貌的,说话侃侃而谈。可是对方提出的离婚理由是:他一进了家就不是他了,稍微不满意就满嘴脏话,或者无端的脏话连篇,不讲道理……问他们:你为什么要这样?答曰:我工作不顺心,有压力或是我心情不好不知道怎么发泄。还有“我某某亲人去世了我心里难过”。这些人的特点就是,对着外人都能克制自己,都知道讲礼貌,认为应当保持自己的形象,但是对着最亲密的人,则可以无限制地发泄,想说什么就说什么,想怎么说就怎么说,因为这是我家,你是我的伴侣,你就应该受着。这些人就像是把家当作可以宣泄的“垃圾场”,把美好的都给了无关紧要的人,而把所有丑恶的情绪都带回家。如果你确实心情不好或者压力很大,或者感到烦躁时,可以缓和地和另一半说出来,共同分担。

第二,在家庭生活中不要有优越感。很多人结婚时遭到家长反对,但却不顾一切的与对方结婚。其实家长反对绝大多数是因为觉得对方配不上自己家的孩子。结婚以后问题来了。稍有不顺心,父母反对的那一方就开始说:你怎么能这样对我?!你是如何的穷、如何的学历低、如何的工作不好、如何的买不起房等。而我的条件确实优越,我是如何没有嫌弃你,我家里人是如何瞧不起你,如何反对我跟你结婚,但我是如何义无反顾地跟你在一起,你怎么能这样!

刚开始被反对的那方还会心存感激或感动,但随着你越来越频繁地念叨,那些感激和感动只会越变越少,直至荡然无存。继续念叨下去,对方会越来越不耐烦,直到忍受不了,开始反驳。

于是双方激烈地争吵,你之前所谓的优越感,现在全部变成了对方的枷锁和包袱。对方不再会因此感念你的好、你的倒贴,也只会变为烦躁。而你还在拿你那一点优越感,那一点“有恩于他”作为筹码来与对方争论,可是那个筹码在他眼中已经成为负数了。其实婚姻是双方合意。所以收回优越感,并转告父母也不要再说。

法官简介

朱　政

北京市平谷区人民法院东高村人民法庭庭长，四级高级法官。北方工业大学法律硕士。

扫二维码
亲临法官说法现场

在《中国法院年度案例》发表案例分析，在中国法学会审判理论研究会审判管理理论专业委员会2018年年会征文中获优秀奖。审理案件多次在中央电视台、中国教育电视台、北京电视台、《人民法院报》、《法制日报》、《北京晨报》、《北京晚报》、《京华时报》、《法庭内外》等媒体报道。

获“北京市法院模范法官”、第九届北京市“人民满意的政法干警”争创奖、“北京市先进工作者”、“五一劳动奖章”、北京法院“十大人物”、北京市“首都精神文明建设奖”、“第二届平谷榜样”、“全国法院先进个人”等荣誉称号。

朋友圈晒张图竟成被告

兰国红

现如今社交媒体已经深入我们的生活,无论是文字、图片、音乐,还是影视,我们习惯并乐于在各类社交网络平台上分享自己的生活与创作,也习惯将网络上他人分享的内容直接拿来使用。殊不知,这种随意的分享及拿来行为可能会给我们带来问题。根据我国《著作权法》的规定,未经著作权人许可使用其作品的,构成侵权。抄袭他人作品是最常见的侵犯著作权的行为。如今,网络已经成为内容输出和分享的重要途径和平台,除抄袭这种常见的侵权行为外,转发含有侵权内容的行为在某些情况下也可能构成侵权。在网络侵权行为频发的今天,有的网友对预防网络侵权行为发生没有给予足够的重视,有的网友对于什么情况下使用他人作品构成侵权在概念上模糊不清,有的网友对著作权法相关规定的理解存在误区,有的网友甚至对自己使用他人作品已经构成侵权浑然不知。下文,结合真实发生的案例,和大家分享一下常见的几种网络侵权行为。

【风 险 提 示】

成员上传盗版 QQ 群文件　群主可能担责

在网络世界里,QQ 聊天、微信分享已经成为广大网友的重要社交方式。很多网友通过创建 QQ 聊天群与群里的网友们分享自己的资源,如直接上传内容,或者发送相关内容链接。有的商家也通过这种方式向客户提供服务,一个简单的复制、粘贴行为,网络侵权行为可能在我们不经意之间就发生了。

案例:

某淘宝网店承诺向购买烤箱的用户免费赠送烘焙电子书。电子书的权利人某出版社工作人员发现了,就从网店在线购买了烤箱,并询问客服怎么获取电子书,客服就把出版社工作人员拉入了一个 QQ 群,群里大概有 600 多人,在群文件中可以下载涉案电子书。涉案电子书文件下方标注了某网友的昵称 A。公证处对上述过程进行了公证。

出版社认为,淘宝网店的行为侵犯了涉案作品的信息网络传播权,将淘宝网店起诉到法院,请求法院判令其停止侵权、赔偿损失 10 万元及合理支出。

淘宝网店辩称,涉案电子书不是网店上传的,而是网友 A 上传的,没有证据显示网友 A 是网店的客服,也无法确认该网友 A 与淘宝网店是否有关;下载涉案电子书的行为并非淘宝网店推荐的,故淘宝网店不构成侵权。

法院经审理认为,出版社已完成了初步举证责任,淘宝网店否认涉案作品系其提供,应对其主张负有举证责任。淘宝网店未能完成其举证责任,应承担举证不利的后果。据此,法院判定淘宝网店赔偿出版社经济损失 9000 元、合理支出 2000 元。

当前,通过建立 QQ 群将网络买家拉入群内并提供免费服务系网络卖家促销的一种重要手段。在通常情况下,网络卖家系管理员,群内不仅有网络卖家提供的免费资源,也有群成员互相分享的资源,其中就不乏侵权的内容。QQ 群管理员否认 QQ 群内的涉案作品系其提供,应当对其主张负有举证责任,否则应承担直接侵权责任。例如,在上述案件中,网络卖家是 QQ 群的管理员。网络卖家自己在网店的首页宣称购买烤箱赠送电子书,又把买家直接拉入 QQ 群内,并提示和引导买家自行下载电子书,这些证据可以初步证明涉案电子书是网络卖家提供的。如果网络卖家否认电子书是其提供的,而认为是网友 A 提供的,应当承当相应的举证责任。比如,淘宝网店可以通过查询买家购买记录、客服聊天记录、进群验证信息等相关信息进一步提供上传人网友 A 的联系方式、联系地址等个人身份信息以证明该涉案作品的上传人系购买烤箱的网友 A,而非淘宝网店的工作人员。但在上述案件中,淘宝网店仅提交了上传作品的网友 A 的 QQ 账户显示的基本信息,据此,法院认定,淘宝网店未能完成其举证责任,应承担举证不利的后果。

转发微信文章需探明谁是真正的作者

除 QQ 聊天外,微信公众号也已经成为重要的媒体平台,不仅商家通过微信公众号进行产品推广,很多个人也通过微信公众号在网络上发出自己的声音。微信公众号上的内容既有原创的,也不乏侵权的。在发布内容之前,应当预先就内容进行仔细审核。

案例:

被告公司在网络上看见了一篇文章,想在其微信公众号上发表。经百度查询发现文章出现在王某的微博上,误以为王某系文章作者,故联系王某能否在被告公司的微信公众号上推送涉案文章。王某并未否定其作者身份,并表示同意。后文章在被告微信公众号上推出后,文章真正的作者张某即起诉被告侵权,请求赔偿损失。被告公司辩称,已经通过合理途径查询作者,没有过失,不应当承担侵权责任。

法院经审理认为,涉案微信公众号作为网络服务媒体,其在经营过程中未经权利人许可,将原告享有著作权的文章修改标题后使用在该微信公众号平台上,向公众传播,该行为已构成侵权。对于被告辩称其已经审查了作者,没有过失。法院认为,是原告最早将其作品发表于其个人博客上,同时也发表在其个人微信公众号内,被告公司应从各种渠道有效地获得涉案作品的真正权利人信息,却疏忽大意轻信他人,主观上存在过错,客观上也实施了直接提供作品的行为,不能免于承担侵权赔偿责任。

随意使用网络图　小心侵犯著作权

近年来,商业网站逐渐成为摄影作品侵权行为的“重灾区”。很多商业网站为了进行宣传,在配图的过程中随意在网络上搜索了与网站主题相关的图片,并使用在自己网站上。殊不知,随意使用网络上的图片很可能构成侵权。

案例:

某网络公司在其经营的网站上推出的一期春季养生节目,在节目内容的左侧配图中使用了一张一对母女人物摄影的图片。权利人发现后,将该网络公司诉至法院,要求其承担赔偿责任。

网络公司辩称,涉案图片是其从网上找到的,未显示著作权人,且原告网站提供的图片库中很多都是免费的,要求损害赔偿没有依据。

法院经审理认为,原告公司享有涉案图片的著作权,他人未经许可不得擅自使用涉案图片。被告公司未经原告公司许可,在其经营的网站当中使用涉案图片,应当依法承担侵权责任。

上述案件充分体现了当前部分网友对作品知识产权保护意识的缺乏。无论是网站宣传,还是其他商业经营行为,均不得随意使用他人享有著作权的作品。网络搜索获得的图片虽然未有署名,并不代表可以免费使用,应当积极与权利人取得联系,获得授权后方可使用。

近年来,短视频渐渐兴起,因制作短视频而侵犯他人著作权的案件也逐渐增多。有的人认为,在视频中使用他人作品内容较少、时间较短、仅起烘托作用等,故不构成侵权。这体现了部分网友对我国《著作权法》相关法律条文的理解存在误区。

案例:

被告公司在其制作的短视频中使用了电视剧《西游记》中的音乐作品作为配乐,并将该短视频放置到某视频网站上及相关 App 上。原告发现后将被告诉至法院,认为其侵犯了原告的音乐作品著作权,要求立即停止侵权、赔偿损失。

被告公司辩称,涉案短视频制作成本低,视频网站未就观看涉案视频进行单独收费,被告仅仅使用了音乐作品的部分片段,用时较短,系合理使用,不构成侵权。

法院经审理认为,被告公司未经原告许可,在其制作的短视频中使用了原告享有权利的音乐作品,尽管所用时长较短,但基于广大观众对电视剧《西游记》及相关配乐的深刻记忆,被告公司对涉案音乐作品的使用有利于烘托相关人物的出场,从而引起观众的共鸣,以更好地理解电影内容,故被告公司的上述使用行为并非合理使用,构成了侵犯他人著作权的行为。

【预防提示】

远离侵权从这里做起

以上介绍的案例只是众多网络侵权行为的缩影。网络媒体平台类型繁多,信息传播技术日新月异,侵犯他人著作权的行为在网络世界里也表现出不同的形式。但万变不离其宗,只要是未经权利人许可而使用其作品的行为就极有可能构成侵权(考虑合理使用、法定许可、保护期限等)。就上述常见的几种社交及媒体平台而言,要特别注意以下几点,主动预防侵权行为的发生。

第一,公开网络平台如何避免侵权。需要澄清的是,不公开的传播也有可能构成侵权。有的网友认为,QQ 群、微信群、朋友圈等社交网络平台并非对所有的人公开,故不属于公开的网络平台。在此需要明确的是,只要是针对不特定人开放的网络平台就是公开的网络平台。所谓“不特定”,是指信息发布者与网络平台内其他人员是否存在特定的关系,如果不存在特定的关系,如父母、近亲属等,即为“不特定”。故切不可因网络平台内人员较少就认为不属于公开的范围而降低侵权风险意识。在公开的网络平台上,无论是直接上传内容还是仅仅提供链接,都要仔细审核发布的作品是否含有侵权内容。对于不知道作品权利人的情形,应当通过多种渠道与权利人取得联系,未经权利人许可不得使用其作品。

第二,转发行为如何避免侵权。有的网友认为,其实施的仅仅是转发行为,所以不可能侵犯他人著作权。需要说明的是,“转发”并非一个规范的法律用语,要区分转发行为是直接上传的行为还是仅仅提供一个链接。比如,网友 A 经营一个微信公众号,把文章内容直接上传到微信公众号上,这是直接上传行为。如果网友 A 在微信公众号上提供一个链接,点击这个链接,将跳转到文章的原始界面,即他人上传文章的平台,这是一个提供链接的行为。如果网友 A 是在一个对公众开放的网络平台上直接上传作品,而这个作品没有获得授权,是一个侵权作品,则网友 A 的行为构成直接侵权行为。如果网友 A 在微信公众号上仅仅提供一个链接地址,而被链接的地址上的文章本身是侵权文章,网友 A 不知道也没有理由知道是侵权作品的,也就是没有过错,如果在收到权利人通知后及时删除,则不构成侵权。权利人如果通知了网友 A,其应当马上断开侵权作品链接,一旦断开链接,网友 A 的转发行为就不构成侵权。如果网友 A 在收到权利人通知后仍不断开链接,即明知其提供的链接是含有侵权内容的情况下继续提供该链接,则其应当对损害扩大部分承担侵权责任。当然,如果转发的链接平台上发布的文章本身是获得权利人授权的文章,则转发行为不构成侵权。因此,如果是直接上传作品的,应当获取权利人的授权。如果是仅仅提供一个侵权的链接地址,在收到权利人通知后,应当马上断开链接。对于怎么判定他人的行为构成侵权,也要区分是直接上传行为,还是提供链接行为。对于直接上传行为,如果没有获得权利人的授权,一般是侵权的;如果是提供链接行为,也没有证据显示转发人知道涉案作品侵权的,应当及时通知转发人断开链接,如果转发人收到通知后,拒不断开链接的,则构成帮助侵权,应当就损害扩大部分承担责任。

第三,构成侵权后如何赔偿。很多网友关心如果被认定侵权以后应当如何进行赔偿。根据我国《著作权法》第 49 条的规定,侵权人应当按照权利人的实际损失给予赔偿,实际损失难以确定的,可以按照侵权人的违法所得给予赔偿,赔偿数额还应当包括权利人为制止侵权的合理支出,如公证费、律师费等。如果实际损失和违法所得都难以确定的,由法院根据侵权行为的情节给予 50 万元以下的赔偿,即法定赔偿。对于法定赔偿,法院通常会考虑的因素有作品的类型,如文字作品通常按照每千字计算赔偿数额。国家版权局和国家发展改革委于 2014 年公布的《使用文字作品支付报酬办法》规定,原创作品的稿酬标准为每千字 80～300 元,法院在判定赔偿数额时可以参照上述稿酬标准。比如,电影作品因制作成本较高,通常会比音乐、图片作品的判赔数额高一些。其他考虑因素还有作品合理的许可使用费,作品的知名度和价值,作者的知名度,作品的独创性程度,侵权人的主观过错,如有没有恶意、重复侵权情形,侵权持续的时间、范围、造成的影响和后果等,法院将综合考量上述因素对赔偿数额进行裁量。

【知识提示】

网络侵权　这些知识你应当了解

原创的文章、随笔、诗歌为了尽快获得我国《著作权法》的保护,是不是应该马上发表,否则将得不到法律保护?觉得网络上的照片、图片非常漂亮,下载后自己在家欣赏,会不会侵犯他人的权利?很多网友在网络上发布作品的时候会加水印,表明未经许可不得转载等,这样的水印声明有效吗?上述问题实际上涉及的是我国《著作权法》上作品权利的取得和权利的限制,其中权利的限制包括合理使用和法定许可。掌握这些知识对于行使自己的权利及判断他人的行为是否构成侵权是必不可少的。

首先,关于作品的权利是如何取得的问题。根据我国《著作权法》第 11 条的规定,著作权属于作者,如无相反证明,在作品上署名的公民、法人或者其他组织为作者。该条规定并不表明作品只有经过发表才能获得法律保护。实质上,作品一经创作完成即自动取得著作权,无须像商标或者专利那样需要经过权力机关的登记或者审查。关于如何证明自己是著作权人的问题,对于已经发表的作品比较好证明,通过署名即可以证明作者身份;对于未发表的作品,可以通过提供作品的底稿、原件、著作权登记证书,认证机构出具的证明,取得权利的合同等证据予以证明,在没有相反证据的情况下,可以根据上述证据认定著作权人。因此,虽然作品一经创作完成即自动取得著作权,但为了便于证明自己是著作权人,尽早发表作品是比较好的证明途径。需要特别说明的是,著作权登记证书是著作权登记机关根据申请人自己的陈述进行的登记,并不就作品的实际创作人及创作时间进行审查,因此,著作权登记证书只是认定权利人的证据之一,如存在相反证据,还应当结合其他证据综合判断。

其次,关于作品的合理使用问题。合理使用,是指在某些特定情况下使用作品,可以不经著作权人许可,不向其支付报酬,但应当指明作者姓名、作品名称,并且不得侵犯著作权人依照著作权法享有的其他权利。合理使用通常要满足三个要件:一是限于特例,二是不影响作品的正常使用,三是不允许不合理地损害著作权人合法利益。我国《著作权法》第 22 条对合理使用的情况进行了列举,比如,为个人学习、研究欣赏使用他人已经发表的作品;为介绍、评论某一问题,在作品中适当引用他人已经发表的作品等。因此,上述下载他人作品供个人欣赏学习的情况属于合理使用,不构成侵犯他人著作权。

最后,关于作品的法定许可问题。法定许可,是指在一些特定情形下,可以不经权利人许可而使用他人享有著作权的作品,但应当向权利人支付报酬。如我国《著作权法》第 33 条第 2 款规定,作品刊登后,除著作权人声明不得转载、摘编的外,其他报刊可以转载或者作为文摘、资料刊登,但应当按照规定向著作权人支付报酬。与合理使用制度一样,法定许可也是对著作权人权利的一种限制,不同的是,在著作权的法定许可中,虽然使用他人作品事先不需要征得著作权人的许可,但必须向著作权人支付报酬,这是法定许可与合理使用最主要的区别。我国《著作权法》在第 23 条、第 33 条第 2 款、第 40 条第 3 款、第 43 条第 2 款、第 44 条中对著作权法定许可作了明文规定。但我国《著作权法》就法定许可规定了一个前提条件,即作者声明保留权利的除外。因此,如果权利人在作品上用水印标明未经许可不得转载的,可以排除法定许可的适用。

【法官专业提示】

提高认识 防止网络侵权发生

通过以上案例分析可知,很多网络侵权行为的发生是因为知识产权保护意识不足,在使用他人享有权利的作品时缺乏主动获取授权的意识,对自己的行为何时构成侵权或者他人行为何时构成侵权预判不足。因此,在今后的生活中,我们应当积极做到以下几点。

第一,加强重视,预防侵权。提高自身的知识产权保护意识,尊重他人的智力劳动成果,未经权利人许可不可使用权利人的作品。若无法联系到权利人获取授权,应避免使用其作品,不可带有侥幸心理。在使用他人作品时应当正确署名,应通过多种渠道核实作品权利人的相关信息,预防侵权风险。

第二,尽快发表,留存证据。作品一经创作完成应尽快发表,以便证明作者身份。对于未发表的作品,应尽可能留存作品的底稿、原件。也可以到著作权登记机关办理著作权登记,在没有相反证据的情况下,著作权登记是证明作者身份的有力证据。对于受让取得的作品,要保留取得权利的合同等相关证据。对于经多次授权的作品,所有授权链条上的授权证据应当完整。

第三,积极配合,及时止损。对于仅仅提供链接行为的,在接到权利人的侵权通知时,要积极配合,发现链接含有侵权内容的,应当及时断开链接,防止损失的进一步扩大。

第四,及时维权,打击侵权。对于发现他人侵犯自己著作权的行为,要及时维权。如通过公证程序将侵权网页予以保存,及时向侵权人发送侵权通知,对于通过沟通等方式无法自行解决的,应当在诉讼时效期限内及时提起诉讼,对侵犯他人著作权的行为给予有力打击,共同营造尊重知识产权、鼓励创新的良好环境。

法官简介

兰国红

扫二维码
亲临法官说法现场

北京知识产权法院审判第二庭法官，四级高级法官。对外经济贸易大学国际商法专业硕士、香港城市大学普通法硕士，曾作为访问学者赴美国哥伦比亚大学交流学习。

从事审判工作10余年，审理包括著作权、商标、不正当竞争、专利等案件近千件，其中“大头儿子”著作权侵权纠纷等案件受到了社会公众的广泛关注。先后在《中国知识产权》《法庭内外》《北京审判》《中国博物馆》等期刊发表文章10余篇。获全国法院第26届学术讨论会二等奖、最高人民法院中国审判理论研究会理论研讨会论文评比二等奖、北京市法院系统第26届学术讨论会一等奖。

获“北京法院第一届司法业务能力比赛审判业务技能标兵”等荣誉称号。

“微信”商标案引出的“不良影响”之争

周　波

“微信”几乎已经成了每个国人日常生活中必不可少的通信工具，但在腾讯公司申请商标注册前，其实“微信”商标已经被山东的一家公司申请注册并获得商标局到初步审定了。而在当时，“微信”通信软件的用户数量已经高达4亿人了，如果“微信”商标最终落入他人之手，腾讯公司就不得不重新选择其他商标了，“微信”软件也将面临被迫更名的尴尬局面。后来的事实当然大家都知道，“微信”最终成为腾讯公司的注册商标。但是您知道吗？在“微信”商标注册审查和后来的诉讼过程中，原国家工商行政管理总局商标评审委员会（以下简称商标评审委员会）和一审法院都曾经认定“微信”商标属于具有“不良影响”的商标，因而不得作为商标注册。

【风险提示】

什么样的商标会被认定为具有“不良影响”

2001年修改的我国《商标法》第10条第1款第8项规定，“有害于社会主义道德风尚或者有其他不良影响的”标志不得作为商标使用。2013年和2019年，我国《商标法》历经了两次修改，但对于这一条款的内容均未作修改。那么“微信”商标为何会被认定为具有“不良影响”？

2010年11月12日创博亚太科技（山东）有限公司（以下简称创博亚太公

司）向原国家工商行政管理总局商标局（以下简称商标局）提出第 8840949 号“微信”商标（以下简称被异议商标）的注册申请，指定使用在第 38 类“信息传送、电话业务、电话通信、移动电话通信”等服务上。2011 年 8 月 27 日被异议商标经商标局初步审定公告。

根据当时生效的 2001 年我国《商标法》第 30 条的规定，“对初步审定的商标，自公告之日起三个月内，任何人均可以提出异议。公告期满无异议的，予以核准注册，发给商标注册证，并予公告”。这样看来，“微信”商标的归属马上就要尘埃落定了。

但是“无巧不成书”，对于这样一个非同寻常的商标，一个自然人在法定期限内对创博亚太公司申请注册的“微信”商标提出了异议。2013 年 3 月 19 日商标局裁定：被异议商标不予核准注册。创博亚太公司不服商标局的裁定，向商标评审委员会申请复审。

2014 年 10 月 22 日商标评审委员会作出复审裁定，认为虽然创博亚太公司申请注册被异议商标时，腾讯公司的“微信”软件尚未正式对外推出。但是，腾讯公司在被异议商标初步审定公告前已正式推出了“微信”软件，且用户量持续迅猛增长，截至 2013 年 7 月，腾讯公司的“微信”注册用户至少已经增长到 4 亿人，并且多地政府机关、学校、银行等推出了微信公共服务，相关公众已经将“微信”与腾讯公司紧密地联系起来。考虑该案的事实，如核准被异议商标注册，将会对多达 4 亿人的微信注册用户以及广大公共服务微信的用户带来极大不便乃至损失，同时也可能使他们对创博亚太公司提供的“微信”服务的性质和内容产生误认，从而可能对社会公共利益和公共秩序产生消极、负面的影响。因此被异议的“微信”商标已经构成我国《商标法》第 10 条第 1 款第 8 项所规定的具有其他“不良影响”的标志。综上所述，商标评审委员会裁定：被异议商标不予核准注册。

面对这样“不良影响”的定性，创博亚太公司当然不服，在法定期限内提起了行政诉讼。一审法院经审理，判决维持商标评审委员会的被诉裁定。因而，案件上诉到了北京市高级人民法院。

北京市高级人民法院经过开庭审理，虽然在结果上维持了一审裁判的结论，但在“微信”商标是否具有“不良影响”的问题上，纠正了商标评审委员会和一审判决的观点，认定该商标不具有“不良影响”。

对于同一问题，为何一审、二审法院的认定会有如此大的差距？

根据相关司法解释的规定，审查判断有关标志是否构成具有其他不良影响的情形时，应当考虑该标志或者其构成要素是否可能对我国政治、经济、文化、宗教、民族等社会公共利益和公共秩序产生消极、负面影响。如果有关标志的注册仅损害特定民事权益，由于商标法已经另行规定了救济方式和相应程序，不宜认定其属于具有其他不良影响的情形。由于具有“其他不良影响”属于商标注册的绝对禁止事项，一旦认定某一标志具有“其他不良影响”，即意味着不仅该标志在所有的商品和服务类别上都不得作为商标使用，更不得作为商标注册。而且在我国《商标法》第 10 条第 1 款第 8 项未作例外规定的情况下，任何主体均不得将具有“其他不良影响”的标志作为商标使用和注册。因此，对于某一标志是否具有其他“不良影响”，在认定时必须持相当慎重的态度。在该案中，就标志本身或者其构成要素而言，不能认定被异议商标具有“其他不良影响”。根据二审期间创博亚太公司提交的证据，“微信”商标已在其他多个商品或服务类别上由包括腾讯公司在内的多个主体申请并获准注册，这一事实也进一步印证了“微信”作为商标使用不具有“不良影响”。因此，二审法院认定“微信”商标不具有“不良影响”。

但是二审法院同时认为，创博亚太公司申请注册的“微信”商标不应予以核准注册，理由在于该商标由中文“微信”二字构成，“微”具有“小”“少”等含义，与“信”字组合使用在上述服务项目上，指定使用在“信息传送、电话通信、电信信息”等服务上，易使相关公众将其理解为是比电子邮件、手机短信等常见通信方式更为短小、便捷的信息沟通方式，是对上述服务功能、用途或其他特点的直接描述，而不易被相关公众作为区分服务来源的商标加以识别和对待，该商标在上述服务项目上缺乏显著特征，因而不应予以核准注册。后来，创博亚太公司还就该案向最高人民法院申请再审，但也没有得到法院的支持。

虽然法院认定“微信”商标缺乏商标注册所需具备的显著特征，但我国《商标法》第 11 条规定，缺乏显著特征的标志经过使用取得显著特征并便于识别的,可以作为识别注册。因此,“微信”商标后来才由腾讯公司获得注册。

当回顾“微信”商标案时,虽然“微信”商标最终得以“恢复名誉”,被认定为不具有“不良影响”,我国《商标法》也规定商标经过使用可以克服显著特征上的障碍获得注册,但是,试问市场上又有几家公司能够像腾讯公司一样,把一个产品做得像“微信”软件一样家喻户晓?如果不是法院认定“微信”商标已经因实际使用而与腾讯公司建立了稳定联系,那么腾讯公司经过大量资金投入而建立起来的市场声誉就有可能付诸东流。因此,对于参与市场竞争的各类主体来说,尽早在相关商品或者服务上申请注册商标,才是规避此类风险的最佳手段。

使用他人姓名作商标是否具有“不良影响”

前面提到,如果有关标志的注册仅损害特定民事权益,由于我国《商标法》已经另行规定了救济方式和相应程序,不宜认定其属于具有其他不良影响的情形。那么是否可以说,因为仅仅侵害了特定人的合法权益,那些将他人姓名申请注册的商标就也不具有“不良影响”了吗?司法实践告诉我们,事情是不能这么简单推论的。

在北京市高级人民法院审结的另一起商标申请驳回复审案中,自然人王某在“烟斗”等商品上向商标局申请注册“莫言”为商标,商标局和商标评审委员会均作出驳回申请商标注册的决定。王某就此提起行政诉讼,但一审、二审法院均未支持王某的诉讼请求。在这种涉及名人的商标抢注案件中,表面上看起来是商标注册申请人和名人之间两个民事主体之间的纠纷,法院一般不会用不良影响这个条款作为裁判依据,但对于很多名人来说,尤其是政治、文化等领域的名人,他们的姓名在很多时候已经成为一种具有了公共属性的符号。此时,个人利益与社会公共利益是联系在一起的,不能一概地认为涉及了名人的个人权利,就不能再适用涉及“不良影响”的法律条款去规制这种商标抢注行为了。在被抢注的名人本人并未提出主张的情况下,不排除行政机关、司法机关适用我国《商标法》有关“不良影响”的条款作出处理。在“莫言”这个案子里,法院考虑到莫言曾获得诺贝尔文学奖,对我国文化领域产生重大影响,莫言的名字成为具有一定公共属性的符号,不经其本人允许,他的名字不应被别人作为商标注册。因此，法院支持了商标评审委员会关于王某申请注册的商标具有“不良影响”的认定。

说到姓名，其实在我国《商标法》领域保护的姓名，并不限于户口簿、身份证上载明的名字，对于能够起到身份识别作用的艺名、笔名，法律同样给予保护，关键是看这个名字能否与特定的民事主体产生对应关系。反之，有些较常见的名字，重名的情况很多，能否认定抢注或者具有“不良影响”，还是要在具体案件中结合案情具体分析。

【预防提示】

“微信”软件使用过程中的注意事项

除点对点的信息传递、群聊外，“微信”还有一个很重要的功能，就是朋友圈，大家可以在发朋友圈分享自己的所思所想，此外，腾讯公司还推出了微信公众号。这些功能在方便人们交流的同时，也引发了很多的知识产权纠纷。那么，对于用户来说，在“微信”软件的使用过程中应当注意哪些问题？

对于众多的微信公众号来说，为了达到传播的效果，往往会在文章中使用一些图片、音乐，增加文章的可读性，但是，大家一定要有知识产权保护方面的意识。根据我国《著作权法》的规定，法律保护的作品形式就包括摄影作品、美术作品、音乐作品，此外还可能涉及录音录像制品方面的相关权利，因此，微信公众号的运营主体在选择使用图片、音乐时，一定要确定自己是否有权利使用他人的作品，如果未经许可使用他人作品，那是会构成侵权行为的。最好的办法是，在事先通过付费购买的方式，取得摄影作品、美术作品或音乐作品著作权人的许可。除现在社会上比较有影响力的一些图片公司外，还有依法成立的五大著作权集体管理组织——中国音乐著作权协会、中国音像著作权集体管理协会、中国文字著作权协会、中国摄影著作权协会、中国电影著作权协会。通过打包购买、“一揽子”授权的方式，事先取得著作权人或者著作权集体管理组织的授权，再在微信公众号文章里使用他人受我国《著作权法》保护的作品，风险就会降低很多了。

对于普通的微信用户来说,同样要注意尊重他人的著作权。当然,根据我国《著作权法》有关合理使用的规定,如果是为了介绍、评论某一作品或者说明某一问题,适当引用他人已经发表了的作品,则可以不用事先取得著作权人的许可,也不必向其支付报酬,但是应当注明作者姓名、作品名称。在外地法院审理的一起案件中,廖某从汪某处订购了一束鲜花,拿到鲜花后,廖某对花束拍照,并发朋友圈分享,汪某以侵犯著作权为由提起诉讼。法院认为,廖某将涉案花束拍照后上传到微信朋友圈的行为,传播范围有限,不属于著作权法规定的信息网络传播行为,并且主观上没有恶意,也没有获取经济利益的意图,客观上并未给汪某造成不良影响,并未侵犯汪某的著作权。

总而言之,在信息爆炸的互联网时代,虽然获取信息容易,但大家一定要有知识产权的权利保护意识,要尊重权利和创造。

【知识提示】

知识产权案件的管辖分工

知识产权诉讼案件不像其他案件基本按照属地原则由法院管辖,考虑到知识产权案件的特点,全国人大常委会和最高人民法院通过一系列决定、规定和司法解释的形式,形成了具有中国特色的知识产权案件管辖分工体系。

较笼统地说,专利民事第一审案件,由各省、自治区、直辖市人民政府所在地的中级人民法院和最高人民法院指定的中级人民法院管辖。商标、著作权、不正当竞争纠纷民事第一审案件,由中级人民法院管辖,各高级人民法院可以根据辖区实际情况,经最高人民法院批准,确定若干基层人民法院管辖此类第一审民事案件。植物新品种、集成电路布图设计案件一般由中级人民法院管辖。

北京、上海、广州 3 个城市知识产权法院成立后,原有的案件管辖体系发生了重大变化。三地的专利、植物新品种、集成电路布图设计、技术秘密、计算机软件等技术性较强的第一审民事和行政案件，对国务院部门和县级以上地方人民政府所作的涉及著作权、商标、不正当竞争等行政行为提起诉讼的行政案件，涉及驰名商标认定的民事案件，均由相应的知识产权法院管辖。但是，涉及专利、商标、植物新品种、集成电路布图设计等知识产权的授权确权案件，以及不服国务院部门作出的有关专利、植物新品种、集成电路布图设计的强制许可决定以及强制许可使用费或者报酬的裁决不服而提起的行政诉讼，由北京知识产权法院专属管辖。

2019 年 1 月 1 日最高人民法院知识产权法庭成立后，全国范围内的发明专利、实用新型专利、植物新品种、集成电路布图设计、技术秘密、计算机软件、垄断纠纷二审案件都由最高人民法院知识产权法庭审理；北京知识产权法院专属管辖的除商标外的其他授权确权行政案件等案件的二审也由该法庭审理。对于最高人民法院知识产权法庭的二审裁判不服的，由最高人民法院知识产权审判庭（民三庭）履行审判监督职能。

【法官专业提示】

在“大众创业、万众创新”的大背景下，“微信”商标案或许能够为包括众多小微企业在内的市场经营主体提供有益借鉴。

商标是区分商品和服务来源的标志，是经营者积累商誉的重要载体，也是经营者参与市场竞争的重要工具。包括商标权在内的知识产权，是市场经营者依法享有的财产权的重要内容。在商标法确立的商标申请注册制度框架内，对申请注册的商标严格依法进行审查，准确把握不得作为商标注册的标志的边界以及在先已注册商标与在后申请注册商标的近似判断标准，清晰划定在先商标与在后商标之间的权利边界，不仅关乎在先已注册商标的权利人和在后申请商标的注册申请人的切身利益，而且更关乎国家整体的产权保护制度和公平有序的市场竞争秩序。因此，在商标注册审查的具体过程中，必须从法律规定的基本原则出发，充分体现国家在经济体制改革和知识产权保护方面的方针政策，以完善产权制度和要素市场化配置为重点，通过具体法律条款的实施，实现产权有效激励、要素自由流动、价格反应灵活、竞争公平有序、企业优胜劣汰的总体目标。

具体到“不良影响”的标志的认定，必须准确界定其法律定位，摆脱对经营者个体利益的纠缠，着眼于社会公共利益，平衡整体与个体之间的利益关系，做到既不越位又不缺位；而在商标近似的判断方面，既要考虑商标标志构成要素及其整体的近似程度，也要考虑相关商标的显著性和知名度、所使用商品的关联程度等因素，以是否容易导致混淆作为判断标准。而混淆与否的判断，则应当立足于相关领域公众的一般认知，体现要素市场化配置导向，尊重客观形成的市场实际状况，既要避免单纯依据行政命令内容推断市场实际状况，又要避免不适当的人为介入造成对市场实际的过分干预。同时，商标标志近似与否、相关公众混淆与否，都应当从外在的客观状况予以考察认定，不应根据商标注册申请人的主观状态对商标近似与否、相关公众混淆与否作出认定。

法官简介

周 波

最高人民法院知识产权审判庭高级法官，历任山东省济南市市中区人民法院、北京市第一中级人民法院和北京市高级人民法院法官。

长期从事知识产权审判工作。

荣立个人三等功3次。2017年6月经最高人民法院推荐，被世界知识产权组织和国家工商行政管理总局授予“中国商标金奖·保护奖”，2018年3月入选中华商标协会评选的“中国商标50人”名单。

扫二维码
亲临法官说法现场

降低自媒体时代的侵权风险

曹丽萍

2016 年开始,网络直播、网络短视频行业“忽如一夜春风来”,在网友的创意和网络平台的花样营销策略下,类似于“四大闲人”“四大天王”这样的“奇葩”们迅速蹿红。很多人以为,自媒体时代只要与众不同,成为坐拥百万粉丝的“网红”并没什么想象中那么困难。

于是,我们看到了自媒体平台上各类新奇百怪的说唱、表演、模仿秀,甚至恶搞高手,目的都是吸引更多粉丝的关注。全民网络狂欢的同时,侵权风险可能就在身边。

举例来说,葛优在电视剧《我爱我家》中饰演“二混子”纪春生,去贾家蹭吃蹭喝。20 多年后,一张将身体完全放松瘫躺在沙发上的剧照刷爆朋友圈,葛优莫名“被”成为网红,名曰“葛优躺”。将之制作为恶搞图片的人可能仍在为自己的刷屏杰作沾沾自喜,艺龙公司却因为在微博宣传文稿中使用“葛优躺”图而最终被法院认定侵害葛优的肖像权,并判令赔礼道歉、赔偿经济损失 7.5 万元。

这起案件审理期间及判决之后,仍有不少网友肆无忌惮地使用“葛优躺”表情包。如果“葛优躺”照片本身是一幅剧照,那么网友们的行为,还涉嫌侵害剧照这一作品的著作权。从司法实践来看,权利人出于诉讼成本、执行能力等因素考虑,较少直接起诉个人网友,但不意味着凡是网友个人实施的行为都可以免除侵权追究。下文,我们主要从著作权的角度谈一谈自媒体环境下常见的侵权风险。

【风险提示】

“拿来主义”侵权隐患多

创作是一项费时费脑的活动，网络上各路主播能持续提供个人原创内容的不多，大量主播说、唱、评论、模仿表演的内容都来自他人已有的内容。大家在感受风格迥异的“刘德华”“赵本山”们同时，或多或少会联想起真正的“刘德华”“赵本山”的表演。当然，网友们在表演已有作品的时候，为了突出个人风格和特点，往往还会加入新的元素内容，或者对已有作品进行改动。

最常见的翻唱行为，有侵权风险吗？有人认为，许多歌星就是从翻唱开始的，比如，王菲翻唱了邓丽君的《又见炊烟》等很多歌曲，旭日阳刚翻唱汪峰的《春天里》，翻唱歌曲比原唱还火，有些人就是听了翻唱才回头再去听原唱对比，甚至提高了原唱的知名度和影响力。事实上，翻唱，特别是利用网络传播翻唱作品，是一种侵权风险较大的行为。有些翻唱行为没有发生纠纷，可能是翻唱者与原唱者之间存在协议，也可能是原唱者放弃维权，也有诸如汪峰与旭日阳刚发生矛盾对簿公堂的。

要分析这里面的侵权风险，首先要弄清楚一首面世传唱的歌曲中包含哪些权利，翻唱的过程中会涉及哪些人的权利，其次才能判断翻唱行为会不会引发侵权纠纷。

一首歌，看似数量单位只是“一”，实际上包含了多层复杂的权利对象。大致的过程是这样的，词作者创作词，曲作者创作曲，再由演唱者唱，并到录音棚进行录制，录制完毕的歌曲可能作为单曲发行，可能收录进某一专辑，也可能用于某影视剧的片头曲、片尾曲等。整个过程中，对于这首歌曲的创作付出了智力劳动的，至少包括四类人，即词作者、曲作者、演唱者、录音制作者。著作权法上，这四类人都能形成各自独立的权利。

翻唱似乎只是由后来的歌手根据自己的风格重新演唱，或者同时把新的演唱再录制的行为，歌曲的词、曲通常没有变化，在这种情况下，影响的权利涉及前述四类中的哪些人？翻唱歌曲中，翻唱者自己演唱，没有用原唱，通常不认为会影响原唱者在著作权法上的权利。同样，对翻唱歌曲的录制，也是新的录制行为，不影响原唱歌曲的录音录像制作者的权利。没有付出新的实质性智力劳动的对象是词、曲，因此，未经许可的翻唱行为，可能会侵害词曲作者的著作权。

蹭“热播剧”热度侵权风险大

热播剧受到大部分网络视频用户的追捧，正是受这种内在需求驱动，当前的视频网站普遍推出会员制，甚至把会员分为黄金、钻石等不同级别，并设置不同级别的会员可看到不同内容、进度热播剧的规则。一些“热心网友”敏锐地发现了，广大用户对热播剧的强烈需求与视频网站严苛地按会员等级提供热播剧内容之间的主要矛盾，愿意把自己高级别会员下能看到的热播剧提供给更多用户看，并吸引这些用户成为自己的粉丝。因为目前许多网络视频平台出于规避版权风险，对长视频的上传进行了限制，这些“热心网友”就发挥聪明才智，把长视频“切割”成精彩片断再上传，同样“涨粉”无数。

电视剧《延禧攻略》是爱奇艺网站推出的一部热播剧，短时间内吸引了无数观众，但爱奇艺网站设置了会员优先看机制，免费用户只能轮后，而且需要看片头广告。但不久，很多用户发现在今日头条客户端的视频栏目下，出现了1000多条及时更新的《延禧攻略》片断，而且用户一旦点播数条视频之后，今日头条便会推送更多的相关视频片断。爱奇艺公司为此主张今日头条侵权并索赔3000万元。诉讼中，今日头条抗辩自己只是经营维护网络平台，被诉的电视剧片断都是用户上传的，而且今日头条还提供了上传这些电视剧片断的后台用户信息。

这个案件中，3000万元的索赔数额对于网络用户来说是天文数字，但是不是网络用户在了解类似的诉讼纠纷时，都只是看热闹吗？显然不是。

在现有的法律制度下，即使今日头条提交了上传电视剧片断用户的相关信息，也不一定意味着平台经营者可以免责，法院仍有可能判决今日头条的行为构成侵权。举轻以明重，未发布这些电视剧片断的平台经营者需要承担侵权责任，那么直接上传者显然更应承担侵权责任，而且发布这些电视剧片断的网络用户才是源头的侵权人。理论上，爱奇艺公司有权向这些直接提供侵权内容的个人起诉维权，今日头条在承担自己的侵权责任后，也有权利向这些用户追偿。上传电视剧片断的用户将面临双重追责。之所以权利人一般不向个人维权，前面已经提及原因。

随着现代人快餐式文化的日益普遍，“5 分钟带你看完电影 × × ×”“爆笑解说电影 × × ×”“ × × × 说电影”，已经成为视频剪辑、影评行业中的一股潮流。许多网络平台上，以剪辑解说影视剧为得意之作的主播越来越多，吸粉无数。

但是，我国台湾地区知名“网红”谷阿莫因为制作“ × 分钟看完 × × 电影”数年前被 5 家电影公司正式起诉，认为其在没有经过授权的情况下使用电影片段重新制作视频节目，涉嫌侵犯我国《著作权法》。虽然双方之后和解解决，但也给许多网友一个提醒，专业制作的影视剧，不能随意剪辑。

“无厘头”搞笑的尺度不好把握

10 多年前，自由职业者胡戈把陈凯歌导演的电影《无极》片断剪辑改编成了网络短剧《一个馒头引发的血案》。引发无数网友追捧吐槽的同时，随即传出陈凯歌已经起诉胡戈的报道，此后引发娱乐界、法律界的广泛热烈讨论。

大部分人对胡戈的短剧都抱以宽容的态度。相当部分法律专家在看短剧《一个馒头引发的血案》之后，也认为该短剧可以视为戏仿作品。戏仿，作为讽刺评论的一种形式，可归入著作权法意义上的合理使用。戏仿作品中的戏仿视频，通常认为是指为进行批评或评论活动通过拼接音视频片段而制作的视频。

由于司法裁判难以对作品的艺术等专业价值作出评价，事实上，在实践中能像《一个馒头引发的血案》那样被作为戏仿作品得到广泛认同的情形不多见。即便如此，据报道，胡戈也向陈凯歌正式道歉。因此，在他人完整作品的基础上，将作品片断或元素进行随意拼接使用，对于原作品显然会有影响，加之网络传播的难以预料性，此种影响在传播过程中可能被放大。最终，原本轻松随意的娱乐变成了“恶搞”，对原作品和作品权利人的伤害都将转化为侵权责任返回给“恶搞”人承担。

随意“搬运”自己的网络作品也可能侵权

部分网络用户为了扩大自己的影响力，也为了把自己的创意分享给更多人，将在一个平台制作上传的视频等作品通过各种方式转发到其他平台。殊不知，看着自己分享的内容在多个平台不断被转发而沾沾自喜的同时，法律风险已经悄然接近。

为什么转发自己的网络作品，与转卖自己 DIY 的商品不一样吗？这要从用户注册为某平台会员开始说起。所有的网络平台都尽可能希望更多地吸引用户并留住用户，而且还想尽办法让用户在自己平台上逗留更多时间，会员制是一个常用且有效的办法。用户要使用网络平台提供的素材、发布渠道等资源，都要首先注册为该网络平台的会员。在注册的时候，很多人是抱着能省则省、能快则快的心理，一路“确认”了事。当然，网络平台设计的用户协议、平台规则等法律文件，对于大部分非专业人士的普通用户来说，无疑是“天书”，看不看效果都一样。正是在不在意的情况下，注册用户就已经接受了相关“不平等条约”。

例如，某平台的用户协议中约定“用户在本平台形成的一切图文音像资料，全部著作权及其他权利都归属于平台，用户不得未经平台许可再许可他人使用”，“用户在本平台上传的任何视频文件，从上传之日起即无限期独占许可平台使用”，等等，类似这样的格式条款中，虽然极个别因为免除己方责任、排除对方权利而可能导致条款无效，大部分条款依然属于平等民事主体之间的合意，需要遵守。那么，如果网络用户先承诺了其上传到某平台的作品独占许可给该平台，那么就不能轻易再把同样的作品上传到其他平台，否则将同时产生违约和侵权风险，网络平台可以追究其违约或者侵权责任。

【预 防 提 示】

尊重原创　鼓励原创

要不受侵权风险困扰，最安全的策略就是实施一项不使用他人权利的行为，可以像曾经的快手闲人“愚公移山”“精卫填海”“水滴石穿”“铁杵磨成针”那样，对既有文化故事进行诠释，并不涉及他人权利。许多现代人每天重复着快节奏的工作生活状态，但不乏好奇心，也希望看到别人做一些自己没有尝试过的事情。正如西安的钟楼有一个“古城钟楼”的新浪微博账号，开设数年以来，每天的博文都是按时辰整点发对应个数的“档～”，已云集百余万名微博粉丝。这也是为什么一些看似无聊的话题、形式也不缺乏关注者的原因。

“网络平台素材库＋自己表演” 降低侵权风险

此外，也可以像某些博主那样凭实力自编自导自演，靠原创短视频吸引粉丝围观。这种方式下预防侵权的难度和成本较高，要是不具备自身超强的专业素质强，或者没有专业团队提供原创素材，此种方式难以长久维继。生活中，大部分希望成为“网红”的人还都是普通人，不是以创作为生的专业人士，能有少量内容原创已非易事，而且在原创内容上传之后，很快就会陷入江郎才尽的阶段。

对于普通用户来说，相对容易又尽可能避免侵权风险的方式就是利用网络平台提供的素材，加上自己的表演进行制作。如此一来，许多大的网络平台都与音乐、图片等版权人通过合作，获得了允许通过平台传播这些作品的权利，并把这些作品纳入平台用户自制内容（UGC）素材库。为此，不求新奇百怪、标新立异的网络用户可以放心大胆地在网络平台上使用平台提供的各类现成素材。另外，网络用户自行表演，就不会涉及原作品从表演之后的其他权利。例如，有人模仿知名歌星迈克尔·杰克逊的“僵尸舞”，如果发现某平台的音乐素材库中提供了歌曲“Ghosts”，那么就可以在该乐曲伴奏下把自己跳舞的视频录制下来并上传。因为舞蹈是上传者所跳或实际舞者授权发布的，录制行为也是针对该舞者的肢体语言由与舞者相关的人所为，因此，用户涉及的他人权利主要就是歌曲“Ghosts”这首音乐作品。

网络平台虽然把很多歌曲都收入自己的素材库，但不一定都取得授权或授权无瑕疵，但对于网络用户个人来说，尽可能低成本低风险是聪明且适宜的做法。因为即便网络平台实际没有取得其素材库中相关作品的著作权，那么用户基于对网络平台的信任,以及平台经营者既然将之收入素材库,那么就应更加注意该歌曲的授权情况,平台经营者失误没有取得无瑕疵的授权,过错是主要的,且是显而易见的。此时,即便直接使用了该歌曲的用户,侵权过错也能酌情降低。

用户自娱自乐　不擅自传播

前述提及的预防侵权措施,主要针对的是网络用户制作完自己的作品,需要通过网络平台传播的情形。另一种更加安全的处理方法,就是用户仅通过网络平台制作作品并获得作品复制件,但不通过网络平台公开传播的情形。无论对他人作品采取何种使用方式,只要是网络用户自娱自乐、不公开传播,都与他人无涉,也难以追究网络用户的侵权责任。早些年,网络上充斥着盗版影视剧文件,影视剧权利人明知许多用户把盗版视频下载到自己的本地电脑中再观看,但在现有的法律体制下并没有直接追究下载用户的法律责任,而只是打击提供盗版视频文件或链接种子的网站经营者。

部分用户指出其仅使用了现有作品的片段或素材,可以适用著作权法中的合理使用制度。需知道,合理使用有非常严格的适用条件,一般情况下仅适用于法律明确规定的情形下,通过网络传播他人作品或作品的部分,一般难以适用合理使用免责。

【知 识 提 示】

上文列举了多种侵权风险以及风险预防的情形,那么被侵犯的可能涉及哪些权利?

我国《著作权法》规定了作者因创作作品享有 17 项权利,其中人身权 4 项,财产权 13 项,使用他人作品时可能涉及侵犯的权利主要有。

1. 署名权。署名权是表明作者身份,在作品上署名的权利。署名是著作权领域常用且非常重要的人身权利,通过适当的署名方式让社会公众知晓该作者的创作者、歌曲的演唱者、表演者等，建立起当事人与其智力成果之间的关系。一旦作者与其作品的关系被割裂，署名权即可能受到损害。对于一些原创作品，创作者在发表时也要适当署名，避免因为没有署名让大家误解为可以随意使用的网络素材。

2. 保护作品完整权。保护作品完整权是指保护作品不受歪曲、篡改的权利。这是一项作者维护其作品保持原状、不受歪曲改动的权利。上文提到的“恶搞”，就是作者认为他人使用自己作品的时候超出了本应有的面貌。作为一项重要的作者人身权，不仅关系作者本身的权利，而且也涉及公共利益。我们今天之所以还能看到原汁原味的四大名著、唐诗三百首、各种历史典籍，都是人们在一代代传承过程中尊重作者、尊重历史的结果。

3. 表演者权。表演者有表明表演者身份、许可他人通过信息网络向公众传播其表演等多项权利。网络平台中的模仿，也有直接使用他人声音，网友再模仿或改编新的动作、手势等的情况。网络用户看到网友制作的此类短视频时，如果没有取得原表演者的授权，没有署名原表演者，显然会损害原表演者与其表演的权利。

4. 信息网络传播权。这是网络环境下最重要的一项财产性权利，是指以有线或者无线方式向公众提供作品，使公众可以在其个人选定的时间和地点获得作品的权利。简而言之，信息网络传播权就是把作品放置在允许公开访问的网络环境下，用户可按自己的意愿从网络中获得该作品。传统的作品传播方式是单向传输，如广播、电视、报纸等，都是媒体把自己编辑制作好的内容提供给用户，用户被动获取。网络世界能容纳的内容是海量的，足以支持用户按自己的意愿来选择作品内容。目前，涉及网络的大部分著作权纠纷也是信息网络传播权纠纷。

【法官专业提示】

通过以上的分析整理，向希望通过自媒体展示自己、赚取流量的人们以下提示：

第一，原创是降低侵权风险最好的途径，原创不仅是指亲力亲为表演，而且是指从表演内容到表演都是独立创作完成。

第二，作品要及时准确署名，不仅要为自己的创作成果署名，还要为作品中借鉴的他人作品署名，避免因为没有署名而侵权。

第三，仔细浏览用户协议。注册网络平台会员时，花一点时间和耐心浏览一下用户协议，知道成为平台用户的权利和义务，知道自己在这个平台上完成作品后还能不能自己随意使用。

第四，剪辑专业制作的影视剧，将热播剧再上传到网络平台的侵权风险极大，不能急于快速涨粉而动了影视剧权利人的“奶酪”。

第五，借鉴网络热门素材，尽量原样、少量且善意使用。网络传播速度快、范围广，搞笑素材容易在反复传播使用过程中“盖歪了楼”，变成了“恶搞”，大量侵害著作权、名誉权、肖像权等纠纷都源于此。

法官简介

曹丽萍

扫二维码
亲临法官说法现场

北京市高级人民法院民事审判庭四级高级法官。

承办知识产权案件2500余件，审理了众多疑难复杂有影响力的案件，包括“韩寒诉百度文库案”“首例浏览器屏蔽视频广告案”“‘启航’商标先用权案”“‘脉脉’软件抓取微博用户信息案”等。2012年以来，共有7起案件入选历年北京市知识产权保护十大案例，2起案件入选全国十大知识产权案件，1起入选全国保护知识产权50件典型案例。自2015年8月起成为《中国知识产权杂志》专栏作者，合著《网络游戏知识产权司法保护》。

走出破产认识误区

邹明宇

许多人听到“破产”这个词语，就会联想到一些负面的事情——企业负债累累、职工面临失业、老板“跑路”、债权人无处讨债等。其实，破产是商品经济发展到一定阶段必然出现的法律现象，从对诚实经营者和企业家精神的保护，到鼓励大众创业、万众创新；从公平有序清偿秩序的维护，到实现社会资源的合理有效配置；从良好营商环境的营造，到助力供给侧结构性改革，都离不开破产制度的良性运行以及破产法制功能的充分发挥。

【误区提示】

“谈破色变”

虽然我国1986年就颁布了《企业破产法(试行)》，《企业破产法》也于2006年制定出台，但是至今社会对破产法的认识却非常有限，误解也不少，现在来看看您是不是也有如下的疑问。

(1)破产是不是等于逃债？

在中国人的传统观念中，欠债还钱、天经地义。企业申请破产后是不是可以不用还钱了，债主怎么办，破产是不是“老赖”们的“避风港”？

(2)破产是不是对债务人的惩罚？

破产受理后由管理人接管企业，在法院监督下强制清算其财产，宣告破产并注销企业。这是不是对债务人的惩罚?

(3)在产品和技术不断推陈出新的今天,固守自有领域、不愿改变现状的老牌企业陷入困境后,是否只能坐以待毙?

江南皮革董事长黄鹤失踪,“眼镜大王”胡福林不知所终……难道企业陷入债务困境后只能坐以待毙或者以跑路的方式解决;破产(尤其是重整)制度又能为这些老牌企业做些什么?

(4)既然重整是挽救企业的有效手段,是不是所有陷入困境的企业都应当优先适用重整制度?

现阶段,在国际贸易摩擦和国内经济转型调整的背景下,一部分企业面临经营困境,是不是都可以适用重整制度以促使这些企业能够“起死回生”?

(5)在部分破产案件中,管理人收取了较高的报酬,这样对本已无法得到全额清偿的债权人来讲是否不公平?

在一些重整案件中,债务人企业已经陷入经营困境,债务都无法全额清偿,却还要支付管理人数百万甚至更高的报酬,这样合理吗?

(6)创业失败是否等于穷途末路?

在“大众创业、万众创新”的背景下,越来越多的人投入创业大潮中,有的创业者还以自身财产为企业提供了连带担保。创业总有失败,对一无所有、负债累累的失败创业者的未来是否一片渺茫,破产可否帮助其东山再起?

走出认识误区

上述的一个个疑问源于对破产制度的不了解。那么破产究竟能够对债权人、债务人带来什么,带着上述疑问,让我们从认识破产开始。

【知识解读】

什么是破产

(1)破产的含义及起源

“破产”这个词语在中国早已使用,在不同语言环境下有不同的意义,比如,计划破产了,阴谋破产了,通常比喻事情的失败,具有贬义。因此,从破产后不用偿还债务这一角度出发,人们很容易将破产联想为一种“逃债工具”。

从法律上来讲,破产是一种公平的偿债工具,是指处理经济上破产时债务如何清除的一种法律制度。通常而言,是对丧失清偿能力的债务人,经法院审理与监督,强制清算其全部财产,公平清偿全体债权人的法律制度。但这是狭义的概念,即将破产理解为破产清算制度;广义的破产还包括和解、重整制度。中世纪后期,地中海沿岸地区商品贸易发达,当一些商人或手工业者无力清偿债务时,债权人就会到其经营场所将工作台砸破,“破产”即被“砸破了工作台”。与所有其他概念一样,破产的内涵和表征随着时代不断发展,由最初用来描述对债务人的惩罚行为,逐渐演变为对诚实而不幸债务人债务的免除。

(2)破产制度(破产法)的发展

古罗马时期,在债务人不能清偿债务又没有人为其担保时,可以裁判将债务人交给债权人带回家中拘禁。拘禁期满,如果仍不能清偿或达成和解的,也无法找到担保人或愿意替他还债的人,债权人便有权将债务人卖至国外为奴,还有权将债务人处死。如果债权人为多人的时候,可以公平分享出卖所得。同时,对尸体的扣押也是制约债务清偿的一种有效方式,因为罗马人视亡魂为神明,如果不能如礼安葬,会招致怨恨而降祸于其亲属,所以亲属因惧怕招祸,自然会想方设法地代为偿债。

随着时代的发展和变迁,近现代的各国基本已经将破产视为市场经济生活中的一种正常法律现象,破除了破产惩戒注意的影响,免责主义已经被大多数国家所采纳。对于不幸破产但诚实的债务人,在破产程序终结后,只要符合法定的条件,则免除其无力清偿债务的责任,这是现代破产法的重要特征。

接下来,带着开篇提到的诸多疑问,着重介绍破产清算和破产重整——破产制度在经济生活中经常运用的两个程序,特别是在社会还不太熟悉了解破产重整的情况下。

破产清算:旧的结束

破产清算,是指经债务人或者债权人申请破产清算而开始的债务清理,是破产法律制度诞生最初的目的。实现市场主体依法、有序退出,实现市场出清,是破产清算制度的基本功能。

一方面,破产程序的核心不在于满足某个债权人的利益,更不是使债权人得到全部清偿(客观上也不可能),而是要做到对全体债权人公平和有序的清偿,从而维护全体债权人和债务人的合法权益,避免"丛林法则"、破产欺诈等连锁问题,进而维护社会利益和正常的经济秩序。同时,通过落实优胜劣汰的市场规律,发挥破产重新配置资源的作用,将那些被"僵尸企业"所占用的劳动力、资产、土地、资本等生产要素及时释放,配置到效率更高的领域以发挥更大作用。

另一方面,破产法作为市场退出法,是落实股东有限责任的重要保障。在完成清算程序后,可以通过债务免责为企业家创新创业及时"止损",为诚实而不幸的企业家提供司法保护。为交易方提供稳定的预期,投资失败则以有限责任兜底,有助于鼓励和促进社会投资。并且,通过破产程序,为债务人提供了一体解决所有债务纠纷的机会,避免债务人陷入多方诉讼、多方执行的"泥潭",免受多重的诉累负担。

因此,诸如"破产是否等于逃债""破产是否是对债务人的惩罚"等顾虑完全可以通过依法落实破产法制予以避免和排除。

破产重整:新的开始

提到重整,相信关注破产的朋友们都会对 2018 年上半年的一条新闻记忆深刻,那就是在"重庆钢铁公司重整案"中,管理人收取了 8000 多万元的报酬,这一消息对于从事破产实务的专业人士好似一剂"强心剂",让大家也看到了从事破产服务也能得到如此丰厚的回报。但可能会有人质疑:企业都破产了,凭什么管理人能拿这么多钱?在回答这个问题之前,可以先来看一下"重庆钢铁公司重整案"的具体情况。

案例:"重庆钢铁公司重整案"

面对的形势:10,000余名职工、2700余户债权人、170,000余户中小股东;首例股票同时在上交所和香港联交所挂牌交易的"A+H"股上市公司重整、首家钢铁行业上市公司重整,而被认为属于"特别重大且无先例"。

管理人的工作:在为企业"止血"方面,以市场化方式成功剥离企业低效无效资产;在重整计划中合理减免相应债务。在为企业"输血"方面,引入产业结构调整基金;在为企业开出的治疗方案上,实现企业治理结构(管理层调整)、资产结构、产品结构、工艺流程、管理制度等进行全面优化;向香港联交所申请豁免新增股份不召开类别股东大会,此前这在资本市场上尚无先例;另外还征得上交所同意,调整后除权参考价格与停牌前价格一致。

效果:2017年年底完成重整后,2018年第一季度主要经营业绩即创下历史同期最高,成功化解债务危机、经营危机乃至生存危机。

通过这个案例不难发现,办理破产案件尤其是成功的重整案件,需要极强的专业性,这种专业性还需要是复合型,既涉及法律、财务知识,还涉及企业的经营管理问题,并且面临很大的不确定性,需要投入极大的精力与成本,对管理人的业务能力和敬业精神都具有极高要求。结合管理人在重整案件中所面临的形势、工作以及重整所实现的正面效果,再回过头来审视管理人的报酬,可能就不会有那么多质疑了。

下面进一步介绍破产制度的一个重要子程序——重整程序。破产重整,是指针对可能或已经具备破产原因但又有维持价值和再生希望的企业,通过对各方利害关系人的利益协调,强制进行重组与债务清理,使企业避免破产获得新生的制度。尤其是一些老牌企业,或因为资金链断裂,或因为创新乏力,或因为管理不善而丢失市场陷入困境,重整给了他们"再生"的机会。

案例:“福建铁观音集团、安溪茶厂重整案”

福建安溪茶厂成立于1952年,是我国历史最悠久的三大国营茶厂之一,是福建铁观音集团的全资子公司。随着国家宏观经济下行、消费环境变化和市场调整等不利因素的影响,尤其是担保链断裂等因素,福建铁观音集团和安溪茶厂均陷入资金和经营困境。

法院审查过程中,发现铁观音集团与安溪茶厂陷入困境的主要原因不是经营问题,而是为关联方提供担保所致,两家企业本身就是优质资源。并且,“安溪铁观音集团”这一著名商号与“安溪铁观音”这一地理标志商标紧密关联,也具有巨大的潜在价值。如果对公司适用破产清算程序,这一著名商号的价值将无法实现,会造成巨大的资源浪费,因此其商号价值与上市公司独特的“壳”资源价值有一定的相似之处。同时,结合存在潜在投资方以及各方利害关系人对重整的态度等因素,法院初步判断安溪茶厂和福建铁观音集团具有挽救的价值和可能,具备重整的可行性分析。

通过重整,使“安溪铁观音集团”这一著名商号得以保留,带动茶农、茶配套生产商、茶叶营销加盟商相关产业发展,同时化解了金融债权约5.8亿元,有效防控金融风险。福建铁观音集团普通债权清偿率比清算条件下的清偿率提高了3倍。

企业就犹如一个人,哪怕再强壮,也避免不了生病,而法院相当于医院,治病救人。破产重整制度,可以挽救这些危困、有存续价值的企业,让“失血”企业“止血”,帮助企业“输血”,重新启动再造功能,确保社会利益最大化。

需要注意的是,重整虽然能够实现“止血”“输血”,并为企业提供“破产保护”,但并非所有“生病”的企业都适合重整。应当说,对于不具有重整价值和挽救可能的企业盲目进行重整,只会造成重整程序的空转,不仅无助于重整目的的实现,反而浪费司法资源、增加社会成本、破坏债务清偿秩序、损害债权人等利害关系人的利益。因此,需要满足一定的条件方可进入重整程序,以防止被恶意的滥用。总体而言,困境企业应具有拯救价值和可能。这是启动重整程序的必要性和可能性标准,“明显”不具备重整价值以及拯救可能性的,则不能进入重整程序。对于“僵尸企业”来说,应通过破产清算,果断实现市场出清。这就需要对重整企业进行识别审查,具体而言,法院在审查重整申请时,需要结合债务人陷入困境的原因分析、投资方案、初步的经营方案、债权调整方案以及企业的资产状况、技术工艺、生产销售、行业前景等因素,综合判断其可行性。如果属于明显不具备重整价值以及拯救可能性的情形,则应不予受理重整的申请。

每家重整企业的自身情况和面对的外部情况,以及陷入困境的原因都是各种各样的。所以在重整价值识别、重整方案的制订和执行过程中,需要充分发挥各方参与主体的积极性、主动性,不断创新方式方法,探索适合的重整模式。下面再通过两个案例了解一些重整的实践做法。

案例:“北京理工中心科技股份有限公司(以下简称京中兴公司)重整案”

京中兴公司是在全国中小企业股转系统进行交的非上市公众公司,该案是全国首例“两网”公司重整案件。两网公司,是指在STAQ系统(全国证券交易自动报价系统)和NET系统流通转让股票的股份公司。1999年9月上述“两网”系统停止运行后,相关公司的股票被划入全国中小企业股转系统中交易,并与从主板退市的公司一起构成“老三板”。“两网”公司普遍存在经营困难、股份流动性差等问题,但由于存在可能申请公开发行的政策优势,因而仍具有一定的重整价值。京中兴公司的注册资本2.5亿元,流通股1.7亿股,股东达1.4万余名。截至2017年,公司负债总额近亿元,资产负债率达1000%,已严重资不抵债。

在该案的审理过程中,法院创新地采用了预重整方式,通过识别机制、重整听证程序、沟通协调机制的综合运用,大大提高重整效率和成功率。在预重整中,以听证形式多次组织相关主体开展谈判协商,并在对公司是否具有重整价值和挽救可能进行有效识别的基础上,引导主要债权人与债务人、投资方签署“预重整工作备忘录”等文件,就债权调整、经营方案以及重整路径等主要问题达成初步意向。同时,还通过预先摇号方式选定管理人提前开展工作。

京中兴公司通过重整引入优质旅游资产,实现社会资源的重新整合配置,并为公司在符合法律规定条件时申请公开发行奠定了基础,也为其他“两网”公司通过重整重返资本市场提供了借鉴。该案入选全国破产审判十大典型案例。

案例:“深圳中浩(集团)股份有限公司(以下简称深中浩公司)重整案”

深中浩公司成立于1988年,于1992年在深圳证券交易所挂牌上市,为深圳首批挂牌上市的企业之一。受亚洲金融危机影响,深中浩公司经营业务连续亏损,其股票在2001年终止上市。公司停业多年,负债规模高达18亿元,公司的经营性资产被执行殆尽,并逐步丧失经营能力及偿债能力。经债权人申请,深圳市中级人民法院裁定受理深中浩公司破产。破产程序中,出资人以深中浩公司具备重整价值为由申请其重整,深圳市中级人民法院经审查裁定对深中浩公司进行重整。

该案在设计清偿方案时,主要利用了深中浩公司非流通股股东让渡的股票。但因为深中浩公司尚没有股改,非流通股股东让渡的股票不能直接在市场上交易变现。为此,该案为债权人搭建了专门的偿债基金作为平台,将股东让渡的股票注入偿债基金,债权人不直接分配股票而是持有偿债基金的财产份额。同时,重整方承诺在股票注入偿债基金后2年内以固定股价回购偿债基金所持的股票。

同时,深圳市中级人民法院还在审理“迅宝系”企业的重整案件。“迅宝系”企业包括3家关联公司,是生产环保型餐盒的行业“龙头”企业,因扩张过快、资金链断裂不能清偿到期债务。管理人及重整方意识到这是深中浩公司与“迅宝系”联合重整的良机,“迅宝系”企业资产质量良好、生产经营稳定,但缺点是股权流动性差;而深中浩公司作为股票在全国中小企业股转系统交易的公众公司,股票流动性强,但亟须支撑股票价值的优质资产。在法院的支持下,管理人指导深中浩公司与“迅宝系”结合实施重整计划,将“迅宝系”企业的优质资产注入深中浩公司,再用转增的深中浩公司股票向“迅宝系”的债权人进行清偿,解决了双方重整中遇到的难题。

在重整计划制定上创新,通过设立偿债基金持股、联合“讯宝系”事实重整等方式,实现了看似不可能完成的重整任务。该案入选广东依法审理破产案件十大典型案例。

自然人破产：人的生存和发展

我国现行破产法为《企业破产法》，顾名思义，适用范围是针对存在破产原因的企业，所以还不能称作完整意义的破产法，自然人破产（又称个人破产）制度的缺位导致常被称为"半部破产法"。国外大多数国家的破产法最早规定了自然人破产制度，后逐步将破产推广适用于企业。现如今，各国破产案件中，个人破产占绝大多数。例如，在破产法制较发达的美国，其破产法院每年审理近百万件破产案件，其中绝大多数（超过90%）是个人破产案件。

个人破产制度与企业破产制度相较而言有一些特有制度，如破产免责制度。这一制度是指在个人破产程序中，对于破产人未能清偿的部分债务、某些类型的债务或者全部债务，有条件或者无条件地免除债务人的清偿责任。当然，在破产程序终结后一段时间内会对该自然人的经济生活进行一定限制。

个人破产制度除公平清偿债务、避免哄抢财产等功能外，能够从法律层面为人们的创业和创新热情提供充分保护，为"诚实而不幸"的企业家提供重新开始的机会，进一步促进我国市场经济的发展。近年来，最高人民法院《关于深化人民法院司法体制综合配套改革的意见》，国家发展改革委、最高人民法院、财政部等13部门联合印发的《加快完善市场主体退出制度改革方案》等多份文件都提到要研究建立个人破产制度，由此可见，对个人破产制度建立的研究已经提升到了国家层面。

【法官专业提示】

通过以上介绍可以看出，破产并不可怕、更不可耻，它是市场经济和市场竞争下的必然产物，对经济高质量发展有重要作用。为充分发挥破产法律制度的功能作用，需要注意以下几个方面。

第一，正确认识破产、树立破产理念和意识。像人的生命周期一样，企业也有生命周期，也有"出生"和"死亡"，破产是所有企业都可能出现的正常现象。

在企业出现较严重问题成为“病企”时,需要使用破产的“手术刀”予以治疗。不破不立、破旧立新,在破产“诊断”之后,或通过清算程序出清,使“僵尸企业”顺利出清,或通过重整程序挽救,使有市场价值企业“涅槃重生”。

第二,合理运用破产手段维护各方权益。破产制度涉及债权人、债务人、职工等多方利益主体。无论是渴望追债的债权人、迫切了债的债务人、稳定安置的职工,都应当通过破产程序,如实申报债权、及时处置财产、公平清偿债务、尽快引进投资,使所有的债权得到一定比例的偿还,所有的债务得到一次性解决,避免“暴力私刑”、逃债“跑路”,切实做到多方共赢。

第三,创新方式方法,充分发挥重整的主体救治功能。重整程序在挽救债务困境企业方面发挥了重要作用。由于不同企业的情况不同,重整制度在实施过程中也在不断完善与创新,比如,预重整、偿债基金、实质合并、府院联动等机制。在实践中,一定要充分分析企业的特点和需求,本着拯救企业的目的,在不违反法律规定的前提下,从破产难题出发,主动探索创造能够救治盘活企业的方式方法。

第四,坚持市场化、法治化的破产制度发展方向。在我国以往的破产实践中,曾存在行政化较突出的现象。今后的破产制度的有效实施,离不开遵循市场规律,按照法治化、专业化的方式实现困境企业的市场救治和退出,公平清偿所有债权,公开透明引进重整投资者,进一步健全破产审判及从业者专业队伍,不断提升破产法治化水平。

第五,尽早出台个人破产制度。现阶段,一些企业家个人承担的担保责任无法解决、消费者信用借贷不断上升等都导致了个人负债过高,引发较多社会问题,社会对建立个人破产制度也有强烈的期待。相信随着与个人破产制度关系紧密的税收制度、信用修复制度、财产监管制度等不断完善,不远的将来会建立起具有我国特色的个人破产制度。

法官简介
邹明宇

北京市第一中级人民法院清破庭副庭长、审判员（三级高级法官）。

扫二维码
亲临法官说法现场

长期从事公司、破产等商事审判工作，先后参与审理各类商事案件2000余件，审理了全国首例“两网”公司“北京理工中兴科技股份有限公司破产重整案”，并入选全国破产审判十大典型案例；审理的“张某某诉北京禄颖兰釉艺工艺品有限公司股东知情权案”，被最高人民法院评为“全国法院优秀庭审”；撰写的“中科专利商标代理有限责任公司诉齐某某股东资格确认案”裁判文书，荣获北京法院优秀裁判文书百佳奖二等奖和全国法院2017年度优秀案例分析三等奖。连续多年参加最高人民法院以及所在法院的司法审判重点课题的调研和撰稿工作，撰写的多篇论文、案例被刊登于《光明日报》《人民司法》《人民法院案例选》《中国法院年度案例》《北京政法内参》《审判前沿》等。

获“北京市审判业务专家”“北京市人民满意的政法干警（争创奖）”“北京市青年岗位能手”“北京市模范法官”“北京市法院商事审判业务标兵”等荣誉称号。

当“老总”的法律风险

吕慧敏

在现代社会，公司这一概念已为人们耳熟能详，公司组织在社会经济社会中扮演举足轻重的角色，越来越多的人选择以创办公司的形式投身到商海中经营，成为公司的“老总”、股东，也有的人因为实际投资后不愿意他人知晓自己的投资情况，选择将股东资格挂于亲戚、朋友等其他人名下，还有的人出于多种原因，在不实际参与公司任何经营管理的情况下，成为公司的“挂名”法定代表人。其实，无论是公司的法定代表人还是股东，都要履行我国《公司法》等相关法律法规规定的义务，也都面临相应的法律责任。因此，“老总”不是好当的，股东也不是白当的，看似简单的“挂名”行为中往往隐藏着巨大的法律风险，正在经营或准备投身经营有限责任公司的个人应当了解相应的法律知识，才能够更好地维护自身合法权益。

【风险提示】

法定代表人面临诸多法律责任

法定代表人是一个公司的代表，正因如此，其要面临诸多的法律责任。法定代表人的法律责任包括 3 种类型，即民事责任、行政责任、刑事责任。

民事责任方面，公司法规定，公司的高级管理人员应当遵守法律、行政法规和公司章程，对公司负有忠实义务和勤勉义务，不得利用职权收受贿赂或者其他非法收入，不得侵占公司的财产。高级管理人员执行公司职务时违反法律、行政法规或者公司章程的规定，给公司造成损失的，应当承担赔偿责任。

从司法实践来看，对于法定代表人影响较大的是当公司成为被执行人时，法定代表人也会受到限制高消费的强制措施。根据最高人民法院《关于限制被执行人高消费及有关消费的若干规定》的相关规定，被执行人为单位的，被采取限制消费措施后，其法定代表人也不得实施以下高消费及非生活和工作必需的消费行为：(1)乘坐交通工具时，选择飞机、列车软卧、轮船二等以上舱位；(2)在星级以上宾馆、酒店、夜总会、高尔夫球场等场所进行高消费；(3)购买不动产或者新建、扩建、高档装修房屋；(4)租赁高档写字楼、宾馆、公寓等场所办公；(5)购买非经营必需车辆；(6)旅游、度假；(7)子女就读高收费私立学校；(8)支付高额保费购买保险理财产品；(9)乘坐G字头动车组列车全部座位、其他动车组列车一等以上座位等其他非生活和工作必需的消费行为。

行政责任和刑事责任方面，我国《民法通则》第49条规定："企业法人有下列情形之一的，除法人承担责任外，对法定代表人可以给予行政处分、罚款，构成犯罪的，依法追究刑事责任：(一)超出登记机关核准登记的经营范围从事非法经营的；(二)向登记机关、税务机关隐瞒真实情况、弄虚作假的；(三)抽逃资金、隐匿财产逃避债务的；(四)解散、被撤销、被宣告破产后，擅自处理财产的；(五)变更、终止时不及时申请办理登记和公告，使利害关系人遭受重大损失的；(六)从事法律禁止的其他活动，损害国家利益或者社会公共利益的。"我国《民法总则》第62条规定："法定代表人因执行职务造成他人损害的，由法人承担民事责任。法人承担民事责任后，依照法律或者法人章程的规定，可以向有过错的法定代表人追偿。"

根据上述规定以及其他相关法律规定，在某些情况下，法定代表人可能需就公司的违法、违规行为承担行政责任。除非法定代表人可以举证证明，其对公司的行为并不知情，且主观上没有过错亦不存在失职。

此外，在我国《刑法》规定的某些罪名中，除对单位进行处罚外，还可能追究"直接负责的主管人员和其他直接责任人"的刑事责任。例如，生产销售伪劣产品罪、逃税罪、侵犯著作权罪、非法经营罪等。而对于上述"直接负责的主管人员”的具体范围,虽然法律未明确规定,但在司法实践中通常将法定代表人认定属于单位“直接负责的主管人员”,并据此判定法定代表人对公司的行为亦应承担刑事责任。

同时,当公司进入破产程序、被申请强制执行或欠缴税款时,在特定情形下,司法、行政机关有权对法定代表人采取相应强制措施。例如,公司有未了结的民事诉讼或不履行法律文书确定的义务,司法机关可对法定代表人采取限制出境等强制措施;公司进入破产程序,法定代表人未经许可不得离开住所地;公司欠缴税款,税务机关可以对法定代表人限制出境。

特殊情况下股东对公司债务承担连带责任

公司虽然具有独立的法人财产权,股东亦承担的是有限责任,但在特定情况下,有限责任公司的股东仍需要对公司债务承担连带责任。

我国《公司法》明确规定,公司是企业法人,有独立的法人财产,享有法人财产权。公司以其全部财产对公司的债务承担责任。有限责任公司的股东以其认缴的出资额为限对公司承担责任;股份有限公司的股东以其认购的股份为限对公司承担责任。但同时,法律也规定了公司股东应当遵守法律、行政法规和公司章程,依法行使股东权利,不得滥用股东权利损害公司或者其他股东的利益;不得滥用公司法人独立地位和股东有限责任损害公司债权人的利益。这就对公司股东依法行使股东权利、履行股东义务提出了要求。

如果股东违反上述规定,在一些特定情形下,股东是需要对公司的债务承担连带清偿责任的。比如,股东虚假出资;出资不到位;抽逃出资;公司清算时未依法履行通知和公告义务;执行未经确认的清算方案;未在法定期限内清算;股东怠于履行义务导致无法清算;公司解散后恶意处置公司财产;提供虚假清算报告骗取公司注销;股东在办理注销登记时承诺清偿债务;股东在清算或注销过程中有其他过错;公司被撤销、注销或歇业后股东无偿接受公司财产;一人公司与股东财产混同等情形。

“隐名股东”存在较大风险

在实践中,一些实际投资者基于一些原因,可能会通过委托代持的方式,委托他人持有自身股份。委托人或是基于自身职业限制的原因，或者基于有限责任公司人数的限制，或者基于隐藏自身投资及资产状况等原因，而受托代持人往往是委托人较信任、熟悉的亲属、朋友等，虽然代持行为如果不存在违反我国《合同法》第52条的情形是有效的，但是无论对于委托人或者受托人都会产生较大风险。

对于委托人即隐名股东来说，隐名股东在依法显名之前，其股东身份和权益并不被外人所知。在此情况下，显名股东擅自以转让、设定质押或者以其他方式处分股权时，当受让的第三人无从知晓显名股东与隐名股东之间的股权代持关系时，按照善意取得原理，善意第三人可以获得受让的股权。尽管隐名股东可以要求显名股东进行赔偿，但如果显名股东没有偿债能力，风险就只能由隐名股东自行承担。甚至在显名股东婚姻状况发生变化时，登记于显名股东名下的股东有可能被作为夫妻共同财产被分割；在显名股东意外死亡时，登记于显名股东名下的股权会发生被其继承人继承的情形。此外，隐名股东的显名并未表明股东同意即可，根据公司法的相关规定，实际出资人未经公司其他股东半数以上同意，请求公司变更股东、签发出资证明书、记载于股东名册、记载于公司章程并办理公司登记机关登记的，人民法院不予支持。即如果其他半数股东不同意，隐名股东会存在不能显名的风险。

对于受托人即显名股东来说，当存在债权人要求股东对公司债务承担连带责任的情形时，其并不能以其不是公司实际股东来进行抗辩，因为在工商管理部门登记的股东信息对于债权人等来说，是具有公示公信效力的，显名股东不得以其非公司实际股东为由对抗。

【预防提示】

“挂名”法定代表人要谨慎　及时变更工商登记信息

担任法定代表人前，尤其是代替他人“挂名”担任法定代表人前，一定要对所涉公司的经营状况和发展前景有全面了解和正确预期，并清除知晓其中的法律风险,审慎考虑。

在实践中,有一些人实际上并不参与公司的任何经营管理,甚至并不在相应公司工作,还有的人虽然在公司工作,但实际上并不是公司的核心管理人员,却“挂名”成为公司的法定代表人。这些人中有的是基于亲戚、朋友的委托,如其亲戚、朋友因为同时在政府机关任职,不能开办公司;有的是基于一定的报酬,比如,有的实际投资人会给付“挂名”法定代表人固定的报酬作为“挂名费”等原因。但当公司经营管理出现一定问题时,法定代表人往往面临诸多法律责任,这时,这些“法定代表人”往往面临骑虎难下的局面,自己的日常生活会受到较大影响。

案例:

小赵(化名)原系某公司办公室职员。2015 年该公司法定代表人与小赵商议,因小赵经常代表公司处理对外事务,表现优异,且该公司法定代表人因经常出差,无法及时处理公司事务,遂与公司股东商议,让小赵担任公司“挂名”法定代表人,并办理了工商变更登记。2016 年公司经营状况恶化,欠付其他供货商大量货款,被诉至法院。因无力给付,该公司成为多份生效民事判决的被执行人,小赵作为公司的法定代表人,也被采取了执行强制措施。此时,小赵找到公司原法定代表人,请求公司将法定代表人变更为原法定代表人,被拒绝后,小赵诉至法院。法院经审理认为,请求变更公司法定代表人的前提是公司形成了有效决议,且公司选举法定代表人的事项属于公司自治范围内的事项,不属于人民法院审理的范围,小赵的诉讼请求缺乏事实和法律依据,予以驳回。

选任法定代表人时,公司要对该人的职业能力、职业道德有准确全面的评价,变更法定代表人要依法形成有效决议,并及时办理工商变更登记。

案例:

2009 年张某和他的朋友王某、李某共同出资成立了一家文具公司,由张某担任公司的经理,并且在工商局也将张某登记为公司的法定代表人。后来,由于 3 人在经营公司中的理念和思路存在分歧,王某和李某就商议要撤销张某的法定代表人资格。但是,由于相关法律知识的欠缺,王某和李某并没有履行法律上的相应程序,这家文具公司也并没有到工商局变更法定代表人,王某和李某只是口头通知张某,不允许其再管理公司,并且将公司的公章从张某处取走了。但是事情过了没多久,这家文具公司就被它的下游供货商告上了法庭,原因是张某以文具公司的名义与下游供货商签订了采购合同,供货商将货物送到公司之后,该文具公司没有依照合同的约定支付货款。在该案中,文具公司的抗辩意见主要是张某已经不是公司的法定代表人了,没有权利代表公司签订合同。但是人民法院对文具公司的抗辩意见并没有采纳。

法院判决的依据在于我国《民法总则》规定,法定代表人以法人名义从事的民事活动,其法律后果由法人承受。法人章程或者法人权力机构对法定代表人代表权的限制,不得对抗善意第三人。

该案中,张某系文具公司在公司登记机关登记的法定代表人,其以文具公司的名义与下游供货商签订合同的行为属于职务行为,相应法律后果应该由文具公司承担。王某和李某对于张某权利的限制,并未通知下游供货商,供货商应认定为善意第三人,因此这种限制并不能对抗下游供货商。

从法律上来讲,公司的法定代表人是公司的常设机构,但并不是公司的权力机构。对于有限责任公司来说,股东会是它的权力机构。而对于股份有限公司来说,股东大会是它的权力机构。股东会和股东大会依照公司法的相关规定行使职权。公司的法定代表人对内要向股东会或者股东大会负责。但是对外而言,公司法定代表人的职务行为直接代表公司。法人章程或者法人权力机构对法定代表人代表权的限制,不得对抗善意相对人。法定代表人因执行职务造成他人损害的,由法人承担民事责任。法人承担民事责任后,依照法律或者法人章程的规定,可以向有过错的法定代表人追偿。

一人公司股东要避免"公私"财物混同

一人有限责任公司的股东尤其是自然人股东,要依法经营公司,尤其是按照公司法的规定,一人有限责任公司应当在每一会计年度终了时编制财务会计报告,并经会计师事务所审计。

案例:

2012年6月曹某一人出资注册成立了悦享(化名)公司,注册资本为50万元。曹某系悦享公司的唯一股东,同时担任公司的法定代表人。2016年由于悦享公司欠付店面租金15万元被出租人告上了法庭,同时出租人以曹某个人财产与公司财产混同为由,要求曹某对公司欠付的租金承担连带责任。曹某对公司欠付的租金表示认可,但是辩称自己的财产没有与公司财产混同。但是,曹某在诉讼中不能够提交悦享公司的完整财务会计账册,且公司的会计和出纳均由曹某的妻子姚某担任。从出租人提交的银行转账凭证看,2013年、2014年的租金分别是由从曹某个人账户和曹某儿子的账户支付的。经过法院调查,悦享公司自成立以来的账目从未经会计师事务所审计。法院经过综合审理认定,曹某的财产与悦享公司的财产混同,判决曹某对悦享公司欠付的租金承担连带责任。

该案中,法院判决的依据在于我国《公司法》规定,一人有限责任公司的股东不能证明公司财产独立于股东自己的财产的,应当对公司债务承担连带责任。因为相较普通的有限责任公司而言,一人有限责任公司是只有一个自然人股东或者一个法人股东的有限责任公司,为防止一人有限公司股东利用公司有限责任来规避合同义务,我国公司法律规范对一人有限责任公司的规制有别于普通的有限公司。

但对于一人有限责任公司股东是否应对公司债务承担连带责任的认定,并不因此有别与普通公司,法院仍然要考虑股东是否存在滥用公司法人独立地位和股东有限责任、逃避债务、严重损害公司债权人利益的行为。《公司法》更多地从技术层面和举证责任分配方面设定了一人有限责任公司股东的特定义务,即需要股东来证明自己的财产独立于公司的财产。

委托持股谨防代持人擅自处分

委托他人代自己持有公司的股份时,要慎重考察代持人的品德、能力、征信状况等因素,防止代持人擅自转让自己的股份或者代持人被采取财产保全时对自身股权产生不利影响。

案例：

张某是某国家机关的工作人员，2012 年张某与另外两个案外人每人出资 50 万元，成立了一家广告公司。由于国家机关规定公务员不得经商，张某将自己的股份登记在其姐夫李某的名下，双方签订了一个“代持协议”。2017 年李某因为和张某的姐姐感情不和提出离婚，在起诉离婚前李某就将其名下持有的公司股权以 150 万元的价格转让给了王某，公司的另外两个股东也没有提出异议，并且办理了工商变更登记。张某事后得知此事，以他才是股权的实际出资人为由，向人民法院提起诉讼，主张李某与王某之前的股权转让协议无效。后法院依法驳回的张某的诉讼请求。

法院判决认为，隐名股东在依法显名之前，其股东身份和权益并不被外人所知。在此情况下，显名股东擅自以转让、设定质押或者以其他方式处分股权时，当受让的第三人无从知晓显名股东与隐名股东之间的股权代持关系时，按照善意取得原理，善意第三人可以获得受让的股权。尽管隐名股东可以要求显名股东进行赔偿，但如果显名股东没有偿债能力，风险就只能由隐名股东自行承担。该案中，张某不能提供证据证明王某在受让股权的时候系明知转让人李某为名义股东，实际出资人为张某，所以张某的诉讼请求无法支持。张某仅能依据其与李某的约定，另行请求李某赔偿其因股权转让而遭受的损失。

【知识提示】

法人和法定代表人

在审判实践中，有很多人对于“法人”和“法定代表人”的概念是混淆不清的，常常有人会在法庭上说“我就是公司的法人”，实际上他要表达的意思是他是公司的法定代表人。这里首先要知道“法人”和“法定代表人”是两个不同的法律概念，根据我国《民法总则》的规定，法人是具有民事权利能力和民事行为能力,依法独立享有民事权利和承担民事义务的组织;而法定代表人是依照法律或者法人章程的规定,代表法人从事民事活动的负责人。“法人”实际上是法律上拟制的人,是一个组织,是与自然人相对的一个概念。法人的实质,是一定社会组织在法律上的人格化。法定代表人的法律地位属于公司的常设机关,对内享有业务执行权,对外享有公司代表权。

担任公司法定代表人,首先要符合一定条件,我国《公司法》第 13 条规定:“公司法定代表人依照公司章程的规定,由董事长、执行董事或者经理担任,并依法登记。公司法定代表人变更,应当办理变更登记。”因此,担任公司法定代表人应当满足以下 3 个条件:一是符合公司章程的规定;二是担任董事长、执行董事或者经理等核心管理职务;三是依法办理工商登记。

同时,担任公司法定代表人也有一定的限制条件,包括:无民事行为能力人或者限制民事行为能力人,如六七岁的儿童、不能辨别自己行为的精神病人;因贪污、贿赂、侵占财产、挪用财产或者破坏社会主义市场经济秩序,被判处刑罚,执行期满未逾 5 年,或者因犯罪被剥夺政治权利,执行期满未逾 5 年;担任破产清算的公司、企业的董事或者厂长、经理,对该公司、企业的破产负有个人责任的,自该公司、企业破产清算完结之日起未逾 3 年;担任因违法被吊销营业执照、责令关闭的公司、企业的法定代表人,并负有个人责任的,自该公司、企业被吊销营业执照之日起未逾 3 年;个人所负数额较大的债务到期未清偿。公司违反上述规定选举、委派法定代表人的,该选举、委派或者聘任无效。法定代表人在任职期间出现上述情形的,公司应当解除其职务。

隐名股东和显名股东

股东是向公司出资或者认购股份并记载在公司章程或者股东名册上的人。成为公司股东需要满足两方面条件:一是实质要件,即实际向公司出资或认购公司股份;二是形式要件,即股东姓名或名称在公司章程或者股东名册中记载。在实践中,往往会出现“名实不符”的情况,即在公司章程或者股东名册中有记载的股东并不是实际出资人或者认购股份的人。隐名股东,是指实际出资人或者认购股份的人以他人的名义履行出资义务或者认购股份。与隐名股东向对应的概念是显名股东,或者称为名义股东,这里的“隐名”或者“显名”是指其姓名或者名称是否在公司章程或者股东名册中予以记载。

【专业法官提示】

第一,公司法定代表人的法律责任包括民事责任、行政责任和刑事责任,因此,在成为公司法定代表人前要审慎考虑。切勿代替他人“挂名”担任法定代表人,会面临诸多法律责任,同时可能存在无法辞职、骑虎难下之困境。

第二,股东的有限责任并非决定有限,如公司股东滥用股东权利给公司或者其他股东造成损失时,应当依法承担赔偿责任。如公司股东滥用公司法人独立地位和股东有限责任,逃避债务,严重损害公司债权人利益时,应当对公司债务承担连带责任。

第三,在选择名义股东时,要对代持人的品德、能力、征信状况、财务状况等多方面要素进行考察,确定要委托他人代持时,要签订正式的书面代持协议,在代持协议中对代持人擅自转让委托人股权的违约行为约定较严格的违约责任,以此约束代持人擅自转让股份。也可以通过设定担保的方式,防止名义股东由于擅自转让股权或自身财产状况发生变化影响代持股权时,委托人无法获得赔偿。

第四,在要审慎考虑是否代替他人持有公司股份,如确定代持,要签订正式的书面代持协议,约定如名义股东因公司债务承担连带责任,委托人应予以赔偿。也可以通过设定担保的方式,防止名义股东对公司债权人承担赔偿责任后,无法从隐名股东处获得赔偿。

法官简介
吕慧敏

扫二维码
亲临法官说法现场

北京市丰台区人民法院立案庭（诉讼服务中心）副庭长。

长期从事基层民商事审判工作。撰写的学术论文获全国法院系统学术讨论会二等奖、北京市一等奖，裁判文书获北京市法院首届裁判文书百佳奖三等奖，案例分析获全国法院优秀案例分析三等奖等。多次做客北京人民广播电台“拍案说法”、北京电视台“法官来了”等大型直播节目。

荣立个人三等功2次，获丰台法院“青年榜样”、“北京市法院先进工作者”、“北京市法院模范法官”、“北京市法院党建工作先进个人”等荣誉称号，入选北京市委政法委“十百千”人才库、北京市法学会“百名法学英才”培养计划。

如何对付“老赖”

赵 鑫

司法是维护社会公平正义的最后防线。执行作为司法工作的最后一个环节，也被称为维护社会公平正义最后防线的“最后一公里”。强制执行，是指人民法院按照法定程序，运用国家强制力量，根据发生法律效力的法律文书明确的权利义务，强制义务人完成其所应承担的义务，以保证权利人的权利得以实现的司法行为。相较审判而言，执行就是要让裁判文书确定的“纸上权利”变成老百姓手中的“真金白银”、让司法公信力得以彰显、让人民群众期盼的公平正义生根落地。

但公众对于法院执行工作，仍然缺乏深入的了解。比如，有人会说，执行就是“一查二扣三发还”。还有人会说，法院判我胜诉，法院应执行生效判决。本文将通过相关案例，展现人民法院在“切实解决执行难”进程中的努力与坚持。

【风险提示】

“强制执行”不等于“执行万能”

首先要厘清的一点是，“强制执行”不等于“执行万能”。受各种因素的制约，“执行难”不仅是人们的主观认知，更是切切实实的客观存在。可能就有人问了，“执行难”究竟难在哪里？在实践中，“执行难”的表现形式多种多样，但总体而言，主要体现在，查人找物难、应对规避执行难、财产变现难、有效管理难。下面我们主要说一说直接关系当事人合法权益实现的前三大难题。

一是查人找物，这是执行工作面临的第一项任务。查不到财产、找不到人，后续的执行工作就无从谈起。在传统执行模式下，执行人员要到各个部门查找财产，也就是“登门临柜”。比如，查控银行存款需要去各家银行柜台，房地产查询需要一个城市一个城市跑，效率非常低。由于一次只能查一个地方，在某种程度上说就是“碰运气”。

二是规避执行，这是困扰执行工作的一个“痛点”。由于我国社会诚信建设不健全、失信得不到及时惩戒、失信成本较低，导致有些当事人不守信用、不讲诚信，不仅不主动履行义务，反而以各种手段隐匿财产、规避执行，甚至抗拒执行，造成执行受阻。

三是财产变现。在法院查控到的被执行人财产中，约60%的财产需要通过评估拍卖程序变现，才能向当事人支付。传统委托拍卖方式，评估周期长、信息公开范围小、缺乏有效监督，导致成交率低、溢价率低。

【预 防 提 示】

隐匿财产　难逃信息化织就的天罗地网

随着社会经济的高速发展，人们持有的财产已不局限于银行存款及房屋、车辆、生产资料等实物了，各种各样的理财产品如雨后春笋般出现，如银行理财、支付宝、微信钱包、P2P理财等。近年来，最高人民法院加大了办案系统的研发投入，确保执行办案系统能够满足查扣多元化财产的需求。过去，法院对银行账户无法做到全时段监控，对于银行理财产品这类在账户余额中不显示的资产，只有等其到期收益和本金全部打回银行账户时才能查到，所以有些被执行人将大笔资金存放在理财金账户中以规避执行。但现在的网络查询系统已经加强了对银行账户的监控，对支付宝账户、微信钱包账户，也已经能够做到网络查询，并通过相关机构的协助实现资金的冻结和扣划。可以说，被执行人隐匿财产的“规避之路”已越来越窄。

案例：

2017年被执行人张某为了逃避执行，将银行存款存放于支付宝账户。在查询财产时，法院调阅了张某在人民银行所有的开户信息，但是账户上一分钱也没有。后来，法院直接去张某经营的门店开展调查，用手机一扫店面上的二维码才发现，张某把所有的经营收入和过去的存款都存放在支付宝里，这才寻到了财产线索，顺利执结了案件。

在实践中，还存在一些网络虚拟财产，比如，游戏账户中具备市场价值的武器装备、直播平台账户中可以兑现的虚拟货币等。财产形式的多样给执行法官的财产查询和处置工作带来了挑战。

案例：

在一起被执行人为知名网络歌手的案件中，由于该歌手名下没有任何可供执行的财产，执行法官“盯上”了他在直播平台上的“打赏”账户。但法律法规对查封这类网络虚拟财产没有明确规定，能否查封“打赏”账户成为执行的关键。经过论证，法官认为，无论财产以何种形式呈现，只要不违背法律原则和公序良俗，又能够及时变现，就可以进行查封处置。后直播平台公司配合执行法官冻结了该歌手的“打赏”账户，顺利完成了部分债权的兑现。

规避执行与反规避执行 一场智慧的较量

规避执行，是指被执行人为了维护自身的经济利益和其他利益，以合法形式掩盖非法目的，故意避开法律的强制性规定或者利用法律的漏洞，采用不当手段恶意转移财产或其他财产性权益，逃避执行生效法律文书所确定义务的行为。2011年最高人民法院专门出台了《关于依法制裁规避执行行为的若干意见》，对制裁规避执行行为作出了明确规范。在实践中，规避执行的行为花样百出，最常见的有：公司、企业更换法定代表人、更换经营场所、混同经营、交叉控股或者个人离婚、用未成年人子女的名义购买不动产等。对于规避执行的行为，由于被执行人将其合法化，所以在实践中并不容易发现，即使发现也很难对其进行处理,人民法院需要通过全面深入的调查、查找财产线索、掌握充分的证据,才能精准、有效地予以打击。

案例:

在一起劳动争议案件中,由于申请执行人与被执行人某企业矛盾较深,在与法院的交涉中,该企业的负责人态度蛮横,始终拒绝出面解决问题,甚至在收到法院执行通知书后变更了股东、法定代表人以及支付宝绑定账户。执行法官断定,这是一起典型的规避执行案件,必须迅速出击。于是,执行法官列出了一张"天罗地网":第一,调取该企业的工商档案信息,掌握其工商登记变更前后信息,确定其实际控制人为原法定代表人,根据其行为,准备追究其规避执行的责任;第二,查询该企业社保缴费账户中的资金流入情况,掌握其经营状况;第三,通过淘宝买卖记录以及企业阿里旺旺名称等线索,找到该企业的支付宝账户并采取冻结措施。经过4个月的努力,法院既控制了足额财产,又掌握了该企业规避执行的证据。该企业的实际控制人一改蛮横作风,不仅表示愿意配合执行工作,还提交了一封道歉信。

在另外一起案件中,被执行人某公司拖欠工人工资款30万元。在执行过程中,公司未如实申报其对外有到期债权数千万元。法院在调查中发现,该公司表面上停止了经营,实则是设立了新的公司继续拓展业务。谈业务时以原公司名义进行,为的是利用原公司积累的商业信誉促成合作,但在收款和签订业务合同时却以新设立的公司名义进行,目的是规避法院执行。在充分掌握两家公司混同经营的证据后,法院认为某公司规避执行行为情节严重,依法作出对公司处以罚款20万元、对公司法定代表人处以司法拘留15天的决定。

执行和解　强制执行中的温情时刻

在强制执行过程中,如果被执行人确有一时困难无法及时履行的情况,可以向执行法官如实告知。执行法官核实情况后,可以在征得申请执行人同意的前提下,减少一定额度的债权或者延长一定时间的给付期,从而促成双方达成和解协议,这就是执行和解。这里蕴含"生道执行"理念,也就是老话讲的"放水养鱼”。在实践中，对于暂时性经营困难的企业，在争取申请执行人的理解和支持的情况下，可以给予被执行人企业一定的生存经营空间，在其取得盈利时及时履行，既能够帮助企业渡过难关，维护良好的营商环境，又能确保申请执行人的合法权益得到最大限度的实现。

案例：

郑某是个包工头，因承揽的劳务工程结算款没到位，从李某处借了1万余元用来结算工人工资。不久后，郑某生了一场大病，虽然经过抢救保住了性命，却丧失了劳动能力。因为一直在养病，郑某没能按期偿还借款，李某起诉至法院，判决生效后依法申请强制执行。郑某知道后，立即联系法院说明了情况。法院立即带李某去郑某家进一步核实，得知郑某为了给自己和孩子看病已经欠下不少钱，家庭没有收入来源，生活非常困难，当地社区也对其进行了救助。在法院的主持下，李某同意由郑某分期给付欠款，双方达成和解和解协议。协议生效后，郑某从未食言，在以低保维持生活的情况下，仍然省吃俭用，按期向李某支付了欠款。

这就是执行和解制度的初衷：既维护了申请执行人的合法权益，又保障了善意被执行人的基本权益。当然，不是所有的案件都适合开展执行和解，执行和解需要同时满足几个基本条件：首先，被执行人具有履行意愿并有一定的履行能力；其次，立即强制执行会对被执行人的履行能力产生负面效果，从而影响申请执行人合法权益的实现；最后，也是最关键的一点，要征得申请执行人的同意。只有同时满足以上3个条件，执行和解才能发挥其真正的制度价值。

“执行不能” 执行法官也难为的“无米之炊”

所谓执行不能，是指在案件执行过程中，被执行人客观上确实无财产可供执行，经法院穷尽执行手段仍不能执行的案件。“执行不能”与“执行难”是不同的，很多人都会混淆。“执行难”，是指判决、裁定、仲裁裁决、调解书等执行依据生效后，被执行人本身具有履行还款义务的能力，但因为种种原因无法执行的情形。通俗来说，两种案件的本质区别在于，“执行难”有财产可供执行，但一时无法执行到位,是通过一段时间的努力可能执行成功的;“执行不能”是基于客观原因案件无法执行到位。

案例:

陈某是一位农民,其驾驶三轮车发生交通事故,将宋某撞成重伤,陈某自己也身受重伤、双腿致残。经法院判决,陈某应赔偿宋某各项经济损失共计60余万元。此时陈某丧失劳动能力、妻子也常年卧病在床。从近期来看,家中并无任何可供执行的财产;从长期来看,家人没有任何收入来源,案件确实无法执行。

对于执行不能的案件,法院也是“巧妇难为无米之炊”。在这种情况下,如果申请执行人生活确实困难的,可以寻求属地政府和社会的救助,也可以寻求司法救助,在一定程度上缓解生活困难,但这种救济是十分有限的。

【知识提示】

近年来法院执行工作发生了哪些变化

随着社会经济的快速发展和信息化的运用,执行工作呈跨越式发展。从建立和公布失信被执行人名单,对失信被执行人实行限制高消费、限制出境等数十项限制措施,到创新开展悬赏执行、严厉打击拒执犯罪等多项强制措施的运用,再到推进执行信息化建设,开发远程视频指挥、网络查控等系统,法院执行工作实现由传统执行模式向现代执行模式的变革。执行工作也从基本依靠法院“单打独斗”到建立完善多元联动执行机制,逐渐凝聚起了全社会支持法院解决执行难的共识和决心。从以下两个案例就能很明显地感觉出执行这些年的变化。

案例一

是2011年的一起抚养费纠纷案件。在执行过程中,男女双方先后达成两次执行和解,但男方不仅没有履行,还玩起了“失踪”。在强制执行中,囿于当时的技术条件，执行法官需要到不同的银行查询存款，程序烦琐、耗时耗力，房屋查询也没有实现全国联网。经过初步查询，男方并无存款，在北京也没有固定居所，只查询到其名下有一辆车。为了找到他，执行法官调取了他的行车路线，这才找到了他暂时居住的小区。但即便是在小区里找到了这辆车，也无法知道男方到底住在哪栋楼。于是执行法官只能选择蹲守。当时正值隆冬，北京的冬天很冷，但是执行法官们丝毫不敢大意，一蹲就是两天两夜，终于摸清了男方的住址。在扣押车辆、拘留等强制执行措施的联合威慑下，男方这才履行了给付义务。这一起普通案件的执行耗费了大量的人力、物力和时间。

案例二

是2017年的一起民间借贷纠纷案件，标的额只有600元（利息）。被执行人李某对执行通知书视而不见，对法官的告诫充耳不闻，拒绝履行欠款。经网络查询，李某名下确无可供执行的存款，无法通过查扣及时兑现。执行法官判断，虽然李某没有存款，但其一定有超过600元的其他财产，于是依法将其列入失信被执行人黑名单。不到1个月，李某的儿子来到法院，表示想尽快还钱。原来李某去海南投资买房，在办理贷款过程中因其是失信被执行人而被拒，这时李某发现买不了回家的飞机票，这才委托儿子到法院解决问题。这就是联合惩戒措施的运用带给执行工作的便利。

执行团队化改革取得了哪些成效

随着执行案件数量的不断攀升，人民法院案多人少矛盾日益突出，执行质效成为人民群众关心的问题。执行团队化，在人民法院在深入推进司法改革进程中的积极探索。团队化，是指以员额法官为中心，配置N个法官助理、N个书记员组成团队，由员额法官对案件负总责，各个团队成员分工合作办理案件的一种办案模式。团队化改革最直接的成效就是执行质效的大幅提升。通过团队化，作为团队负责人的员额法官从烦冗的事务性工作中解脱出来，集中精力办理重大疑难复杂案件，同时创新工作方法、科学管理团队、有效凝聚团队智慧，团队成员各司其职、精诚合作，真正发挥“1+1+1>3”的效能。

目前财产处置主要通过什么方式进行

拍卖与变卖是执行程序中处置财产的两种主要方式。其中,拍卖作为一种公开竞价买卖方式,受众更广,在实践中应用最广。但过去传统的拍卖,受时间、受众范围所限,成交率低、溢价率低,且人为操作空间大,容易产生权力"寻租"等问题。近年来,人民法院充分利用大数据、信息化手段,推出了网络化拍卖和网络化的评估系统,大大提升了拍卖成交率、溢价率大幅度提高,特别是为当事人节省了大量佣金。

大兴区人民法院成立了专业财产处置团队,由 1 名法官、2 名法官助理、2 名辅助人员、1 名法警、N 名拍卖辅助机构人员组成,对查扣的符合处置条件的财产,统一进行产权核验、现场勘查、价值评估、上网拍卖、预展看样、过户登记、腾退交付等工作。这种集约化、专业化的工作模式,极大提升了财产处置工作效率。2018 年 4 月团队两名干警只用了 4 个工作日,就完成了对位于 3 个不同省份共计 7 套房屋的核验、勘察和评估工作。另外,大兴区人民法院推进执行信息化建设,成功将网络大数据评估引入财产评估程序,成功开展了北京市首例房产价值网上评估,评估周期缩短 20 ~ 40 天,为当事人节约评估成本约 2 万元。

涉民生案件执行有何有效举措

涉民生案件主要包括追索劳动报酬、农民工工资、赡养金(扶养、抚育、抚恤)、医疗损害赔偿、交通事故人身损害赔偿、工伤保险待遇等涉及人民群众基本生活的案件。涉民生案件的执行与人民群众的生计休戚相关,不仅关系人民群众对公平正义的切身感受,还关系社会稳定。最高人民法院历来高度重视涉民生案件执行,2014 年以来,每年春节前后人民法院都集中开展涉民生案件专项执行行动。2016 年最高人民法院还将涉民生案件执行纳入"用两到三年时间基本解决执行难"工作总体部署,要求各地不仅要在"两节"期间开展集中执行行动,而且要建立常态化、随时性、优先性机制,在平时工作中也高度重视保障农民工等特殊群体合法利益,让人民群众切身感受到了司法温度。

北京市大兴区人民法院在每个执行团队都设立了一个民生小分队,专门负责涉民生案件的执行,并创立出一套行之有效的工作机制:一是迅速出击,对于有财产可供执行的案件充分利用搜查、罚款、拘留等强制措施加大执行力度;二是良性沟通,建立涉众案件当事人联系制度,选取当事人代表与法官建立沟通机制,提高沟通效率,及时掌握财产线索;三是全程公开,建立执行进展公示和法律释明制度,及时告知案件进展,解答申请执行人疑惑,充分保障人民群众的知情权和参与权。

案例:

2016 年 1 月至 2018 年 3 月,北京市大兴区人民法院先后受理某公司作为被执行人的案件 264 件,全部案款超过 2 亿元。其中,涉职工工资债权和社保的案件有 194 件,涉案款近 1480 万元。大兴区人民法院开通绿色通道,组织 7 个执行团队对被执行人公司名下财产进行了快速全面查控,依法查封了该公司名下的国有土地使用权和房屋。但因涉及其他执行案件,另有法院已对上述财产进行了首封,按照法律规定,大兴区人民法院没有优先处置权。为了帮助劳动者争取权益,大兴区人民法院始终保持与首封人民法院的沟通,最终将近 1480 万元的案款全部协调到位,工人们拿到了拖欠两三年之久的工资。

【法官专业提示】

一是及时提出强制执行申请。裁判文书生效后,义务人未能在履行期内及时履行,权利人应当及时向法院提出强制执行申请。超过法律规定期间申请的,法院不予受理。

二是申请执行人要积极配合法院,及时提供财产线索。对被执行人的到期债权等财产线索、被执行人规避执行等行为,法院往往难以察觉,申请执行人基于对被执行人生活、经营情况的了解,应当多加留意,对发现的异常情况和财产线索及时通知法院,协助法院采取进一步的调查取证工作。

三是被执行人要严格、及时履行义务,杜绝侥幸心理。人民法院的执行办案系统可以查询全国数千家银行机构的几乎所有存款信息,可以查询全国范围内的房屋、车辆、工商登记信息。随着信息社会的发展,各类理财产品、微信账号、支付宝账号等网络资产也实现了实时查询。执行法官足不出户便可对绝大部分财产实施控制并处置。对拒不履行生效判决义务的被执行人,轻者纳入失信“黑名单”,严重者将被追究刑事责任。

法官简介

赵　鑫

北京市大兴区人民法院执行局执行实施二组组长、赵鑫执行团队团队长、一级法官，大兴区人民法院机关党委委员、团总支书记。

扫二维码
亲临法官说法现场

累计执结案件7000余件，执行到位金额达12亿元。办理了“知名网络歌手欠款案”“八旬老太医院霸床案”“涉北京大兴国际机场建设工程疏解腾退案”等一批社会关注度高、执行风险性大、关系区域发展的疑难复杂案件。

获全国“人民满意的公务员”“全国法院办案标兵”“全国法院最强执行干警”“首都劳动奖章”“北京青年五四奖章”“北京市政法系统优秀共产党员”“北京市先进法官”等荣誉称号。

房产买卖合同中的风险防控

李建勋

某小区住户兴高采烈回到家中，发现大门口旁贴出了法院公告，表明查封了该房。于是急忙打电话给开发商，询问是什么事情，但是发现开发商的电话已经无人应答了。打通公告上预留的电话询问，原来是因为开发商是某个案件的被执行人，因为拖欠借款，其名下的房产被依法强制执行，看看刚刚装修好的房子，想着辛辛苦苦积攒下来的血汗钱就要打水漂了，心中一个急、一个悔、一个恨。急的是本想平平安安地住着精心选择的房子，过上幸福生活，但一纸公告将到手的幸福推向冰冷的深渊。悔的是当初购房时怎么没有好好挑选，哪怕再多花点钱也要选择一个安心的房产。恨的是开发商口口声声户型、朝向、配套、环境，催着签合同还房款，收了那么多钱，却不把欠款偿还，给购房人带来这么大的麻烦。

以上的场景，虽然不是很常见，但在生活中肯定有这样的事情，产生的原因在于如何审慎把握交易风险，保护好个人财富。

个人投资的渠道很多，包括不动产、股权、基金、证券、银行存款等，其中与每个人息息相关，接触最多的是不动产，尤其是房产。同时也因房产价值大，登记事项齐全、规范，无法转移隐藏，所以也是商业活动、经济往来中的重要担保方式，也是法院强制执行工作重要的财产来源。因此，法院执行中不可避免地会与一些“真实”的房主打交道。本文主要就案外人在购买、使用房产中如何保护自身的合法财产以及配合法院执行工作进行一些提示。

【风险提示】

购买房产对普通消费者来说是一笔大额投资，不仅涉及买卖合同、缴纳税款、房屋过户的法律问题，还因为交易金额巨大往往还需要与银行等金融单位打交道，办理按揭贷款等手续。因此，购买一套房，对于普通消费者，还有很多未知领域和不确定因素，做到审慎的注意义务，维护自己的合法权益是购买房产的应有之义。

常见的房产类型，主要有预售商品房、现房、公租房、经济适用房、单位集资建房、小产权房等多种形式。其中，较常见的是预售商品房、现房，也是交易量最大的房产类型。

预售商品房因暂时没有所有权证，导致在市场交易中具有较大风险，消费者购买预售房产后，又未及时向不动产登记部门办理预售备案登记，有的开发商办理了土地、在建工程抵押，导致当开发商成为被执行人时，法院依据生效的法律文书，可以查封并拍卖开发商名下的房产。因房地产开发企业未履行还款义务，且消费者购买房产时又未能注意到相应风险，未能及时办理相应的产权登记手续，最终导致投资失败的风险。

消费者购买准现房时，也会有风险，房地产开发企业开发的楼盘已经办理了产权初始登记手续，即有所谓的登记在房地产开发企业名下的大产权证，消费者与房地产开发企业签订了合同，并且依合同支付了相应价款后，应当及时到不动产登记部门办理产权登记手续。如尚未办理产权证，则存在因法院强制执行房地产开发企业而被查封所购买房产的风险。因此，在购买准现房时消费者则有必要进行相应调查，从而减少风险。

市场交易中还存在大量购买二手房的情况，因为交易双方均是自然人，法律知识储备不尽相同，买受人一般更愿意通过房产中介来把关，但是合同的主体仍为买卖双方，如未尽到合理的注意义务，则同样要承担由此带来的风险。常见的风险是房产权的主体与签订合同的主体是否一致，如不一致签订合同的主体又不具有房产所有人合法授权的人，买受人则要承担无法购买到该房产的风险。如果购房时未能了解到房产在抵押、查封方面的信息，有可能入住后面临房产被法院查封拍卖的风险，出现这种情况有可能导致辛苦的付出将血本无归。此外，市场上还有经济适用房、保障性住房、房政房、限价房、两限房、集体小产权房、乡产房、回迁房、集资合作建房等，在交易过程中还会产生一些限制条件，因此消费者购房产时应做到合理的注意义务，并按照国家的相关法律规定购买，否则会面临相应风险。

【预 防 提 示】

基于房产不可移动、权属容易区分、价值较高等属性，往往也是法院执行的重要标的物。法院执行工作就是将具有执行内容的生效法律文书所确定的内容付清实现的内容。其中，基于给付内容的金钱债权或赔偿类案件上占有很大比重。在实践中，出现的执行工作与购买房产产生的冲突，有时也是因为消费者忽视了房产买卖过程中的风险，未能及时发现或忽视了所购买的房产的权属、抵押、查封等情况，也有的是未能及时办理产权登记手续，致使用卖房者因其他纠纷导致法院执行该房产。这个冲突只有在法院执行中才显现出来。当出现了查封、拍卖与购房者追求房产权属的矛盾时，应当在法律规定的框架内加以解决。一方面，法院执行工作要依法执行，在甄别权属类别的基础上开展工作，不得查封、拍卖案外人的财产；另一方面，购房人也应当在房产交易中尽到合理注意义务，避免因疏忽而导致出现风险。

以下结合案例说一说执行中法院对财产权属的辨析，司法处分财产的程序，以及出现权属争议时的解决办法来辨析消费者购买房产时对自身合法权益的保护，进而规避相应的风险。

案例：执行中判断财产权属的规则

某资产管理公司与某房地产开发有限公司签订了《委托贷款协议》，约定贷款金额本金1.4亿元，第三人提供无限连带责任保证担保。合同签订后，某房地产开发有限公司不履行还款义务，法院判决该企业承担还款责任。但房地产开发有限公司在合同履行期限到期后仍不履行，资产管理公司就申请法院对房地产开发有限公司强制执行。在执行中，法院查找到了被执行人开发的楼盘，就对被执行人名下的房产、土地使用权进行了查封。查封后，一些房产买受人认为已经签了书面的《商品房认购书》，交了部分房款，房地产公司也给了发票，而且已经实际入住了，因此提出执行异议。经法庭审理查明，买受人在法院查封之前签订了书面买卖合同，房地产开发有限公司也向买受人交付了房屋钥匙，买受人已经实际入住，但是买受人未全部支付购房价款。故法院驳回了案外人的异议。

房地产公司开发的预售商品房项目在开发过程中，买受人按照买卖合同的约定交付了房款，并且已实际入住。在执行中产生了金钱债权债权人和房产买受人之间的利益冲突，强制执行必然会对房产买受人的利益产生重大影响。在执行中向买受人进行了询问，买受人表示除住的房产外没有其他的房产，且愿意将剩余的购房价款交付到法院，申请执行人也对此表示同意。当买受人将剩余购房款交至法院后，根据最高人民法院《关于人民法院办理执行异议和复议案件若干问题的规定》的规定，法院依法解除了对涉案房产的查封。

执行案件中的主要工作是查找被执行人的财产。根据物权法的规定，在我国确立了物权的公示公信力，动产依据对物的占有来确定权属，不动产依据的是管理机关对物的登记。法院可查封被执行人占有的动产，或者登记在被执行人名下的不动产、特定动产及其他财产。商品房从在建工程到具有产权的不动产，要经过审批、登记等多项环节。作为被执行人的房地产公司，其开发的房屋虽未经所有权登记，但已经办理了商品房预售许可证且尚未出售的房屋，法院是可以进行查封的。消费者从开发商处购买的用于自住的房产，在符合法律规定的情况下，其对所购买房产的权利是应当受到保护的。

案例：共有财产的财产保全

甲公司与吴某因合同纠纷已由外国法院予以判决，吴某承担偿还欠款600

余万元的义务。因吴某不履行该判决,甲公司遂到法院来申请承认和执行外国法院判决,同时提出了对吴某的财产保全申请。申请财产保全的线索中有一套吴某名下的位于外地的房产,法院遂对该房产采取了查封措施,但是当地的不动产登记机关提出该房产为共同共有的财产。

法院查封财产要严格限定在被申请人的范围内,不得查封案外人的财产。共有财产的共有人不是案件当事人,原则上不能对其财产进行查封。但是共同共有的财产,在未析产之前无法确定其份额,不查封该财产可能会导致当事人转移财产致使生效法律文书所确定的义务无法实现。对被申请人吴某和案外人共有的共有财产全部进行查封,并通知共有人。该共有人未向法院提出异议。

共有财产中有部分财产是被申请人财产的,依据最高人民法院《关于人民法院民事执行中查封、扣押、冻结财产的规定》第 14 条的规定进行查封。查封之后要及时告知共有人的相关权利,共有人可以就共有财产进行析产、进行分割。如共有人之间达成一致意见,协议进行分割,在债权人同意的情况下,法院可以就分割协议中被申请人财产以外部分的财产进行解封。如果共有人达不成协议,共有人有权提起析产诉讼,或者债权人也可以代为提起析产之诉。根据判决结果确定共有财产中被申请人的份额。

案例:案外人履行法律规定,法院中止对查封房产的执行

甲与乙合同纠纷一案过程中,法院依法查封了乙名下的房产。异议人丙以其为该房产的实际所有人为由向法院提出书面异议,请求解除对该房产的查封措施。丙与乙通过房地产中介公司签订《房屋买卖居间合同》,约定丙购买乙名下的房产,总价款为 150 万元,丙需支付定金 5 万元、首付款 140 万元,余款 5 万元在办理产权过户手续当日支付。合同签订后,丙支付了定金 5 万元,转账支付 140 万元。支付首付款后,乙将该房屋交付丙。后丙支付了该房屋交付后至今的物业费。但因乙一直以出国为由,至今该房屋的房屋权属证书还未办理。在执行异议程序中,丙按照法院要求将购买房屋的尾款 5 万元汇入指定账户。法院遂依照最高人民法院《关于人民法院办理执行异议和复议案件若干问题的

规定》第 28 条之规定，裁定中止对位于北京市门头沟区 × 地块 × 号楼 × 单元 404 号房屋的执行。后解除了对该房屋查封。

丙与乙签订的《房屋买卖居间合同》，是双方真实意思表示，内容不违反法律、行政法规的强制性规定，应属合法有效的合同。丙按照合同约定支付了房屋部分价款，在法院查封前合法占有该房屋，在法院执行过程中丙将剩余 5 万元价款按照法院的要求交付执行。同时，由于乙的原因，丙未取得房屋产权证书是没有过错的。在丙对房产的所有权诉求中，因其行为符合法律关于解决执行查封房产与案外人利益冲突的解决规则，因此依照法律规定解除了对该房产的查封。

案例：案外人异议不能全部中止司法处分行为

某信托公司与王某因金融借款合同纠纷诉至法院，法院判决王某在其提供担保的房产范围内向某信托公司承担责任。在执行中，法院在不动产登记中心查封了王某的一套别墅后，到房产坐落的地址上张贴查封公告，进行了现场调查。调查结果为查封的别墅是王某的房产，但无人居住。因被执行人不履行生法律文书所确定的义务，法院决定对该别墅评估拍卖，评估价格近 4000 万元。经过近 1 个月的公告，在开拍前 1 周，案外人董某向法院提出异议，主张是该房产已经抵债给他，其为实际的所有权人，要求停止拍卖。

在执行中法院多次对现场进行调查，未发现该案外人与查封的别墅有关联。并且执行人员多次到执行现场张贴公告，要求优先权人、承租人等权利人与法院联系，进行权利甄别，但案外人董某均未与法院联系。在执行中，被执行人也多次表示不想拍卖这套别墅，但从未提过案外人董某的任何信息。因此，需要通过执行异议程序对董某提出的主张进行鉴别，但是会使申请执行人的权利迟迟不能实现。依据法律的规定，案外人异议期间不能对财产进行处分，但申请执行人提供担保的除外。申请执行人认为董某以抵债为由进行执行异议的目的是拖延执行，因此向法院提供了担保，法院遂对该房产进行了拍卖。案外人董某见拍卖成交，就向法院撤回了异议申请。

执行异议程序、案外人异议之诉等执行救济程序是对相关权利人权益的保护,通过执行异议程序规范执行行为,保护所有权人、租赁权人、优先权人等当事人、利害关系人的合法权益。但是有的被执行人会利用执行救济措施拖延执行、阻碍执行。为此,在执行程序中要予以甄别。如果被执行人、案外人利用执行救济程序阻碍执行,不但要继续执行被执行人的财产,还要针对抗拒执行的行为予以惩戒,甚至追究拒执的刑事责任。

【知识提示】

现行的有关强制执行方面的规定赋予了案外人对执行标的物的异议权利,为甄别执行财产,维护当事人、案外人利益建立了程序通道,但是仍然不能免除案外人购买房产时的注意义务。其中,房产权属方面的调查是首要任务,也是避免发生与法院执行工作冲突的主要方面,因此要注意以下几点。

一是购买预售商品房首先要查“五证”。房地产开发商在房地产市场上销售商品房,必须具备一定条件,并且按照有关规定在房地产管理部门办理商品房销售的各种手续。必须具备的“五证”是指《国有土地使用证》《建设用地规划许可证》《建设工程规划许可证》《建筑工程施工许可证》《商品房预售许可证》。其中,最重要的是《国有土地使用证》《商品房预售许可证》。如果没有“五证”,房地产开发商无法销售预售商品房。

二是查房屋买卖合同相对方的主体信息。查合同相对方的身份。向自然人购买二手房时还应当审查房屋产权人与交易主体是否一致,如果不一致还要审查原因。如果基于委托关系的需要,合法的授权委托书,甚至于公证部门的公证书。如果因继承、赠与关系而产生的售房行为,则要相应的证明材料予以证明。因为通过继承、赠与关系继受的房产应当先将房产过户到继承人、受赠人名下之后才可以销售房产,否则因不存在代理关系,合同相对主体不是房产的实际权利主体,相应的买卖行为是无权代理,买受人在房产过户过程中就会遇到无法过户的风险。查合同相对方的相关信息。随着法院信息化建设以及对“执行难”的社会综合治理,越来越多的法律、法规、信息、资信被互联网化,作为公开的信息都可供查询。在主体信息方面，可以通过“国家企业信用信息公示系统”查询房地产开发商的注册登记信息、注册资本、住所地、经营范围、经营状态、行政处罚、经营异常、违法失信等信息。

在涉诉信息方面，可以通过最高人民法院“中国裁判文书网”“全国法院被执行人信息查询平台”查询到房地产开发商、合同相对主体是否被列为失信被执行人、是否被限制高消费，以及是否有涉诉的执行法律文书、执行公告等信息。此外还可通过“天眼查”“企查查”等手机 App 软件，查询到企业涉诉、列为被执行人、冻结股权等信息。

三是查房产信息。购买房产前除要对房产的位置、环境、坐落、户型、配套服务等情况进行了解外，还应当对房产的权属、抵押、查封、出租等情况进行了解。有的可以在各地方住房保障和房屋管理单位的对外官网上查到相关信息，也可通过不动产登记信息进行查询。还可以通过京东网、淘宝网司法拍卖平台查找相关财产拍卖的信息。

四是查法律规定。购买房产要符合法律规定，严格在法律框架内进行市场交易行为。小产权房没有法律保护，购房者不应当购买；经济适用房、已购公房等要依照法律规定补交土地出让金；保障性住房、单位集资建房、回迁房等类型房产的交易需要符合相关法律规定。

五是及时办理不动产登记手续。买受人按照买卖合同履行后，应当及时要求对方在合同约定时间内尽快办理不动产登记手续。

【法官专业提示】

从执行视角解决执行查控财产权属判断以及解决与案外人权利的冲突存在以下几个方面。

一是在民事执行中，法院查封被执行人名下需要登记的财产以相关主管单位的登记为权利人，即已登记的不动产，按照不动产登记簿判断权利属性。

二是被执行人将其所有的需要办理过户登记的房产出卖给第三人，但未办理产权过户登记手续，而且其对未办理过户登记手续没有过错的，第三人向法院主张其在查封前已实际占有，并已支付全部价款或者按照合同约定支付部分价款且将剩余价款交付执行的，法院解除相应房产的查封。

三是买受人基于居住且名下无其他用于居住房屋的情况下，购买了登记在房地产开发商名下的商品房，因在法院查封前已经签订合法有效的书面买卖合同，而且支付的价款超过合同约定总价款的 50% 的情况下法院应当解除对该房产的查封。

四是在金钱债权执行中，法院查封登记在被执行人名下的不动产，案外人以其与被执行人存在借名买房、代为持有、隐名出资等关系，为实际权利人的，不影响法院对被执行房产的强制执行。

法官简介
李建勋

北京市第四中级人民法院执行局员额法官，四级高级法官。

在执行岗位，分别从事执行实施、执行异议审查等工作，涉及商事债券、财产保全、金融执行等方面的大量案件，办理了股票、基金、期货等大量新类型案件。

荣立个人三等功，获北京市政法委颁发的“集中清理未结执行积案专项活动先进个人”荣誉称号。

扫二维码
亲临法官说法现场

如何面对法院执行

胡前程

“你好,是 X 先生吗?我是 M 区人民法院执行局工作人员,关于你和王某某民间借贷纠纷一案,请到法院领取执行通知书,并及时缴纳案款。”“你好,是 Y 女士吗,关于你与刘某某房屋腾退纠纷一案,请尽快到 M 区人民法院领取执行通知书,并尽快腾退涉案房屋。”

在日常生活中,有些人可能会接到来自法院执行局的电话,要求到法院领取执行通知书,同时被要求履行给付案款或者类似腾退房屋一类的法律义务。挂断电话后,我们可能会问,如果拒绝履行法院执行通知书明示的义务,会有什么后果;必须要按照执行通知书履行吗;还是可以跟法院商量,换种方式履行;法院的执行程序是什么流程;作为涉执行当事人,如何在执行程序中维护自己的合法权益呢?今天,就跟大家说说法院执行“那些事儿”。

对于法院执行,无论是作为被执行人还是作为申请执行人,对执行程序、执行中各方当事人的权利和义务,都存在不同程度的解读,其中也不乏一些明显的误解。比如,执行程序开始后,被执行人经常以为执行程序是开庭程序的延续,到法院执行局继续讲述自己认为的道理,而不管法院审判庭对其纠纷已经做出生效的判决。再如,很大一部分申请执行人,将申请执行书提交法院之后,就不再关注后续执行进程了,这种做法在实践中是不提倡的。

【风险提示】

收到法院的执行通知书可能的原因

在司法实践中,被执行人收到法院的执行通知书,典型情况是涉及纠纷经司法裁判,法院已经对诉讼双方的权利义务进行判决或裁定,出具判决书或者调解书,负有履行义务的一方未能在生效法律文书确认时间内履行法律义务,导致执行程序被启动。比如,甲与乙关于民间借贷纠纷一案,法院判决乙在生效之日起7内日向甲方偿还10万元借款。判决生效后7日已过,如果乙方未能按照判决书向甲方给付判决书确定的案款,甲方就有权利持该案判决书到法院申请强制执行。执行案件立案后,执行程序启动,法院按照办案要求就会向被执行人发出强制执行通知书了,并开展后续一系列执行行为。

被执行人接到法院执行通知书的另一种典型情况是,公证债权文书执行案件。目前,公证债权文书执行案件在金钱债权类执行案件中的比例越来越大。由于公证债权文书案件的双方当事人只需到公证机关就双方的金钱给付事项进行公证,出具公证债权文书,到期后负有还款义务一方未如期还款的,公证机构可出具公证债权文书的执行证书。公证债权文书作为强制执行的执行依据之一,法院可依照申请人的申请,启动强制执行程序,依法向被执行人发出强制执行通知书。

还有一类被执行人接到执行通知书的情形,是涉及仲裁或者劳动争议仲裁案件。涉及仲裁或者劳动争议仲裁时,仲裁机构对涉及纠纷争议事项进行仲裁,仲裁裁定书生效后,负有义务一方未按期履行法律义务的,对方当事人可以向法院申请强制执行,并启动强制执行程序。仲裁裁定书出具机构大致分为两类:一类是专门的仲裁机构,就事先约定好仲裁机构的双方当事人争议事项进行仲裁,并出具仲裁裁定书;另一类仲裁机构是劳动争议仲裁机构,就劳动者与用人单位之间的劳动争议进行仲裁,亦出具仲裁裁定书。仲裁裁定书也是执行依据之一,据此可启动强制执行程序。

法院的执行工作，一直被社会高度关注，尤其是“执行难”是社会各界非常关注的热点问题。党的十八届四中全会提出“切实解决执行难”的目标任务、最高人民法院作出“用两到三年时间基本解决执行难”的庄严承诺之后，始于2016年的“基本解决执行难”已经于2019年落下帷幕，执行工作体制、机制、财产查控、联合惩戒、执行协作都有了质的提升，群众满意度大幅提高，大大改善了执行工作面貌。同时，我国专门的执行法律——民事强制执行法正在制定当中，执行工作的法制化、规范化水平会进一步提高，个人的合法权益会进一步得到保障。

【预 防 提 示】

法律文书上的权利能否从“纸面上的权利”变成实际的权利

在司法实践中，申请执行人的合法权益实现路径不尽相同，有通过对被执行人名下的存款、房产等财产进行强制扣划、拍卖实现的；也存在被执行人名下无财产可供执行，通过对被执行人适用罚款、司法拘留等处罚措施，督促被执行人履行法律义务的；也有通过案外人替代履行等方式执行完毕案件的。同时，也有为数不少的执行案件在首次执行过程中，不能实现申请执行人的合法权益，案件最终终结本次执行程序，该种情形属于“执行不能”。下面结合案例进行具体说明。

在司法实践中，从案件性质区分，执行实施案件大致分为金钱债权类案件、行为类案件、行政非诉类案件及刑事涉财产执行类案件四大类。在这四大类执行实施案件中，以执行标的作为区分标准，可以分类为金钱给付类执行案件和行为类执行案件，其中金钱给付类执行案件，占到所有执行案件的90%，而行为类执行案件占到所有执行案件的10%。

1. 金钱给付类执行案件

金钱给付类执行案件，在司法实践中大部分的表现形式是双方当事人存在经济纠纷，经法院、仲裁机构、公证机构等部门裁决后，出具生效的判决书、调解书、仲裁书等法律文书，这些法律文书确定了其中一方负有给付金钱给另一方的义务，通俗而言，就是“其中一方欠了另外一方的钱，欠钱的必须还钱”。金钱给付类执行案件是所有执行案件中数量最多、最典型的类型。

案例：

2015年包工头陈某华雇用张某印等40余名农民工在M区从事建筑劳务，工程结算后，陈某华拒不支付张某印等人的工资、工程款共计20余万元。张某印为此提起民事诉讼，M区人民法院判决陈某华支付张某印工人工资款、工程款等20余万元，但是判决生效之后，陈某华玩起了“失踪”，不见踪迹，规避执行。经法院依法查询，未发现陈某华名下有银行存款和房屋等财产信息，依法查封了陈某华名下的两辆机动车但是未能找到机动车，依法冻结了陈某华名下所有银行账户，并对其采取限制高消费、将其纳入失信被执行人名单等执行措施，但是执行案件依然不见转机，也未查找到被执行人的行踪。执行中，在申请人张某印在与该案承办法官的谈话中表示，被执行人可能出现在M区某镇一带，并愿意提供被执行人陈某华的行踪。承办法官为核实该条线索，于2016年9月底凌晨3时带领30余名工作人员组织夜查行动，顺利堵住陈某华，将被执行人陈某华带至法院，并对夜查中发现的两辆已查封机动车予以扣押。到法院后，陈某华见状，当天让其妻子筹款，该案顺利执行完毕。

2. 行为类执行案件

行为类执行案件，是执行实施另一大类执行案件。行为类执行案件在执行实施案件中虽然数量较少，占所有执行实施案件的比例也不高，但是恰恰是这一“少数”案件，往往是执行实施案件中的“硬骨头”，执行难度较大，所耗费的执行资源也较多，执行效果难以保障。目前，比较常见的执行行为类案件，有房屋腾退、返还原物、拆除违规建设房屋和墙体等；同时，也有探视权案件，即离婚后不直接抚养未成年子女的一方要求探视被前配偶直接抚养、照顾的子女；还有赡养案件，即判决书或调解书裁决子女赡养或者轮流赡养其父母。上述行为类案件，在执行过程中，还分为可替代履行行为类案件和不可替代履行类行为案件。

(1)可替代行为类执行案件:房屋腾退案件

案例:

M区某粮食收储库系北京某国有资产经营管理公司的二级管理单位,受公司委托,某粮食收储库对属于公司的位于M区东街的房屋进行统一租赁管理和经营,并负责该房产租赁的一切事宜。后该收储库与北京某美发厅于2016年8月就位于M区东街11余间房屋分别签订了《租赁合同》。租赁期满后,经多次口头催促,北京某美发厅未按照《租赁合同》约定腾退房屋,某粮食收储库于2017年4月向北京某美发厅送达书面《限期腾退房屋通知书》,告知北京某美发厅腾退房屋,该商户拒绝腾退,故该粮食收储库提出诉讼,要求该商户腾退房屋。法院判决其腾退,但该美发厅依然没有腾退房屋,该粮食收储库申请强制执行。在执行过程中,承办法官向被执行人邮寄执行通知书等材料,并在涉案场所张贴强制腾退公告,多次与被执行人谈话,但被执行人均未自行腾退房屋,且明确表示拒绝腾退。根据案件实际情况,承办法官决定依法予以强制腾退,遂制定周密的强制执行预案,通知被执行房屋所在地的居委会、派出所相关强制腾退的事宜,并请其派员到场监督。2017年9月承办法官带着10多名法官助理、法警依法到场对涉案场所房屋进行腾退。在执行中,被执行人的实际控制人李某某及其妻子冲击警戒线,破坏强制执行秩序,被法警制止,并带回法院谈话。针对李某某及其妻子的拒执行为,承办法官依法对其予以批评教育,经释明法律,李某某及其妻子认识到自己的错误,分别出具悔过书,法院依法对李某某予以司法拘留5日的处罚,对李某某妻子依法予以训诫。强制腾退工作有条不紊继续进行,当日顺利腾退房屋。强制执行的费用由李某某负担。

(2)不可替代行为类执行案件:赡养纠纷

行为类案件中的不可替代行为类案件,以探视权案件为例,要求探视的申请执行人基本都是离婚纠纷中未直接抚养子女一方,其要求探视自己的子女,但是其前配偶会以种种理由拒绝探视,探视的对象以不满10周岁的未成年人居多。在被执行人拒不同意、拒不配合的情形下,出于人道考虑,法院也不宜带申请执行人强制探视,此类案件执行难度就比较大。事实上,在强制执行过程中,带有人身性质的行为类执行案件,几乎都会遇到此类问题,解决此类问题需要承办法官详细了解双方纠纷的来龙去脉、双方各自的自然情况及思想动态,才能有的放矢地采取一定措施,达到顺利执行案件的目标。下面以一起赡养纠纷为例说明。

案例:

方某琴于2015年向M区人民法院起诉:要求其子女贾某甲、贾某乙2、贾某丙、贾某丁、贾某卯履行赡养义务,2015年9月M区法院作出判决:方某琴于本判决生效之日起分别由贾某甲、贾某乙、贾某丙、贾某丁、贾某卯轮流赡养3个月。方某琴的残疾证、身份证、北京农商银行的惠民账户跟随方某琴由赡养人轮流保管,贾某甲配合方某琴使用户口本及新型农村合作医疗证。轮到贾某丁履行赡养义务时,贾某丁拒绝赡养,并提出种种理由推脱。方某琴申请强制执行,要求贾某丁履行赡养义务。在执行中,贾某丁明确表示自己无法将母亲接到自己家里赡养,但未说明合理理由。承办法官通过近3日的调查,走访该村村委会干部、方某琴的其他4个子女,了解到贾某乙家庭房屋较多、经济条件相对宽裕,在之前履行较多的赡养义务,遂促成贾某丁的赡养义务由贾某乙替代履行的执行方案,同时对贾某丁拒不履行赡养义务的行为进行罚款,避免了一味强制执行带来的亲情割裂,最终达成了方某琴老有所养的良好效果,该起棘手案件顺利执行完毕。

3.“执行不能”案件

申请执行后,申请执行人当然希望自己的案件能够顺利执行完毕,拿到该拿到的钱,或者被执行人按照执行通知书的要求履行了相应的法律义务。但在司法实践中,还是存在一部分执行案件,没有顺利执行完毕,而是以“终结本次执行程序”的方式结案。对于该类案件,实际上属于“执行不能”案件,不属于“执行难”案件。也就是说,执行时的客观条件决定了该执行案件得不到申请执行人想要的执行效果。“执行不能”是指人民法院经过查询,未发现被执行人名下存在房产、车辆、银行存款等财产信息,或者被执行人名下财产依照法律暂时无法处理,申请执行人又无法提供执行线索的前提下,案件依法终结本次执行程序。实际上，在执行程序中，法院要穷尽一切执行措施，但还是找不到被执行人的财产，其实承办法官下的功夫、投入的司法资源比执行完毕案件还要多，但是劳而无功，对法官来说，也是一件痛苦的事情。但是这是客观存在的情况，不可避免。需要说明的事，“执行不能”案件不是案件办理到此为止，而是本次执行程序到此为止，如果后续法院发现财产线索，或者申请执行人提供被执行人财产线索的，案件还可以恢复执行。据不完全统计，全国执行案件中40%左右的执行案件以“终结本次执行程序”方式结案。下面以一例民间借贷案件为例说明“执行不能”。

案例：

2011年11月至2016年4月，王某曾多次向高某某借款，金额多达上千万元。后王某陆续向高某某偿还借款本金及利息，利息约定标准不等，有的月息为2分，有的月息为3.5分，王某曾于2015年4月为高某某出具借条，确认借款共计792万元。经调解，当事人自愿达成如下协议：“王某于2017年10月30日前偿还高某某借款本金500万元并支付利息（以500万元为本金，按照年利率6%的标准计算，自2016年5月1日始至实际付清之日止）。”但是，王某未按照调解书履行给付义务，高某某申请强制执行。在执行中，承办法官通过最高人民法院网络查控系统、北京查控系统，未发现被执行人王某名下存在房产、车辆、银行存款等可供执行的财产信息，而申请人高某某也不能提供执行线索，该案最终终结本次执行程序。

【知识提示】

法院的强制执行程序　如何运转

法院的强制执行案件，就是应申请执行人的申请，采用强制执行程序，实现判决书、调解书、仲裁书、公证债权文书等执行依据确定的当事人权利。简而言之，执行法官与审判法官区别可以这么区分：审判法官尤其是民事审判法官主要是判断案件的是非曲直、就实体权利作出裁决；而执行法官是依据生效执行依据，以强制执行的方式，依法实现申请执行人的合法权益。

以最常见的金钱债权类执行案件为例，申请执行人立案后，执行法官会依法向被执行人发出执行通知书，告知其履行金钱给付义务的时间、金额、法院账户；与此同时，承办法官可以直接冻结、查封被执行人名下的账户、房产等财产，并向被执行人发出执行裁定书。执行中，法院采取上述强制措施，不必经过被执行人的同意，就可以依法扣划被执行人名下的银行存款，如果被执行人名下无存款，但是存在房产、车辆的，法院依法查封并予以司法拍卖。在执行过程中，申请执行人可以提供执行线索，与法院一起寻找被执行人的财产线索，能够起到促进执行的良好效果。在执行中，被执行人接到执行通知书的，应该及时联系法院，履行金钱给付义务，如果暂时不能履行金钱给付义务，则需要尽快按照法院的要求，依法申报在申请执行前一年内的财产情况及财产变动情况，说明案件的解决方案。

如果被执行人及时履行了案件案款，案件顺利执行完毕，申请执行人也拿到了应得的金钱。如果被执行人未及时履行金钱给付义务，申请人只拿到部分案款或者未拿到案款的，且双方未能达成执行和解协议的，案件就要终结本次执行程序。如此一来，按照法律规定，必须将被执行人纳入限制高消费名单，根据案件的实际情况，也可以将被执行人纳入失信被执行人名单，甚至司法拘留被执行人、追究被执行人的刑事责任等。案件终结本次执行程序的，待发现新的财产线索后，可以恢复执行。

【法官专业提示】

关于执行案件，事实上存在申请执行人和被执行人两大类执行主体，为维护双方的合法权益，分别提示两方主体。

对于申请执行人，为确保自己的合法权益得到维护，需要主动做到以下几点。

第一，为保证债务履行，要求对方提供商品房性质的房产担保，最好取得首次抵押权。因为，在司法实践中，合同纠纷、民间借贷纠纷等金钱债权纠纷，一旦发生纠纷，进入执行阶段，设定首次抵押的房产，最有可能保障执行达到预期效果。

第二，民间借贷纠纷、借款纠纷，可要求多个自然人对债务提供担保。对于标的相对不大（10 万元以内）的借款纠纷案件，出借人可要求债务人提供 5 人以上的担保，这些担保人最好是具有固定工作的年轻人，一旦发生纠纷，债务通过执行程序执行到位的可能性是极大的。

第三，依法追加被执行人。最高人民法院《关于民事执行中变更、追加当事人若干问题的规定》规定，可以追加某类主体为被执行人，且追加形式表述为"应予支持"的，不能直接追加，而是应该先走"执异"程序，法院裁定准许之后再予以追加；而追加形式表述为"直接"的，可以直接申请追加。

第四，另行提起代位析产诉讼。可对该债务履行负有责任的被执行人配偶提起析产诉讼。在执行中，查清被执行人结婚、离婚时间，债务是否发生于婚姻存续期间。被执行人配偶名下存在婚姻存续期间购买房产的，可对被执行人配偶提起代位析产诉讼，明确被执行人在其配偶财产中的份额后，再执行被执行人享有的相应份额。

第五，另行提起撤销权诉讼。被执行人在诉讼阶段，将自己名下的房产、车辆、股权等财产以赠予、串通低价卖出等方式过户至其他主体名下，待申请执行时，被执行人名下几乎无可供执行的财产信息。对于此类情形，执行时申请执行人可要求法院尽可能查清被执行人财产信息及其变动情况，并掌握资料，为撤销权诉讼准备条件。

对于被执行人，为避免损失继续扩大，或者说维护自己的合法权益，最好能够做到以下几点。

第一，接到法院的执行通知书之后，回想自己是否与他人存在经济纠纷，且未履行还款义务，及时核实信息，防止被骗。

第二，作为被执行人，如果案件生效后相应案款已经缴纳至法院审判庭的，要及时向法院说明情况，请法院执行局及时认领案款，避免法院再采取冻结账户、限制高消费等执行措施。

第三,具备履行能力的,及时向法院表明态度,并及时缴纳案款,避免法院的执行行为给自己造成信用评价降低。

第四,不具备履行能力的,及时向法院说明理由,争取获得理解,并与申请执行人争取达成执行和解协议,分期履行。

第五,认为法院的执行行为存在超标的查封、该债务已经履行等情形时,及时说明情况,并要求法院停止或终结执行行为,法院不予听取时,依法提出执行异议。

法官简介

胡前程

扫二维码
亲临法官说法现场

北京市门头沟区人民法院审判员，一级法官。

办理多起疑难、复杂的涉拆迁、涉军停偿执行案件，均取得良好执行效果。在《人民司法》《北京日报》报刊发表专业学术文章、评论多篇。

获北京法院第四届司法业务技能比赛“北京市执行业务标兵”、“北京法院模范法官”、“北京法院办案标兵”等荣誉称号。

互联网法院的便利

朱　玥

当下,互联网已经渗透生活的方方面面。从中国互联网络信息中心发布的《中国互联网络发展状况统计报告》来看,我国的网民总数已经超过 8 亿人,普及率超过 57% 。大家常常说,出门时不带什么都可以,但是不能不带手机;没有什么都可以,但是不能没有 Wi-Fi。互联网的普及和发展同时对法院的司法审判工作提出了新要求。

【风险提示】

无论是现实生活经验还是司法审判实践,网络空间其实早已不是虚拟世界,它已经渗透生产生活的各个方面,成为与现实物理空间并行的人类生存新领域。网络空间的澄澈清朗和网络活动的顺畅有序已经成为美好生活的必要条件。结合案件审理中呈现的高发风险,法官对社会公众从事网络活动进行如下提示。

一是确保交易主体身份真实。从事网络交易交往行为时,大家习惯于使用区别于真实姓名和名称的网名,这就令交易相对人的身份具有一定的隐蔽性。因此,在开始从事交易交往之初,特别是付出相应对价之前,应该主动要求对方披露身份信息。如果对方是自然人,可以要求其出示身份证正反面的照片;如果对方是法人或其他组织,可以要求其披露营业执照等文件。此外,还可以进一步考察交易对方的信用情况。例如，可以通过网络查询对方是否存在不履行法院生效判决的前科，即查验对方是否为失信被执行人；可以登录全国企业信用信息网，查看企业的经营资质和经营状况等；还可以登录中国裁判文书网，输入交易对方的名称，查阅其此前涉及诉讼的情况，从而综合评估对方的信用情况及相应交易的可靠性。

二是审慎从事网络交易行为。网络交易交往行为十分便利快捷，很多时候一键点击确认，合同就已签订完成。但这并不意味着交易主体注意义务的减轻，在合同成立之前大家仍需详细查看合同条款，充分了解合同生效后自身的权利义务。例如，在很多网络订购出境机票的案件中，法官们注意到，有一些价格较低的出境机票是要经停其他国家的，这时就需要购票旅客具有相应国家的过境签资格，而且都会提示购票旅客自行办理过境签手续。但是很多旅客在购买机票时，没有仔细阅读过境签条款，导致出行受阻，最终不但耽误了行程，还要自行承担票款损失。

三是主动维护自身合法权利。自媒体时代人人都是创作者，人人都是权利人。我们平日里在微博上发表的文章、在微信上发布的图片等，只要具有独创性，就享有著作权。他人未经许可的使用行为，就可能构成著作权侵权行为。与此同时，他人如果通过网络发布对我们的不实言论，也有可能构成对我们名誉权的侵犯。在发现上述情况后，如果与相应主体协商不成，被侵权人就可以通过起诉的方式主张自身合法权利。即便是在没有设立互联网法院的地区，相应案件也是由传统法院进行管辖的，并不影响维权的进行。在社会公众给法院的留言中，可以发现，很多人在自身权利受到侵犯时，感到愤愤不平，同时又表示出非常无助。其实大可不必有此烦恼，大家及时拿起法律的武器就可以保护自己。事实上，主动维权的意识越强、主动维权的行为越普遍，对不法行为的打击就会越充分、对其形成的震慑力也就越大。因此，大家就能够与法院等公权力机关一道，形成网络空间综合治理的合力。

四是充分利用科技存证便利。网络空间的交易交往，都是电子化、无纸化的交易交往，对于相应证据应当如何留存，是很多人维权时面临的难题。但事实上，网络技术的普及与发展已经为人们提供了很多解决方案，可信时间戳技术和区块链技术都是不错的选择。此外,在时间较紧迫,来不及申请外力支援的情形下,使用自己的手机拍照和录像也是未尝不可的。总而言之,留存证据的技术已经不是问题,重要的是要具有留存电子证据的意识。从而令科技发展充分为生活赋能。

【预防提示】

互联网本身确实也对传统的法律行为和法律责任认定带来了一些改变。比如,同样是未经授权演唱他人创作的歌曲,如果是在线下举办的演出中,受众可能是几千人、几万人;但如果是在直播平台的网络直播间演唱,那受众可能就是几十万人、几百万人。在这两种不同的场景下,要求侵权人承担责任的力度可能就是不一样的。从长远的角度来讲,对二者行为的规制方式可能也需要有所区别。网络空间不是法外之地,尽管其具有很高的自由度,但仍然需要通过规则的树立来维护秩序。

案例:

原告微播视界公司主张"抖音短视频"平台上发布的"我想对你说"短视频,由创作者"黑脸V"独立创作完成,应作为作品受到著作权法保护。原告对于该短视频享有独家排他的信息网络传播权等权利。被告百度在线公司和百度网讯公司未经原告许可,擅自将上述短视频在其拥有并运营的"伙拍小视频"上传播并提供下载服务,侵害了原告对"我想对你说"短视频享有的信息网络传播权。而被告在答辩时则提出,这个短视频时长只有13秒,不应当构成作品,不受著作权保护。

当前网络上流传着很多短视频,根据艾瑞咨询发布的《2017年中国短视频行业研究报告》,2017年短视频行业市场规模达57.3亿元,预计2020年将超过300亿元。法院在审判时首先需要判断的就是这个时长只有13秒的短视频是否构成作品。此案裁判的结论应该说对时下所有短视频作品属性的认定都具有一定的参照意义,也决定着这些短视频究竟能否受到著作权法律的保护。

法院最终裁判认为,判断作品具有独创性,应当具备两个要件:是否由作者独立完成;是否具备"创作性"。对于"独立完成",应以该短视频与媒体平台上的示范视频、网络图片之间是否存在能够被客观识别的差异为条件,主题相同并不影响"我想对你说"短视频是否系独立完成的认定。根据上述判断标准,"我想对你说"短视频由制作者独立创作完成。而对于"独创性",基于短视频的创作和传播有助于公众的多元化表达和文化繁荣,故对于短视频是否符合创作性要求进行判断之时,对于创作高度不宜苛求,只要能体现出制作者的个性化表达,即可认定其有创作性。短视频是否具有创作性应当考虑以下因素:视频的长短与创作性的判定没有必然联系。客观而言,视频时间过短,有可能很难形成独创性表达,但有些视频虽不长,却能较完整地表达制作者的思想感情,则具备成为作品的可能性。在此情形下,视频越短,其创作难度越高,具备创作性的可能性越大。"我想对你说"短视频体现出了创作性。该视频的制作者应党媒平台的倡议,在给定主题和素材的情形下,其创作空间受到一定限制,体现为创作性难度较高。该短视频画面为一个蒙面黑脸帽衫男子站在灾后废墟中以手势舞方式进行祈福,手势舞将结束时呈现生机勃勃景象,光线从阴沉灰暗变为阳光明媚,地面从沟壑不平到平整,电线杆从倾斜到立起,黑脸帽衫男子的衣袖也变为红色,最后做出"比心"的手势。该短视频构成了一个有机统一的视听整体,其中包含了制作者多方面的智力劳动,具有创作性。虽然该短视频是在已有素材的基础上进行创作的,但其编排、选择及呈现给观众的效果,与其他用户的短视频完全不同,体现了制作者的个性化表达。"我想对你说"短视频唤起观众的共鸣。自强不息,勇于面对大灾大难,从来都是中华民族优秀的精神内涵。正值汶川特大地震 10 周年,"我想对你说"短视频以公众乐于接受的形式传递出一份重生的安慰、一种温情的祝福、一股向前的力量,回应了公众心中对于汶川地震的缅怀之情,对于灾区人们的致敬之意,对于美好生活的向往之念。该短视频带给观众的精神享受亦是该短视频具有创作性的具体体现。抖音平台上其他用户对"我想对你说"短视频的分享行为,亦可作为该视频具有创作性的佐证。故北京互联网法院认定,"我想对你说"短视频符合创作性的要求。因此,“我想对你说”短视频具备著作权法的独创性要求,构成类电作品。

对作品独创性的判断,是事实判断,也是价值判断。法官通过裁判在向社会传递这样一种价值观:在多元文化背景下,鼓励短视频用优质内容传递主流价值,以此促进短视频行业的发展及社会主义核心价值观的弘扬。

【知识提示】

互联网法院深度融合智能科技与司法审判工作

2017 年 6 月 26 日中央全面深化改革领导小组审议通过《关于设立杭州互联网法院的方案》;2018 年 7 月 6 日中央全面深化改革委员会第三次会议审议通过《关于增设北京互联网法院、广州互联网法院的方案》。2018 年 8 月杭州互联网法院成立。2019 年 9 月北京互联网法院和广州互联网法院相继设立。

根据最高人民法院《关于互联网法院审理案件若干问题的规定》,北京、广州、杭州三市的互联网法院集中管辖所在市辖区内应当由基层人民法院受理的下列一审案件:(1)通过电子商务平台签订或者履行网络购物合同而产生的纠纷;(2)签订、履行行为均在互联网上完成的网络服务合同纠纷;(3) 签订、履行行为均在互联网上完成的金融借款合同纠纷、小额借款合同纠纷;(4)在互联网上首次发表作品的著作权或者邻接权权属纠纷;(5)在互联网上侵害在线发表或者传播作品的著作权或者邻接权而产生的纠纷;(6)互联网域名权属、侵权及合同纠纷;(7)在互联网上侵害他人人身权、财产权等民事权益而产生的纠纷;(8)通过电子商务平台购买的产品,因存在产品缺陷,侵害他人人身、财产权益而产生的产品责任纠纷;(9)检察机关提起的互联网公益诉讼案件;(10)因行政机关作出互联网信息服务管理、互联网商品交易及有关服务管理等行政行为而产生的行政纠纷;(11)上级人民法院指定管辖的其他互联网民事、行政案件。

与此同时,根据公开可查阅的资料,世界范围内其他国家的互联网司法实践大致可以归纳为三个类别。

第一类比较有代表性的是德国,德国提出要在 2022 年建成电子司法,目前其已经在《德国民事诉讼法典》中建立了网络视频庭审、网络调解、电子速记、电子送达、电子签名等制度，并相继通过《电子签名法》等法令。在司法实践中，他们也对法院和法庭开展了信息化建设，支持远程庭审和远程诉讼。但这些主要是为了解决线上诉讼的问题，并没有设立独立的法院，也没有对涉互联网案件进行集中管辖。

第二类是以新加坡、澳大利亚、比利时等国家为代表，这些国家虽然没有在立法层面建立电子诉讼制度，但在实践中设立了网络法庭，也开展了电子送达工作。与德国相似的是，这些国家也没有设立独立的法院对涉互联网案件进行集中管辖。

第三类是以英国和美国为代表。美国密歇根州曾经研究设立电子法院，与巡回法院共享标的额在25,000美元以上的商事案件。但后来由于经费原因没有设立。英国近年来在调研设立在线法院，拟管辖低于25,000英镑以下的钱债索赔案件。

由此看来，既在国家顶层设计层面明确互联网法院的定位和审理规则，又在司法实践中以互联网法院的形式实现对涉互联网案件的集中管辖，并在互联网法院将智能科技与司法审判工作深度融合的，我国的探索确实走在了世界前列。

【法官专业提示】

以北京互联网法院的运行实践为例，互联网司法相对于传统司法审判工作运行模式，作出了如下改变。

一是健全"一站式"在线多元解纷机制。北京互联网法院建设了"e调解平台"，实时对接北京法院"分调裁一体化"平台及立案、审判系统。打破了以往调解员和当事人只能在坐在法庭里沟通解决问题的限制，依托线上调解系统，他们可以在任何方便的地点，通过电脑或者手机连接互联网，足不出户进行调解。北京互联网法院引入中国互联网协会调解中心、北京赛智知识产权调解中心、北京版权局调解中心等16家行业调解组织，发挥专业调解优势；吸纳了阿里巴巴、新浪、京东、360等13家互联网公司人民调解委员会的调解队伍力量；邀请52名具有互联网技术应用能力和法律知识的专业律师加入多元调解工作，形成了包括行业调解组织、人民调解组织、互联网平台调解组织及律师调解组织在内的“四位一体”调解组织体系。在此基础上，北京互联网法院组建了由法官、调解员、法官助理、书记员、技术及外包服务人员组成的诉调对接团队，及时促成调解、及时司法确认、及时督促执行，高质高效帮助当事人在诉讼前端圆满解决纠纷。

二是搭建“双线”诉讼服务体系。北京互联网法院自成立伊始即在互联网上搭建了“多功能、全流程、一体化”的电子诉讼平台，实现诉讼流程从立案、调解、缴费、开庭、送达、申请执行、归档、查阅卷宗全程在线。此外，在官网PC端增设“诉讼服务平台”，将原来分散于各处的审务公开、诉讼工具、司法鉴定等诉讼服务功能“化零为整”。建立由诉讼服务大厅、“12368”服务热线、电子诉讼平台、移动微法院、微信公众号、AI虚拟法官智能问答、淘宝微淘账号组成的“多位一体”综合性线上线下智慧诉讼服务中心，使诉讼服务由分散向系统转变。法院提炼出120个常见问题和20,000多字的答案，嵌入到AI虚拟法官系统，系统通过对当事人提问进行关键词读取定位，进行有针对性的解答，为当事人提供浸入式体验。在微信上推出“移动微法院”小程序，当事人可以直接通过手机进行在线立案、案件查询、在线送达、在线调解等。借助人工智能与大数据技术，提供起诉书、调解申请书等自动生成服务，进行诉讼风险提示，切实降低当事人诉讼成本。利用淘宝平台用户多、流量大的特点，开通淘宝微淘内容账号，开展司法宣传，让社会公众都能获取法律及诉讼服务信息。为了让当事人学会使用上述在线服务，北京互联网法院还开通了24小时技术服务热线，随时解答当事人提出的各类问题。

三是完善在线诉讼程序规范。北京互联网法院拓展了电子送达方式，可以同时向当事人手机短信、微信、电子邮箱、电商平台即时通信系统等推送相应诉讼材料。通过制订诉讼指引和庭审规则等规范性文件，兼顾在线诉讼便利性与司法活动严肃性。此外，考虑到互联网法院审理的涉互联网案件涉及大量电子证据,而电子证据具有存证难、取证难、认证难的问题,北京互联网法院作为发起方和主导者,与工信部安全中心及中国领先的区块链产业企业形成联盟共建,建立“天平链”,利用区块链技术多方监督、不可篡改、方便追溯等特点,确保上链数据安全并实现电子数据的事前存证与事后验证。北京互联网法院坚持科学建链、严格管链、深度用链的原则,制订《天平链接入与管理规范细则》《天平链接入测评规范》,规范天平链接入方的资质要求、电子数据的存证规则、接入平台的管理机制和电子数据的使用方式,充分保障了上链数据安全与当事人隐私的有效保护。当前,天平链已经完成跨链接入区块链节点 18 个,已完成著作权、互联网金融等 9 类 25 个应用节点数据的对接。这些数据如果在诉讼中作为证据提交法院,电子诉讼平台即会将相应证据与电子数据原始情况进行比对,并自动呈现比对结果。从司法实践来看,天平链对电子证据的验证结果得到了当事人的高度肯认。在通常情况下,天平链验证为真的证据,当事人便不再否认,基本事实便不再具有争议,案件审理的重点即可放到法律适用上。天平链能够实现全流程记录、全链路可信、全节点见证,使电子证据的存证、取证、认证得以“一站式”解决,提高了电子数据的可靠性和证明力,降低当事人维权成本,助推诚信体系建设。

法官简介

朱 玥

扫二维码
亲临法官说法现场

北京市第二中级人民法院法官助理，北京法院“以案释法”宣讲团成员。2018～2019年在北京互联网法院交流学习。

曾代表北京市法院为多个省市法官助理司法实务技能培训班授课。在《人民论坛》《中国外资》《光明日报》《人民法院报》等报刊发表文章数十篇，在全国法院学术讨论会及全国法院优秀案例分析评选等多个比赛中获奖，并参与编写《法院审理金融案件观点集成》《书记员工作流程》等多部专业图书。

荣立个人三等功，获“北京市法院先进工作者”等荣誉称号。

图书在版编目(CIP)数据

法官来了：解答身边的法律事儿. 1 / 北京市高级人民法院编；蔡慧永主编. -- 北京：法律出版社，2020(2025.11 重印)

ISBN 978 - 7 - 5197 - 4176 - 1

Ⅰ. ①法… Ⅱ. ①北… ②蔡… Ⅲ. ①法律 - 中国 - 普及读物 Ⅳ. ①D920.5

中国版本图书馆 CIP 数据核字(2019)第 301510 号

法官来了:解答身边的法律事儿 1

FAGUAN LAILE:JIEDA SHENBIAN DE FALÜ SHIR 1

北京市高级人民法院 编

蔡慧永 主编

策划编辑 沈小英

责任编辑 陈 妮 毛镜澄 张思婕

装帧设计 李 瞻

出版发行 法律出版社

编辑统筹 法治与经济出版分社

责任校对 晁明慧

责任印制 吕亚莉

经　　销 新华书店

开本 710 毫米×1000 毫米 1/16

印张 20.75　**字数** 317 千

版本 2020 年 1 月第 1 版

印次 2025 年 11 月第 2 次印刷

印刷 北京盛通印刷股份有限公司

地址:北京市丰台区莲花池西里 7 号(100073)

网址:www.lawpress.com.cn

投稿邮箱:info@lawpress.com.cn

举报盗版邮箱:jbwq@lawpress.com.cn

销售电话:010 - 83938349

客服电话:010 - 83938350

咨询电话:010 - 63939796

书号:ISBN 978 - 7 - 5197 - 4176 - 1　　**定价:**98.00 元

凡购买本社图书,如有印装错误,我社负责退换。电话:010 - 83938349